결혼과 가족

Marriage & Family

Marriage & Family

결혼과 가족

박상훈

동문사

머리말

현대사회에서 결혼의 가장 중요한 결정은 결혼을 예정하는 당사자의 합의와 의지이다. 따라서 이성 교제는 배우자를 선택하는 데 중요한 과정을 수행하게 된다. 또한 오늘날 대부분의 젊은 층은 결혼의 가능성을 열어둔 채 자유로운 연애 시장에 들어서게 되어 이성 교제가 배우자 선택의 사전단계 역할까지 수행하게 된다. 이성 교제는 연애를 진행하는 당사자들에게 여러 가지 긍정적인 영향을 가져다준다.

먼저 자신이 애정을 준 상대와 마음이 통하게 되어 교제를 시작하게 되므로 이로 인한 성취감과 자존감을 얻을 수 있으며, 또한 함께 일상을 공유하고 생활하면서 감정이 더욱 긍정적이고 풍요로워지게 된다. 그리고 관계를 지속하면서 자기 자신은 물론 상대방의 마음을 헤아리고 파악하는 훈련을 자연스럽게 진행하게 되어 스스로의 인격 및 연애관 형성은 물론 사회성을 갖는 데에도 큰 도움이 된다. 마지막으로는 이 모든 과정을 진행하면서 자연스럽게 배우자 선택의 기회를 가지게 된다.

이러한 긍정적인 영향을 받게 되는 만큼, 교제를 시작하기 전에 비하면 부정적인 영향을 받을 수도 있는 새로운 요소들이 생겨나게 된다. 교제를 진행하며 스스로의 자존감을 얻는 만큼 상대방의 자존감을 상하게 할 가능성이 있다. 이 때문에 다툼이 일어날 수 있으며, 두 사람이 함께 생활하는 만큼 지금까지 각자가 가지고 있던 생활양식이나 가치관 등의 차이로 인해 의견의 차이를 보일 수도 있다. 또한 교제를 하며 자연스럽게 따라오는 경제적인 문제와 이를 해결하는 방법의 차이가 생길 수 있으며, 정서적인 관계는 물론 성적 관계에 대한 견해 차이가 있을 수 있다.

이렇게 연인관계에서 결혼관계로 나아가는 결심을 하는 데는 다양한 동기가 따르기 마련이다. 개인마다 생각하고 있는 결혼의 모습이 다르기에 동기는 다양하기 마련이며, 어떠한 동기에 의해 결혼을 선택하느냐에 따라서 결혼생활의 모습이 다양하게 나타날 수 있다.

결혼이란 한 쌍의 연인이 지속해 오던 연애관계를 혼인관계로 전환하는 분기점이다. 연애관계가 혼인관계로 전환되면서 당사자와 주변 가족들과의 관계에 변화가 필연적으로 닥치게 된다. 이를 받아들이고 극복해 나가면서 비로소 연인의 관계는 가족의 형태를 이루게 된다.

가족은 고정불변의 개념이 아니라 시대와 장소에 따라 변화되는 개념이다. 다양한 삶의 방식이 등장함에 따라 가족의 개념도 이에 맞춰 변화하였다. 전통적 가족의 개념은 '혼인, 혈연 및 입양을 통해서 이루어진 관계자들의 집단으로 의식주 해결을 공동으로 하고 정서적 및 정신적 유대와 공동체적 생활방식을 갖는 집단'이라 하여 결혼과 혈연을 토대로 하는 협의의 집단이라 할 수 있다.

이러한 가족에 대한 전통적인 개념은 현대사회의 다양한 비전통적인 가족생활을 포괄하지 못하여, 새로운 가족유형을 비정상적인 가족으로 취급할 수 있는 문제점이 있다. 이에 따라 다양한 가족유형을 포괄할 수 있는 가족에 대한 새로운 개념정의가 필요하다.

가족에 대한 정의는 학자에 따라 다르고 시대나 문화에 따라 다르게 정의되기도 하고, 또한 개인이 경험하는 가족은 역사와 민족, 시대적 변천에 따라 다양하므로 가족이란 무엇인가를 한마디로 정의하기는 쉽지 않다. 가족은 사회의 기본단위로서 건강한 가정을 가지려면 위기가정에 직면했을 때 대처하는 방법을 알아야 가족이 붕괴되지 않고 현명하게 대처해 나갈 수 있다.

이 책은 사랑, 결혼, 성, 부부관계, 이성교제, 가족, 인간관계를 생각하는 사람들이 한 번쯤 읽어 주었으면 하는 의도로 집필된 것이라 전문 용어의 사용을 최대한 줄였고, 대학생이나 일반인들이 쉽게 접할 수 있는 책을 만들기 위해 많은 노력을 기울였지만 아직도 미흡한 점이 많아 앞으로 계속 수정하고 보완해 나갈 계획이다. 그리고 정서적 지원을 아끼지 않은 소중한 나의 가족에게 감사드리며, 본서를 출간해 주신 동문사 대표님에게 감사의 말씀과 함께 항상 어려운 여건 속에서도 출판을 위해 수고하신 임직원 여러분께도 감사를 드린다.

2024년 6월

박 상 훈

차 례

CONTENTS

차 례

01
CHAPTER

결혼의 이해

1. 결혼의 이해
2. 결혼준비 프로그램
3. 결혼의 법적 의의

1. 결혼의 이해

1) 결혼의 개념

결혼(혼인)에 대한 정의나 개념이 왜 중요하는가는 결혼의 정의의 변화가 사회문화 전체에 미치는 영향이 많기 때문이다. 최근에는 비정형적인 가족으로 독신가족, 동성가족 등 출산이 불가능한 가족형태가 증가하고 있다. 그러나 가족이 형성되기 위해서는 남성과 여성의 결합, 즉 결혼이라는 과정을 통하여 가족을 형성해야 출발할 수 있다.

그러므로 가족관계에서 결혼이라는 의미는 매우 중요하다. 결혼에 대한 개념 및 의의도 그 나라의 사회문화적 배경, 역사적 배경, 결혼 관련 법적 장치 등 다양한 요인에 따라 달라진다.

결혼은 이제까지 자라 온 환경이나 경험이 다른 두 남녀가 공동의 생활을 하는 것이기 때문에 다양한 갈등이나 충돌이 발생할 가능성이 크다.

자신의 가치관이나 주장을 소중히 여기면서도 이에 구애받지 않고 상대방의 주장이나 가치관과 상호 조정할 수 있는 능력이 요구되는 것이다. 이 때문에 결혼을 앞둔 청년기에는 생활양식이나 가치관의 다양성에 대한 인식이 필요하다.

표 1-1 결혼에 대한 정의들

학자 및 단체	정의의 내용
미국 인구센서스	결혼이란 법적 계약관계를 맺은 두 사람의 결합이다.
Reiss(1980)	결혼이란 합법성과 부모됨을 주요기능으로 하는 남편과 아내역할을 맡은 개인들 간의 사회적으로 승인된 결합이다.
Knox(1979)	결혼이란 서로 다른 성을 가진 두 사람의 성인이 정서적 및 법적으로 연합하여 동거하는 관계이다.

현대사회에서 결혼에 대한 개념은 과거의 결혼개념과는 많은 차이가 나고 있다. 과거 결혼의 정의는 성인 남녀가 그들이 거주하는 사회의 법류에 따라 정서적 관계와 서로에 대한 법적 책임, 공적인 의식을 갖는 하나의 합의이다.

모든 결혼은 혼인신고를 필요로 하며, 이것은 재산의 양도를 규정하고 자녀를 출산을 포함하고 있다고 규정하는 것이 일반적이다. 그러나 현대사회에서는 이러한 결혼에 대한 정의나 개념에 많은 변화가 있다. 그리고 이러한 결혼에 대한 개념의 변화는 계속해서 다양하게 재개념화될 것이다.

대법원의 결혼에 대한 내용

혼인은 남녀의 애정을 바탕으로 하여 일상의 공동생활을 목적으로 하는 도덕적 · 풍속적으로 정당시되는 결합으로서 부부 사이에는 동거하며, 서로 부양하고, 협조하여야 할 의무가 있는 것이다.

혼인생활을 함에 있어서 부부는 …

애정과 신의 및 인내로서 서로 상대방을 이해하고 보호하여 혼인생활의 유지를 위한 최선의 노력을 기울여야 하는 것이고, 혼인생활 중에 그 장애가 되는 여러 상황에 직면하는 경우가 있다 하더라도 부부는 …

그러한 장애를 극복하기 위한 노력을 다하여야 할 것이다. 부부간의 화합을 저해하는 사정이 있다는 이유로, 혼인생활의 파탄을 초래하는 행위를 하여서는 안 되는 것은 물론이다. 따라서 …

이러한 부부의 동거, 부양, 협조의무는 애정과 신뢰를 바탕으로 일생에 거친 공동생활을 목적으로 하는 혼인의 본질이다.

2) 결혼과 가족관계의 변화

가족은 친밀한 인간관계를 통해서 서로의 애정, 신뢰, 위안, 존경 등 심리적 · 정서적 만족을 얻을 수 있는 곳이다. 그러나 결혼과 더불어 가족생활은 수많은 결정과 적응을 필요로 하는 일이 많으면서 여러 가지 어려움에 직면하게 된다. 결혼한 젊은 부부는 가족생활에서 직면하게 될 갈등이나 긴장을 예상하지 못했기 때문에 처음 몇 년 동안은 더욱 어려운 시기를 보내게 된다.

결혼 초기의 긴장과 갈등은 사회적 · 경제적 · 종교적 · 교육적 배경이 서로 유사하지 않을 경우에 더 많이 존재하며, 이러한 배경들을 서로 공유하고 있다 하더라도 결혼생활은 긴장과 갈등이 존재한다. 특히 경제적 어려움은 부부 상호 간의 정서적 안정을 해치고 상호 의존의 느낌을 감소시키며, 부부 각자의 부모들의 요구도 결혼생활의 어려움을 증가시킨다.

따라서 결혼 후 처음 몇 년간은 부부 상호 간의 적응 및 부부와 관련된 다른 사람들과의 관계형성을 위해서 부부간의 적극적인 노력이 요구된다. 부부간에는 수면유형, 음식기호, 일하는 습관, 욕실사용습관 등에 대해서도 적응해야 하며, 금전의 지출에서도 의견의 일치를 보아야 하고, 만족스런 성적 관계를 확립하기 위해서 노력해야 한다. 특히 남편은 아내가 새로운 생활에 익숙할 때까지 격려할 수 있어야 하며, 아내에게 안정감을 제공해야 한다(이근홍, 2003).

그리고 결혼을 통한 가족관계의 확대가 가장 일반적이다. 이러한 가족확대는 양적인 확대뿐만 아니라 질적인 확대도 같이 진행된다. 따라서 이러한 가족확대에 어떻게 적응하느냐가 중요한 문제로 등장한다.

2. 결혼준비 프로그램

1) 결혼준비의 의의

결혼은 장년기에 친밀감이 형성되고 성숙한 사회적 관계가 확립되면서 배우자를 선택하여 새로운 가족을 형성하는 것이다. 결혼은 장년기의 생활에서 사랑의 실현, 정서적 안정, 경제적 안정, 성적 만족, 자녀의 출산 등에 기여한다. 결혼은 책임과 의무가 수반되는 인생의 중요한 결정사항이기 때문에, 결혼을 하기 위해서는 심리적·사회적·경제적 준비가 되어 있어야 한다.

결혼을 하기 위해서는 결혼상대에 대해 온정과 애정을 가질 수 있고, 친밀감을 나눌 수 있으며, 상대의 개인적 특성을 현실적으로 이해할 수 있고, 상대의 정서생활에 관심을 기울일 수 있어야 한다.

또한 결혼 후에 일어날 경제적 문제에 현실적으로 대처할 수 있는 자신감과 능력이 있어야 하며, 개인적인 계획에 상대를 고려할 수 있고, 자신의 능력을 최대한 발휘하여 결혼생활에 공헌할 마음가짐이 되어 있어야 한다. 그 외에도 기꺼이 성적 상대가 될 수 있어야 하며, 남편과 아내로서의 위치를 받아들일 준비가 되어 있어야 한다(Duvall, 1977).

결혼은 남성과 여성이 모두 육체적으로나 정신적으로 성숙한 시기에 하는 것이 바람직하다. 그러나 육체적·정신적 성숙도는 개인차가 크기 때문에 결혼에 적합한 연령을 정확히 판단하기는 어렵다. 결혼에 적합한 연령은 대체로 남녀 모두 25~30세 정도라고 할 수 있지만, 이러한 연령도 각국의 사회적·문화적 변화에 따라 달라질 수 있다.

2) 새로운 관계의 형성

결혼의 중요한 발달과업 중의 하나는 가족 이외의 다른 사람들과 친밀한 관계를 형성하는 것이다. 친밀감의 형성은 능동적인 과정으로서 자신의 정체감을 잃을지도 모른다는 두려움 없이 타인과 개방적이고 지지적이며 조화로운 관계를 형성하는 능력이다.

타인과 친밀한 관계를 형성한 사람은 자신의 견해나 계획을 다른 사람들과 의논할 수 있으며, 감정이입능력, 욕구조절능력, 자기통제능력 등을 갖추고 있다. 친밀감의 형성은 자아정체감을 확립한 후에 이루어지는 것으로 자신을 가치 있고 유능하며 신뢰할 수 있는 사람으로 지각할 수 있을 때 가능하다(김태련·장휘숙, 1996).

친밀감은 결혼상대와 애정을 나눌 수 있으며, 사회생활에서 우정을 나눌 수 있는 관계를 포함한다. 친밀감은 대개 결혼관계에서 형성되지만, 결혼 초기의 상호적응, 첫 자녀의 출산, 부모와 친척의 기대 등이 부부의 친밀감 형성을 방해할 수 있다.

그러나 결혼생활을 통하여 서로의 욕구를 만족시키고 약점을 수용하면서 친밀감을 형성해 가며, 친밀감이 형성되면서 인간관계가 점차 성숙해진다. 친밀감의 형성에는 성별로 차이가 존재한다. 장년기의 남성은 친밀하고 상호 의존적인 관계 형성에 저항하는 경향이 있기 때문에 친밀감의 형성에 어려움이 존재한다.

그러나 여성은 친밀감 형성의 요구를 충족시킬 준비가 되어 있으며, 자신의 문제에 관심을 가지고 지지해 주는 사람들과 친밀한 관계를 형성할 수 있다.

결혼에 앞서 친근감을 획득하지 못한 사람은 지나치게 자기 의식적이고 자신의 사회적 행동과 적응에 대해 걱정하고 불안해하기 때문에 원만한 사회적 상호작용을 하지 못하여 고립감에 빠져들게 된다. 그들은 친근감의 형성이 자신의 정체감 확립을 손상시킨다고 생각하여 자신과 타인과의 관계형성을 제한한다.

3) 결혼준비 프로그램

(1) 결혼준비 프로그램의 이해

① 의의

예비부부와 신혼부부를 위한 결혼준비는 원활한 결혼생활과 결혼 후 건강하고 안정적인 가족관계를 유지하기 위한 과정이다. 우리나라의 경우 아직까지 결혼준비 프로그램과 교육이 부족한 실정이지만 선진국의 경우 결혼준비 프로그램은 매우 다양하다. 이러한 현상은 우리의 경우 결혼준비를 양가 부모들이 주로 책임지지만 선진국의 경우 예비부부들이 직접 준비하는 경우가 많기 때문이다.

그러나 어떠한 형식을 통하여 결혼을 하더라도 결혼에 대한 교육과 프로그램을 개발하여 실시하여야 한다. 결혼은 단순한 남녀의 만남이 아니고 가족과 가족의 만남이 동시에 다른 가족체계에서 생활해 온 남녀가 만나기 때문에 결혼에 대한 준비는 매우 중요하다.

② 목적

결혼준비 프로그램은 결혼과 가족생활에 대해 이해하고 실제의 결혼생활에서의 문제를 미리 예방하여 원활한 결혼생활을 위한 것이다. 즉, 결혼 전 상대방에 대한 이해와 친밀감을 조성하고 서로의 역할기대에 대해 이해한다.

또한 상대방의 가족의 이해와 부부간의 의사소통방법과 갈등해결방법에 대해 서로를 이해시킨다. 그리고 결혼생활에서 중요한 영향을 미치는 건강한 성에 대한 의식을 인지하고, 올바른 성지식에 대해서 논의한다. 또한 신혼생활에서 필요한 재정 관리방법에 대해서도 서로가 인식할 필요가 있다.

(2) 중요성

결혼준비 프로그램의 중요성은 결혼을 통해 예비부부 각자에게 있던 이전 가족의 삶이 노출되어 둘 사이에 영향을 주게 되므로, 이러한 영향을 줄이기 위해서이다. 그러므로 서로의 발달구조를 이해하는 것은 중요하다.

가족주기의 측면에서 결혼 관련 발달과업은 중요하기 때문에 결혼준비 프로그램의 실시 여부에 중요한 영향을 미친다. 즉, 결혼은 새로운 가정을 이루기 위해 그동안의 가족으로부터 단절과 도피 없는 분리를 통하여 새로운 삶을 이어나가야 한다는 것이다.

이때 가족의 여러 문제에서 야기되는 수직적인 스트레스를 효과적으로 극복해야 한다. 수직적인 스트레스를 극복하기 위해서는 책임감과 독립심이 필요한데, 이를 위해서는 예비부부 모두 자아정체감이 확립되어야만 한다.

또한 결혼준비 프로그램은 결혼을 통해 새로운 가족으로 참여하는 단계이다. 이 단계에서 새 가족과의 관계를 형성하는 데도 중요한 영향을 미친다.

결혼생활을 성공적으로 해 나가기 위해서는 결혼준비 프로그램을 통하여 새로운 가족체제에 적응해 나가야 된다. 또한 새로운 가족체제에 효과적으로 적응하기 위해서도 필요하고 부부간의 친밀성에도 중요하다.

(3) 결혼준비 프로그램의 현황

우리의 경우 과거 결혼준비 프로그램은 주로 예비신부로서 요리, 살림살이, 가정교육 등을 부모로부터 직접 교육받는 경우가 많았다. 특히 신부의 경우 결혼생활에서 친정부모의 영향을 많이 받아왔다.

그러다가 1990년대에 와서 전문적이고 체계적인 결혼준비 프로그램이 도입되기 시작하였다. 프로그램의 주된 내용은 부부간의 이해, 부부간의 의사소통기법, 성숙한 사랑과 성에 대한 내용, 가족생활의 운영 등을 포함하여 다양하게 이루어지고 있다.

현대사회에서 결혼준비 프로그램은 과거보다 더욱 체계적으로 개발되고 있다. 우리나라에서도 다양한 결혼준비 프로그램을 통하여 결혼으로 발생하는 문제점들을 예방해야 할 것이다.

3. 결혼의 법적 의의

남성과 여성이 만나서 약혼 또는 결혼을 한다는 것은 단순한 남녀의 결합이 아니라 법적 구성요건을 갖추어야 함을 의미한다. 사실혼과 법률혼에 대한 논란이 있지만, 결혼은 그 나라의 법적 구성요건에 충족되어야만 한다.[1)]

1) 약혼

(1) 약혼의 의의

약혼은 한 쌍의 남녀가 장차 법적으로 공정한 혼인을 할 것을 약속하는 것을 말한다. 혼약 또는 혼인 예약이라고도 한다. 약혼은 당사자의 합의에 의해 이루어지는데 특별한 방식이나 절차는 필요하지 않다.

민법은 만 18세가 된 사람은 약혼을 할 수 있다고 규정하였으므로, 미성년자라도 부모·후견인 또는 친족회의 동의를 얻으면 약혼할 수가 있다(제801조). 약혼이란 혼인의 약속에 불과하고 혼인 자체는 아니므로, 당사자 사이에 친족적 지위는 발생될 여지가 없으며 따라서 그 사이에 출생자가 있더라도 혼인 외의 출생자가 될 뿐이다. 혼인은 자유로운 의사에 의하여 이룩되어야 하므로 약혼의 강제이행은 청구하지 못한다.

그리고 상대방에게 의사를 표시할 수 없는 때에는 그 해제원인이 있음을 안 때에 해제된 것으로 본다(제805조). 약혼이 해제되면 잘못이 있는 상대방에 대해서 약혼 해제로 인한 손해배상을 받을 수가 있는데(제806조), 이는 가정법원에 청구한다. 이때 약혼 예물이나 그 밖의 금품에 대해서는 해제에 관하여 책임이 없는 당사자만이 반환청구권을 가지며, 과실 있는 당사자는 반환의무만을 부담할 뿐이다.

(2) 약혼의 법적 규정

약혼에 대한 민법에서 규정하고 있는 법의 내용은 다음과 같다.

제800조(약혼의 자유) 성년에 달한 자는 자유로 약혼할 수 있다.

제801조(약혼연령) 18세가 된 사람은 부모나 미성년후견인의 동의를 받아 약혼할 수 있다. 이 경우 제808조를 준용한다.

1) 동거는 사실혼관계로 과거 경제적 빈곤층에서 많이 관찰되었으나 최근엔 젊은 세대를 중심으로 결혼예비단계 또는 결혼에 대한 대안 또는 비정형적인 가족형태로서의 동거가 증가하고 있다.

제802조(금치산자의 약혼) 피성년후견인은 부모나 성년후견인의 동의를 받아 약혼할 수 있다. 이 경우 제808조를 준용한다.

제803조(약혼의 강제이행금지) 약혼은 강제이행을 청구하지 못한다.

제804조(약혼해제의 사유) 당사자 한쪽에 다음 각 호의 어느 하나에 해당하는 사유가 있는 경우에는 상대방은 약혼을 해제할 수 있다.

1. 약혼 후 자격정지 이상의 형을 선고받은 경우
2. 약혼 후 성년후견개시나 한정후견개시의 심판을 받은 경우
3. 성병, 불치의 정신병, 그 밖의 불치의 병질(病疾)이 있는 경우
4. 약혼 후 다른 사람과 약혼이나 혼인을 한 경우
5. 약혼 후 다른 사람과 간음(姦淫)한 경우
6. 약혼 후 1년 이상 생사(生死)가 불명한 경우
7. 정당한 이유 없이 혼인을 거절하거나 그 시기를 늦추는 경우
8. 그 밖에 중대한 사유가 있는 경우

2) 결혼

(1) 결혼의 성립

결혼(혼인)은 모든 가족생활의 기초를 이루며 사회질서 및 국민윤리에 커다란 영향을 미치는 것이므로, 법률은 혼인의 요건을 미리 정해 놓고 이에 적합한 혼인만을 정당한 것으로 성립시켜 법률상의 혼인으로 보호하고 있다.

혼인이 법률상 유효하게 성립하기 위해서는 혼인을 하는 데 장애가 될 일정한 사유가 없는 남녀 사이에 혼인에 대한 합의가 있어야 하며, 아울러 혼인신고를 해야만 한다. 그리고 실질적 요건이 갖추어져야만 혼인신고가 수리되며, 혼인신고를 하여야만 혼인의 형식적 요건을 갖추게 되어 법률상의 혼인으로 보호받을 수 있게 된다.

(2) 결혼의사

혼인은 당사자 쌍방이 서로 혼인을 하겠다고 합의를 함으로써 성립되는 것이므로, 혼인의사가 없는 혼인은 무효이다. 혼인의사라는 것은 그 사회에서 일반적으로 부부관계로 인정되도록 정신적·육체적인 생활공동체를 이룩하려는 의사를 말한다.

따라서 동거하지 않을 것을 조건으로 하거나 일정 기간 동안만 혼인생활을 하겠다는 경우, 혼인 이외의 다른 목적을 위한 가장혼인 및 사기혼인·강제혼인 등은 모두가 혼인의사가 없는 경우이므로 무효 또는 취소로 된다. 혼인의사는 이와 같이 법률상 친족관계를 형성하려는 것이므로 의사능력이 필요하다.

따라서 심신 상실상태에 놓여 있는 사람의 혼인의사는 보호받을 수가 없다. 그리고 혼인할 의사는 혼인신고서를 작성할 때와 제출할 때에 모두 있어야 하므로 만약 신고서의 제출 전에 혼인의사를 철회하면 그 신고서가 제출되더라도 무효로 될 뿐이다.

(3) 동의가 필요한 혼인

혼인이란 중대사에 속하는 것이므로 판단능력이 부족한 사람들의 경솔한 결정에 맡길 수는 없다. 따라서 생활경험이 풍부한 부모 또는 주위 사람들이 그들의 판단을 도와 보호해 줄 필요가 있으므로, 법률은 미숙한 사람의 판단을 보충하는 방법으로서 동의제도를 두고 있다.

동의를 받아야 할 혼인으로는 먼저 일정 연령에 도달하지 않은 경우를 들 수 있다. 현행 민법에서는 미성년자가 혼인을 할 때에는 부모의 동의를 얻어야 하며 만약 부모 중의 어느 한 쪽이 사망하거나 행방불명이 되어 동의할 수 없을 때에는 다른 일방의 동의를 얻어야 하고, 부모가 모두 동의권을 행사할 수 없는 때에는 미성년후견인의 동의를 얻어야 한다(제808조).

동의를 받아야 할 혼인으로 민법에 규정되어 있는 또 하나의 예로는 피성년 후견인의 혼인이다. 즉, 피성년 후견인이 혼인하려면 부모·성년의 후견인 동의를 얻어야 한다. 부모 등의 동의가 없으면 혼인신고가 수리될 수 없다. 만약 잘못 수리된 때에는 당사자 또는 그 법정대리인이 가정법원에 대해서 취소를 청구할 수 있다.

(4) 결혼의 법적 규정

결혼에 대한 민법에서 규정하고 있는 법의 내용은 다음과 같다.

제807조(혼인적령) 만 18세가 된 사람은 혼인할 수 있다.

제808조(동의를 요하는 혼인) ① 미성년자가 혼인을 하는 경우에는 부모의 동의를 받아야 하며, 부모 중 한쪽이 동의권을 행사할 수 없을 때에는 다른 한쪽의 동의를 받아야 하고, 부모가 모두 동의권을 행사할 수 없을 때에는 미성년후견인의 동의를 받아야 한다.
② 피성년후견인은 부모나 성년후견인의 동의를 받아 혼인할 수 있다.

제809조(근친혼 등의 금지) ① 8촌 이내의 혈족(친양자의 입양 전의 혈족을 포함한다) 사이에서는 혼인하지 못한다.
② 6촌 이내의 혈족의 배우자, 배우자의 6촌 이내의 혈족, 배우자의 4촌 이내의 혈족의 배우자인 인척이거나 이러한 인척이었던 자 사이에서는 혼인하지 못한다.
③ 6촌 이내의 양부모계(養父母系)의 혈족이었던 자와 4촌 이내의 양부모계의 인척이었던 자 사이에서는 혼인하지 못한다.

제810조(중혼의 금지) 배우자 있는 자는 다시 혼인하지 못한다.

제812조(혼인의 성립) ① 혼인은 「가족관계의 등록 등에 관한 법률」에 정한 바에 의하여 신고함으로써 그 효력이 생긴다.
② 전항의 신고는 당사자 쌍방과 성년자인 증인 2인의 연서한 서면으로 하여야 한다.

(5) 혼인신고

① 혼인신고의 의의

혼인은 가족관계의 등록 등에 관한 법률로 정하는 바에 따라 신고를 함으로써 성립한다(제812조 1항). 혼인신고는 당사자 쌍방과 성년의 증인 두 사람이 연서한 서면으로 하는 것이 원칙인데(812조 2항) 구술로 하여도 무방하다. 혼인신고는 우송하여도 관계없지만 대리인에 의한 신고는 허용되지 않는다. 우송할 경우 신고인이 사망한 후에 도착하더라도 수리되며, 이때에는 신고인이 사망한 때에 신고한 것으로 본다. 외국에 있는 대한민국 국민 사이에 혼인을 할 때에는 그 외국에 주재하는 대사 공사 또는 영사에게 신고할 수 있으며(814조 1항), 그가 거주하는 외국의 법에 따라서도 할 수 있다.

혼인은 제출된 신고서를 담당 공무원이 수리함으로써 성립한다. 담당 공무원은 법령에 위반하는 신고서를 수리해서는 아니 되지만, 그의 심사권은 형식적 심사권을 가진 데 불과하므로 실질적 내용에 개입하여 그 진위(眞僞)를 조사할 권한은 없다.

일단 신고서가 수리되면 비록 그것이 법령에 위배된다고 할지라도 효력이 발생되며, 다만 무효 또는 취소의 문제가 생길 뿐이다. 이상은 당사자 쌍방이 협력하여서 하는 '임의적 혼인신고'의 방법이다.

그러나 당사자 중의 어느 하나가 신고에 협력하지 않아 신고할 수 없을 때에는 법원의 힘을 빌려서 할 수도 있다. 즉, '사실상 혼인관계 존재확인 청구'를 위한 조정신청은 가정법원에 제출하여 조정이 성립되면, 신청한 사람이 그 조정이 성립한 날로부터 한 달 이내에 혼인신고를 하면 된다.

만약 조정이 성립되지 않는다면 심판을 청구한 사람이 재판확정일로부터 한 달 이내에 재판서의 등본과 확정증명서를 첨부하여 신고하면 된다. 이와 같은 경우의 신고를 '보고적 신고(報告的申告)'라 한다.

② **혼인신고의 기재사항**(가족관계의 등록 등에 관한 법률 제71조)

혼인의 신고서에는 다음 사항을 기재하여야 한다. 다만, 제3호의 경우에는 혼인 당사자의 협의서를 첨부하여야 한다.

㉠ 당사자의 성명・본・출생연월일・주민등록번호 및 등록기준지(당사자가 외국인인 때에는 그 성명・출생연월일・국적 및 외국인등록번호)

㉡ 당사자의 부모와 양부모의 성명・등록기준지 및 주민등록번호

㉢ 「민법」 제781조 제1항 단서에 따른 협의가 있는 경우 그 사실

④ 「민법」 제809조 제1항에 따른 근친혼에 해당되지 아니한다는 사실

③ **재판에 의한 혼인**(동법 제72조)

사실상 혼인관계 존재확인의 재판이 확정된 경우에는 소를 제기한 사람은 재판의 확정일부터 1개월 이내에 재판서의 등본 및 확정증명서를 첨부하여 제71조의 신고를 하여야 한다.

3) 결혼의 해소

아무런 결함 없이 완전하게 이루어진 혼인이 그 후 일정한 사유가 발생하여 소멸되는 것을 혼인의 해소라고 한다. 해소되는 원인으로서는 부부의 어느 한쪽이 사망하거나 실종선고를 받는 경우 또는 이혼하는 경우를 들 수 있다. 배우자가 사망하면 혼인관계는 당연히 소멸하므로, 부부간의 동거·부양 등의 모든 의무가 소멸하고, 부부재산제의 구속도 없어지며, 재혼도 자유롭게 할 수 있다.

그러나 혼인으로 맺어진 관계, 즉 인척관계 등은 당연히 소멸하지는 않고, 부부의 일방의 사망 후 배우자가 재혼함으로써만 없어진다. 부부의 일방이 실종선고를 받은 때에도 사망한 경우와 같이 취급한다. 그러나 쌍방이 재혼을 한 후에 그 실종선고가 취소된 때는 재혼을 한 부부 쌍방이 선의이어야만 아무런 영향을 받지 않고 그 혼인이 유효하게 된다. 이 밖에 이혼에 의해서도 혼인은 해소된다.

혼인신고하는 방법

■ 민원인이 제출해야 하는 서류

- 혼인당사자의 가족관계등록부의 기본증명서, 혼인관계증명서, 가족관계증명서 각 1통 (가족관계등록 관서에서 확인이 가능한 경우에는 제출 생략)
- 혼인동의서[미성년자 또는 피성년후견인(2018. 6. 30.까지는 금치산자 포함) 혼인의 경우, 신고서 동의란에 기재하고 서명 또는 날인한 경우는 예외] 및 성년후견인의 자격을 증명하는 서면(피성년후견인의 혼인에 성년후견인이 동의하는 경우만)
- 사실혼관계존재확인의 재판에 의한 혼인신고의 경우 그 재판서의 등본과 확정증명서(조정·화해성립의 경우 조정·화해조서 및 송달증명서 각 1부)
- 혼인신고특례법에 의한 혼인의 경우 심판서의 등본 및 확정증명서 각 1부
- 사건 본인이 외국인인 경우로서 한국방식에 의한 혼인의 경우 외국인의 혼인성립요건구비증명서(중국인인 경우 미혼증명서) 원본 및 국적을 증명하는 서면(여권 또는 외국인등록증) 사본 각 1부
- 사건 본인이 외국인인 경우로서 외국방식에 의해 혼인한 경우 혼인증서등본 및 국적을 증명하는 서면(여권 또는 외국인등록증) 사본 각 1부
- 민법 제781조 제1항의 단서에 따라 자녀의 성·본을 모의 성·본으로 하는 협의를 한 경우에는 협의사실을 증명하는 혼인당사자의 협의서 각 1부
- 신분확인(일반적인 혼인신고는 신고인이 출석한 경우 신고인 모두의 신분증명서, 신고인은 출석하지 않고 제출인이 출석한 경우 제출인의 신분증명서 및 신고인 모두의 신분증명서 또는 서명공증 또는 인감증명서, 우편제출의 경우 신고인 모두의 서명공증 또는 인감증명서, 증서등본에 의한 혼인신고의 경우는 신고인이 출석한 경우 신분증명서, 제출인이 출석한 경우 제출인의 신분증명서, 우편제출의 경우 신고인의 신분증명서 사본)

혼 인 신 고 서

년 월 일

※ 뒷면의 작성방법을 읽고 기재하시되 선택항목은 해당번호에 "○"으로 표시하여 주시기 바랍니다.

<table>
<tr><th colspan="2">구분</th><th colspan="5">남편</th><th colspan="5">처</th></tr>
<tr><td rowspan="5">① 혼인당사자</td><td>본적</td><td colspan="2"></td><td>호주 및 관계</td><td colspan="2">의</td><td colspan="2"></td><td>호주 및 관계</td><td colspan="2">의</td></tr>
<tr><td>주소</td><td colspan="2"></td><td>세대주 및 관계</td><td colspan="2">의</td><td colspan="2"></td><td>세대주 및 관계</td><td colspan="2">의</td></tr>
<tr><td rowspan="2">성명</td><td>한글</td><td>서명 ㉑</td><td>전화</td><td colspan="2"></td><td>한글</td><td>서명 ㉑</td><td>전화</td><td colspan="2"></td></tr>
<tr><td>한자</td><td></td><td>본</td><td colspan="2"></td><td>한자</td><td></td><td>본</td><td colspan="2"></td></tr>
<tr><td colspan="2">주민등록번호</td><td colspan="4"></td><td colspan="2">주민등록번호</td><td colspan="3"></td></tr>
<tr><td rowspan="4">② 부모</td><td rowspan="2">부</td><td>본적</td><td colspan="4"></td><td>본적</td><td colspan="4"></td></tr>
<tr><td>성명</td><td colspan="4"></td><td>성명</td><td colspan="4"></td></tr>
<tr><td rowspan="2">모</td><td>본적</td><td colspan="4"></td><td>본적</td><td colspan="4"></td></tr>
<tr><td>성명</td><td colspan="4"></td><td>성명</td><td colspan="4"></td></tr>
<tr><td colspan="3">③ 혼인해소일자</td><td colspan="4">년 월 일</td><td colspan="5">년 월 일</td></tr>
<tr><td colspan="3">④ 신 본적</td><td colspan="4"></td><td colspan="5"></td></tr>
<tr><td colspan="3">⑤ 기타 사항</td><td colspan="9"></td></tr>
<tr><td rowspan="4">⑥ 증인</td><td>성명</td><td colspan="2">서명 ㉑</td><td colspan="2">주민등록번호</td><td colspan="6"></td></tr>
<tr><td>주소</td><td colspan="10"></td></tr>
<tr><td>성명</td><td colspan="2">서명 ㉑</td><td colspan="2">주민등록번호</td><td colspan="6"></td></tr>
<tr><td>주소</td><td colspan="10"></td></tr>
</table>

생각해 볼 문제

- 앞으로 결혼의 개념은 어떻게 변화할까?
- 계약결혼에 대해 어떻게 생각하는가?
- 나는 결혼한다면 어떠한 결혼생활을 할 것인가?

02 CHAPTER

남성과 여성

1. 유전과 성
2. 남성과 여성의 접근방향
3. 양성에 대한 학문적 접근

1. 유전과 성

1) 유전과 성의 결정

정자와 난자가 첫 번째 단세포유체(접합체)를 형성하기 위하여 결합할 때, 새 생명에게 풍부한 유전적 유산을 부여한다. 정자와 난자는 각각 염색체라고 불리는 23개의 막대모양 분자를 포함하고 있음으로 접합체는 성숙한 성세포를 제외한 다른 모든 인간의 몸에 있는 세포와 같이 46개의 염색체를 가지게 된다.

이것은 임신이 될 때 정상인간은 어머니로부터 23개의 염색체를 받고, 아버지로부터 23개의 염색체를 받는데, 이 염색체들은 22쌍의 상염색체와 한 쌍의 성염색체로 구성된다.

성염색체란 유전자는 남녀 똑같이 유전될 수 있으나 성염색체는 남녀에게 다르게 유전된다. 또한 두 사람으로부터 X염색체를 받은 아동은 여자가 되고, 어머니로부터 X를 아버지로부터 Y를 받은 아동은 남자가 된다.

그리고 성세포는 감수분열의 결과 각각 23만 개로 늘어난다. 이것은 계속 분화되어 약 2만 개의 조각으로 구성된 유전인자가 된다. 이 다양한 유전인자는 각각의 기능에 따라 특정 염색체 위의 일정한 위치에 자리를 잡고 있는 것으로 보인다.

그리고 모든 유전자는 DNA(deoxyribonucleic acid)로 구성되어 있다. DNA분자는 우리 몸속에서 모든 세포의 구성을 결정하는 정보를 소유하고 있다. 즉, 이것은 인간세포로서 특정 기능과 개인에 따라 독특한 방법으로 이 기능을 수행할 정보를 가지고 있다.

또한 수천의 유전자는 우리 모두 유전적 특성을 결정하는 데에 중요한 역할을 한다. 인간의 여러 가지 요인은 어머니의 배에서 출산하기 이전부터 시작된다.

정확히 말하자면 정자가 여성의 생식기에서 난자와 결합하는 아주 짧은 순간에 새 생명이 시작된다고 할 수 있다. 어느 정자가 어느 난자와 결합하는지의 문제는 앞으로 태어날 여러 가지 요인이 달라진다. 즉, 남녀, 질병 여부, 성격유형 등 여러 가지에서 의미를 가진다.

2) 성의 개념

성(性)에 관련된 용어는 일반적으로 생물학적으로 남성과 여성을 구분하는 섹스(sex)와 사회문화적 및 심리적으로 남성상과 여성상으로 구분하는 젠더(gender)가 있다. 섹스라는 용어는 주로 성관계를 의미하는 것으로 사용되는 것으로 주로 생물학적 요인이 강하다.

반면 젠더는 인간이 태어나서 성장하면서 여러 가지 요인에 의해 남성다움과 여성다움으로 변화하면서 남녀가 구별되는 것이다. 그렇기에 젠더라는 용어는 그 나라의 사회문화적 배경, 남여에 대한 사회적 인식, 남녀에 대한 역사적 배경 등에 달라질 수 있다.

3) 성차와 성역할과 관련된 용어

- Sex(생물학적 용어) : 남성인가 여성인가에 대한 생물학적인 구분을 할 때 사용하는 용어이다.
- Gender(사회적 용어) : 남성 혹은 여성을 구분하는 사회적 기대를 구분할 때 사용하는 용어이다. 성별을 지칭하는 용어로 sex를 일반적으로 사용해 오던 중에 1995년 제4차 북경 여성대회에서 성별 구분을 나타내는 개념으로 사회・문화적인 성을 의미하는 gender를 더 적합한 용어로 합의한 바 있다.
- Gender identity(성정체감, 심리학적 용어) : 자아를 여성 또는 남성으로 인식하는 것을 의미하며 성정체감은 대개 3세경 형성되어 일생동안 변하지 않는다.
- Gender(Sex) role(성역할) : 전형적인 개인의 성정체성과 관련해서 사회적으로 수용되는 특성과 행동이다.
- Sex-role attitude(성역할 태도) : 전통적인 성역할 고정관념에 대해 개인이 어느 정도 동의하는가를 나타낸다.
- Sexual orientation(성지향성) : 섹스 파트너로서 이성, 동성 또는 양성에 대한 개인의 선호를 의미한다.
- Gender equality(양성평등) : 모든 인간은 고정된 성역할이나 성별 고정관념에 구속됨이 없이 자유롭게 자신의 능력을 개발하고 선택할 수 있는 권리를 가진다는 것을 의미한다.

2. 남성과 여성의 접근방향

1) 신체적 차이

신생아의 신장과 체중은 성과 인종에 따라 다소 차이가 있지만, 우리나라의 경우에는 평균적으로 신장이 약 50.5cm이며, 체중은 약 3.35kg으로서 남아가 여아보다 키가 더 크고 몸무게도 더 많이 나간다.

신생아의 신체구조는 머리가 신장의 1/4 정도이며, 머리둘레가 가슴둘레보다 크고 가슴과 배가 크며 팔이 다리보다 길다. 성장급등(growth spurt) 현상은 여자 10~12세경에, 남자가 12~14세경에 나타나 여자가 남자보다 2년 정도 앞서서 급등 현상이 나타난다.

성장급등 현상은 그 이후 2년 정도 지속되며, 신장이 급격히 커지고 나서 체중의 증가가 이루어진다. 청소년기의 급격한 성장은 현저한 개인차가 존재하며, 영양상태, 사회환경, 유전인자, 생활양식 등에 따라 차이가 나타난다.

신체적 성장은 여자가 16세경에, 남자는 19세경에 거의 정점에 이르게 되며, 남녀의 체형이 다르게 변모하고 신체적으로 성숙해진다. 남자는 골반에 비해 어깨가 넓어지며, 근육이 발달하여 남성다운 외모를 갖게 된다.

여자는 어깨가 좁고 골반이 넓어지며, 피하지방이 발달하여 여성다운 외모를 갖게 된다. 신체에서 머리가 차지하는 비율이 작아지고, 몸통에 비하여 다리가 길어지며, 팔과 다리에 비해 손과 발이 상대적으로 커진다. 얼굴모양이 길쭉하게 바뀌고 코와 입이 크고 넓어져 얼굴윤곽이 달라지면서 성인과 같은 모습으로 성숙해진다.

청소년기에는 급격한 신체발달과 더불어 운동능력도 현저하게 발달한다. 운동능력의 발달은 근육의 발달과 밀접하게 관련되어 있다. 청소년기 동안 남성은 여성보다 근육조직이 더 많이 증가하고 근육의 힘도 강해지기 때문에 체력이 더욱 우세하다.

남성은 여성에 비해 속도, 기민성, 균형, 던지기, 뛰기 등의 전신운동기술이 더 많이 발달한다. 남성과 여성의 차이는 체격과 심폐기능의 차이, 신체에 대한 관심의 차이, 사회적 관습으로부터 받는 제약 등에 따라 나타난다.

사춘기가 시작되면서 성호르몬의 분비가 증가함에 따라 성적 성숙이 이루어진다. 성적 성숙은 일차성징과 이차성징으로 나누어진다. 일차성징은 생식을 위해 필요한 기관들을 말하며, 여성의 난소, 나팔관, 자궁 및 질을 비롯하여 남성의 고환, 음경, 음낭, 정낭 및 전립선을 말한다. 사춘기 동안 이러한 기관들은 커지고 성숙해진다.

이차성징은 성적 성숙의 생리적 징후로서 여성의 가슴의 발달과 남성의 넓은 어깨를 비롯하여 변성, 근육발달, 음모, 체모 등에 변화를 가져오는 것이다(Papalia, Ods & Feldman, 1998).

2) 성적인 차이

성적 성숙의 징후로서 여성의 경우에는 초경(menarche)이 나타나고, 남성의 경우에는 몽정(nocturnal emission)이 나타나게 된다. 몽정은 성애와 관련된 꿈을 꾸다가 자극을 받아 자신이 모르는 사이에 사정을 하는 것이다. 초경은 대개 12~13세에 시작되며, 몽정은 평균적으로 13세경에 나타난다.

성적 성숙에는 개인차가 있지만 발달의 순서는 일정하다. 여성은 초경 전에 가슴발육이 먼저 시작되며, 초경이 나타날 즈음에 음모가 나오고 이어서 겨드랑이 체모가 나타난다. 남자는 고환이 커지고 나서 음모가 나타나며, 목소리가 굵어지고 겨드랑이 체모와 수염이 나타난다.

성적 성숙으로 사춘기의 여성과 남성은 새로운 변화에 대해 민감하게 반응한다. 여성의 초경은 임신을 가능하게 하여 성인이 되고 있다는 자부심을 갖게 하지만, 성인이 되는 것에 대한 거부감, 불편함, 행동적 제약, 생리통 등 부정적 경험을 하기도 한다.

그러므로 월경에 대한 부정적 태도를 갖지 않게 하기 위해서 부모나 교사가 초경에 대한 사전 지식과 태도를 준비시키고 건강하게 성숙되는 것에 대한 보람을 이해할 수 있도록 지도해야 한다(이옥형, 2002).

남성의 몽정과 자연적인 음경 발기는 사정에 대한 불안과 자신의 성적 성숙에 대한 기대감을 동시에 갖게 한다. 몽정으로 인하여 남성은 쾌감과 함께 신체적으로 잘못되지는 않았나 하는 근심을 갖게 된다. 음경 발기는 남성의 정력의 표시로서 자랑이 되기도 하지만, 이것을 통제할 수 없는 무능력을 걱정하고 당황하기도 한다.

3) 성격의 차이

남근기의 남아와 여아 모두 이러한 갈등을 성공적으로 해결할 경우에 성역할의 동일시를 통하여 성정체감을 가질 수 있게 된다. 이 단계의 발달과업을 적절하게 이행하면 성인이 되어 정상적인 성행위를 통하여 성적 욕망을 해결하고 있으며, 충성심, 효도, 헌신, 낭만적 사랑 등의 감정을 표현할 수 있다(김동배 · 권중돈, 1998).

남근기에 고착된 성격은 남녀 간에 다소 차이가 있다. 남성은 경솔하고, 과시적이며, 야심적이고, 강함과 남성다움을 나타내려고 노력한다. 여성은 성관계에 있어서 순진하고 결백해 보이지만, 유혹적이고 경박한 기질을 갖고 있으며, 아주 자기 주장적이어서 남성을 능가하려고 한다는 것이다.

남녀 모두 해결되지 않은 남근기의 갈등은 성인기가 되어 신경증의 원인이 되며, 남성의 성적 무기력과 여성의 불감증의 근원이 된다는 것이다(Hjelle & Ziegler, 1994).

표 2-1 한국 성역할 검사의 여성성 척도와 남성성 척도의 비교

여성성 문항		남성성 문항	
• 섬세하다	• 다정다감하다	• 믿음직스럽다	• 근엄하다
• 어질다	• 차분하다	• 과묵하다	• 의욕적이다
• 친절하다	• 알뜰하다	• 남성적이다	• 자신의 신념을 주장한다
• 온화하다	• 유순하다	• 강하다	• 의지력이 강하다
• 부드럽다	• 민감하다	• 자신감이 있다	• 대범하다
• 상냥하다	• 순종적이다	• 털털하다	• 집념이 강하다
• 깔끔하다	• 얌전하다	• 박력이 있다	• 의리가 있다
• 따뜻하다	• 여성적이다	• 독립적이다	• 지도력이 있다
• 인정이 많다	• 싹싹하다	• 씩씩하다	• 결단력이 있다
• 감정이 풍부하다	• 꼼꼼하다	• 야심적이다	• 모험적이다

출처: 박상훈(2019) 재인용.

4) 이성에 대한 갈등

남근기의 두드러진 갈등은 남아의 오이디푸스 콤플렉스(Oedipus complex)와 여아의 엘렉트라 콤플렉스(Electra complex)이다. 이러한 갈등은 이성의 부모에 대하여 강한 성적 매력을 느끼는 것과 동시에 동성의 부모에 대해서는 적대감을 느끼는 현상이다.

(1) 오이디푸스 콤플렉스

오이디푸스 콤플렉스는 이 시기 아동의 성격형성에 중요한 역할을 한다. Freud에 의하면 어머니에 대해 강력한 애정의 욕구를 가진 아동은 아버지를 경쟁자로 생각한다. 그러나 아버지는 아동에 비해 대단히 크고 강한 존재이므로 아버지에 대한 경쟁심은 두려움으로 변모하게 된다.

아동은 아버지가 자신의 적대감을 알고 해칠지도 모른다는 불안감을 느끼게 되며, 이러한 피해의식은 아동에게 아버지가 자신의 성기를 잘라 버릴지도 모른다는 불안을 느끼게 한다.

이것이 거세불안(castration anxiety)이며, 이 때문에 5~7세 사이의 아동은 어머니에 대한 성적 욕망을 포기한 채 아버지에 대한 적대감을 억압하고, 아버지와 동일시함으로써 갈등을 해결한다.

이것이 공격자와의 동일시이며, 동일시에 의해 아동은 아버지의 생각·태도·행동 등을 모방하고 자기의 것으로 내면화함으로써 아버지를 닮아가게 된다. 또한 이 시기는 동일시에 의해 아버지의 도덕률과 가치를 내면화하여 양심을 발달시키며, 아버지를 아동이 도달할 이상으로 여김으로써 자아 이상이 발달한다.

(2) 엘렉트라 콤플렉스

엘렉트라 콤플렉스는 남아의 오이디푸스 콤플렉스에 해당하는 여아의 갈등이다. 남아처럼 여아의 최초의 사랑의 대상도 어머니이다. 그러나 여아가 남근기로 접어들면서 자신은 아버지나 남자 형제들처럼 남근이 없다는 것을 깨닫게 되며, 남근을 갖고 싶어 하는 남근선망(penis envy) 현상이 나타난다.

여아는 어머니가 자신의 성기를 빼앗았다고 생각하여 어머니에 대한 적개심을 갖게 되며, 동시에 부러운 기관을 가지고 있는 아버지를 소유하고 싶어 한다.

그러나 여아는 남근을 갖는다는 것이 불가능하다는 사실을 인식할 뿐만 아니라 어머니에게 미움을 사서 보복을 당할 위험이 있다고 보고 여아 스스로 어머니와 동일시하게 된다. 그러나 Freud는 오이디푸스 콤플렉스와는 달리 엘렉트라 콤플렉스의 해결과정을 명쾌하게 제시하지 못하였다.

오이디푸스와 엘렉트라 콤플렉스(The Oedipus and Electra complexes)

고대 희랍연극에서 주인공인 오이디푸스는 왕의 아들이었는데 어린 시절을 다른 가정에서 성장하였다. 오이디푸스가 성인이 되었을 때, 그는 자신의 아버지인 줄 모르고 왕인 그의 친아버지를 죽였다.

그리고 왕비가 자신의 친어머니인 줄 모르고 과부가 된 왕비와 결혼을 한다. 그 후 이러한 사실을 알고 오이디푸스는 자신의 눈을 뽑아버리고 국외로 떠나 방랑생활을 하게 된다.

Freud는 모든 남아는 어머니와 사랑에 빠지고 그 아버지에 대해서는 살인의 충동을 가지게 된다는 그의 개념에 이 비극의 주인공의 이름을 붙였다. 이 이론에 따르면 3~6세의 소년은 어머니에 대해 성적인 애정과 사랑을 하여, 어머니에 대한 사랑과 애정을 둘러싸고 아버지와 경쟁한다.

그 결과 남아는 아버지의 힘에 의해 적대감, 경쟁심, 공포가 섞인 애정에 사로잡힌다. 남아는 여아에게 성기가 없다는 것을 알고 나면 무슨 일이 생긴 줄 알고 부모에게 죄책감을 느끼게 되고, 이 죄책감은 아버지가 자기를 거세할 것이라는 걱정을 하게 된다. 이것이 곧 거세콤플렉스이다.

이 공포 때문에 남아는 어머니에 대한 성적 욕구를 억제하고, 아버지와 경쟁했던 것을 중지하고 동일시하게 된다. 그리고 엘렉트라 콤플렉스와 오이디푸스 콤플렉스는 유사한데, 다만 여기서 여아가 아버지를 사랑하게 되어 어머니를 두려워하게 되어 오이디푸스 콤플렉스와 같이 이런 느낌을 억제하고, 결국 여아도 어머니와 동일시하게 된다.

출처: 이영 · 조연순(1997).

3. 양성에 대한 학문적 접근

1) 성역할 정체감

전통적으로 성역할 정체감의 유형 분류는 남성성(masculinity) 혹은 여성성(feminity)으로 이분화되어 논의되어 왔다. 일반적으로 성역할 정체감 중 남성성은 독립적, 과업지향적, 경쟁적, 이성적, 감정을 억제하는 측면과 관련이 있으며, 여성성은 관계지향적, 양육적, 감성적 측면과 관련이 있다.

성역할 정체감은 일단 형성되면 쉽게 변화하지 않으며, 사회적 존재로서 사회적 기대를 수반하고, 다른 사람의 판단의 기초가 되기 때문에 적응에도 중요한 의미를 지닌다.

성역할 정체감은 남성과 여성으로서 기대되는 감정, 태도 등을 수용하는 것으로 한 개인은 사회가 요구하고 기대하는 역할에 동일시하는 정도에 따라 자신의 성역할 정체감을 형성하게 된다. 성역할 정체감 유형은 남성성, 여성성, 양성성, 미분화로 분류할 수 있다.

2) 성역할 고정관념

여성과 남성에게 적합하다고 생각되는 행동, 특성, 태도, 작업과제 등을 습득하는 성역할 사회화(sex-role socialization)를 통해 개인의 성역할이 고정적으로 정형화되면 성역할 고정관념이 형성된다. 이러한 성역할 고정관념은 남성과 여성을 이분화한다.

남자다운 남자는 독립적이고, 지배적이고, 진취적이고, 목표지향적이고, 모험적이고, 용감하고, 리더십이 있고, 주도적이어야 한다고 여겨진다. 반면 약한 모습을 보이거나 감정적이면 남성답지 못하다고 여겨진다.

여자다운 여자는 의존적이고, 순종적이고, 소극적이고, 수동적이고, 다정하고, 친절하고, 상냥하고, 부드럽고, 양육적이고, 사랑스럽고, 희생적이어야 한다고 여겨진다. 반면 적극적이고 독립적인 여성은 여성답지 않다고 여겨진다.

이러한 성역할 고정관념은 지나친 여성화와 남성화의 결과를 가져온다. 여성이 지나치게 여성화되면 부정적인 자아개념을 가질 수 있다. 자신감이 결여되고 자신을 무능하게 여겨 아내와 어머니의 역할을 잘 수행하지 못하면 존재가치에 위협을 받게 된다.

또한 여성이기 때문에 사회적으로 받는 불이익이 많다고 느끼기 때문에 사회적 성취 장벽에 스스로 부딪치게 된다. 여성화가 지나치게 되면 감정에 지나치게 치우쳐 히스테리를 일으키거나 다른 역할에 대한 부적응 문제로 스트레스와 우울증에 빠지게 된다.

남성이 지나치게 남성화되면 경제활동과 수입을 성공과 동일시하면서 돈을 벌어야 한다는 압박감에 시달리게 된다. 또한 남성의 정체성을 직업에 한정시키면서 직업에서 성공하지 못한 경우 위축되고 자존감이 저하되며, 남편과 아버지 역할수행을 잘 해내지 못한다.

남성다움과 감정표현의 제한이 연관되어 있어 감정적 고정관념도 가지게 되는데, 이는 사회생활에서 접하는 여성들과의 적응에 문제를 야기한다. 현대 여성과 적응하는 데도 문제를 보인다. 성역할 고정관념은 사회의 변화된 가치와 부딪치면서 다양한 형태의 콤플렉스로 나타나 개인의 심리적 건강과 인간관계에 많은 영향을 미친다.

3) 양성성(Androgyne)

현대사회의 변화는 남녀의 성역할에도 변화를 가져왔다. 변화하는 성역할 개념의 필요성에 의해 한 개인의 남성성과 여성성을 동시에 표현할 수 있는 '양성성(androgyny)'의 개념이 대두되었다.

Bem(1974)에 의하면 양성성은 사회의 성역할 고정관념을 이루는 내용 중에서 바람직한 여성적 특성과 남성적 특성이 결합되어 공존하는 것이라고 하였다.

성역할을 한 차원으로 설명하는 성역할 고정관념과 달리 양성성은 독자적인 두 차원으로서 성역할을 설명해준다. 따라서 한 개인이 두 가지 차원에서 다 높은 성향을 갖출 수도 있고(양성성을 지닌 사람), 한 차원에서만 높은 성향을 가질 수 있으며(여성적인 사람 혹은 남성적인 사람), 두 차원이 다 낮을 수(여성성과 남성성이 모두 낮아 미분화된 사람)

도 있다.

양성성을 지닌 사람은 여성적 행동과 남성적 행동을 모두 할 수 있다는 점에서 다양한 행동수행이 가능하고, 어떤 상황에서든 문제를 적절하게 대처할 수 있으며, 상황의 요구에 따라 적절한 유연성과 융통성을 보이므로 환경에 효과적으로 대처할 수 있다. 즉, 양성성을 지닌 사람은 상황에 따라 융통성 있게 남성적인 행동과 여성적인 행동을 빠르게 변화시킬 수 있다. 그러나 일반적으로 성역할 고정관념 측면에서는 양성성에 대하여 이해 부족한 면이 있으나 양성성은 사회적 존재로서의 성역할 정체감이 형성되어 사회적 적응에 중요한 역할을 기대 할 수 있다.

4) 아니마와 아니무스

인간은 생물학적으로 남성과 여성으로 나누어져 각각의 특징을 가지고 있다. 그러나 남녀 간에 유전적인 차이가 있으며, 사회화의 압력으로 이러한 차이가 더 커지게 된다. 그 결과 남성에게는 여성적인 측면을, 여성에게는 남성다운 측면을 억압하고 무시해 왔다.

그러나 이렇게 무시한 측면이 아주 사라지는 것은 아니며, 무의식 속에 생생하게 남아있다. 무의식 속에 남아 있는 남성의 여성적인 측면을 아니마(anima), 여성의 남성적인 측면을 아니무스(animus)라고 한다. 이러한 반대의 성에 대한 특성을 갖는 것은 이성의 본질을 이해할 수 있게 하기 때문에 인간의 적응과 생존에 도움이 된다(Schultz & Schultz, 1994).

제3의 성

남자도 여자도 아닌 제3의 성으로 살아가고 있는 인도의 '히즈라'가 화제다. 히즈라는 원래 성적인 문제를 가지고 태어난 남자들이 거세 등을 통해 여성의 삶을 살아가는 것으로 양성성을 띠고 있는 힌두신들의 인격을 가진 존재들로 믿어져 왔다. 때문에 이들은 결혼식이나 아기가 태어났을 때 등 전통적인 축하 행사에 참여해 춤을 추며 축복을 내린다.

그러나 최근 인도 사회가 서구화되면서 이들은 점차 경멸의 대상이 되고 있다. 히즈라는 사람들에게 소외되며 구걸과 동성 매춘 등으로 에이즈에 노출되는 등 위험한 삶을 살아가고 있다.

출처: 한국경제신문(2007.12.15.).

5) 남성학의 이해

남성학(men's studies)이라는 용어는 아직 일반적으로 사용되고 있는 용어는 아니다. 가장 간단하게 남성학의 개념을 살펴보면 기존의 여성학 비추어 보면 남성사회를 남성의 눈으로 바라보기 위한 학문이라고 볼 수 있다. 남성들 역시 남성 중심 사회 속에서 반드시 인간다운 생활을 누려온 것은 아니다. 오히려 남자답게(남성다움)라고 하는 억압 때문에 불편한 마음으로 생활해 왔다고 해도 과언이 아니다.

남성 중심의 재검토를 여성에게 대해서뿐만 아니라 남성에 대해서도 요구하게 되는 것이다. 이러한 시대적 요청에 의해 남성학이 대두되어 남성의 시각에서 이 남성사회를 비판적으로 해부함으로써, 남성에게 있어 보다 인간다운 생활을 추구하기 위한 실천적인 학문이다.

오늘날 남성과 남성다움에 대한 연구는 성 연구의 중요한 분야로 나타나고 있다. 남성학의 주된 연구내용을 살펴보면 사회에 있어서의 남성의 관계, 즉 남성들 간 그리고 여성들 하고의 관계에 대한 규명이 필수적인 토대로 되어 있다.

이것은 동성 그리고 이성 간의 사회적 이치, 사회적 상호작용 및 사회적 행동에 대해 접근하고 있다. 즉, 일반사회에서 남성의 이미지, 역할 등을 뜻하는 남성다움에 대한 사회학적 차원의 조망과 해석을 시도하고자 하는 것이다. 그리고 이 남성다움과 불가분의 관계로서 파생되는 남성의 콤플렉스를 심리학적 차원으로 접근하는 것이다.

즉, 남성학이란 성적 이데올로기로써 잘못 형성된 남성성과 남성다움과 같은 남성의 정체성 및 역할 등에 관한 문제와 내용을 주로 남성의 입장에서 접근하여, 남성으로 하여금 각 개인과 집단이 보다 인간답고 참된 행복한 삶을 영위하게 하는 남성의 자기구제와 구원적인 실천학문이다. 그러나 남성학과 남성연구는 과도한 남성 이데올로기에 의한 남성다움의 문제점을 해결하려는 의도에서 시작하는 경우도 있다.

우리나라에서도 차츰 남성학에 대한 관심이 증가하고 있다. 그동안은 주로 가족학과 여성학에 대해 초점을 맞추어 접근하고 있으나 급속하게 변화하고 있는 이혼과 같은 가족해체가 증가하면서 남성연구의 필요성이 증가하고 있다. 그리하여 모자복지법이 모·부자복지법으로, 이후 한부모가족지원법으로 개정된 것도 이러한 이유일 것이다.

특히 이혼의 경우에도 주로 여성에 초점을 맞추어 접근하였다. 그러나 전통적인 남성 중심의 가부장적 사회가 해체되면서 남성들의 혼란시대가 가속되고 있다. 이러한 남성들의 혼돈 속에서 우리나라에 맞는 남성연구가 전제되어야 할 것이다.

(1) 우리나라 남성의 콤플렉스

① 사내대장부 콤플렉스,
② 온달 콤플렉스,
③ 성 콤플렉스,
④ 능력 콤플렉스,
⑤ 학력 콤플렉스,
⑥ 장남 콤플렉스,
⑦ 만능인 콤플렉스 등으로 나타나 있다.

6) 여성학의 이해

여성과 남성의 영역이 가정과 일터로 나누어진 것은 산업화 과정에서 일어난 결과이다. 근대 성과 성차를 논함에 있어서 일터에서 요구되는 성향은 남성적인 기질이고, 가정에서 요구되는 중요한 성향은 여성적 기질로 나누어진다.

산업, 소비의 창출, 근대 도시, 대중매체, 테크놀로지와 같은 현상은 어떤 의미에서 근본적으로 남성적이며 친밀함과 같은 여성적 가치는 근대성의 논리 바깥에 존재한다는 믿음은 많은 주류 페미니즘사상이 지적해 왔다. 또한 남성학의 확산은 여성학을 위축시킬 것인가에 대한 의문에 대해서는 서로 상반된 의견이 나올 것이다.

(1) 남성학과 여성학의 공유

학문으로서 남성학이 우리 사회에 특수한 정체성을 지닌 채 그 모습을 분명히 하고 있다고는 볼 수 없다. 아직까지도 체계적인 남성학의 연구가 이루어지지 않고 있고, 앞에서도 지적한 바와 같이 여성학에 대항 반발적인 성격으로 진행되고 있다.

그러나 남성학과 여성학의 본질은 같다. 그러므로 남성학과 여성학이 대립하지 않고 서로 공유할 수 있는 영역을 확보해야 할 것이다.

그러므로 여성학과 남성학은 대립해서는 안 되고 남성학은 여성학이 언제나 여성 자신만을 위한 운동이 아니라 남녀불평등의 문제를 인간해방의 차원에서 다루고 있음을 이해해야 한다. 동시에 여성학 역시 남성학이 언제나 남성만의 이익을 위한 접근이 아님을 이해하여 서로의 입장을 경청하는 자세를 가지고 공유하는 부분을 찾으려는 노력이 필요할 것이다.

(2) 우리나라 여성의 콤플렉스

여성을 위한 모임(1996)에서 밝힌 여성의 콤플렉스는

① 착한 여자 콤플렉스,

② 신데렐라 콤플렉스,

③ 외모 콤플렉스,

④ 성 콤플렉스,

⑤ 지적 콤플렉스,

⑥ 맏딸 콤플렉스,

⑦ 슈퍼우먼 콤플렉스 등이다.

생각해 볼 문제

- 우리나라의 양성평등은 어느 정도인가?
- 나의 양성평등에 대한 관점은 무엇인가?
- 우리나라 양성평등 문제를 해결하기 위한 방법은 무엇인가?

03
CHAPTER

성(性)

1. 성(性)의 의미
2. 성행동 문제와 윤리

1. 성(性)의 의미

성(性)이 마음과 몸의 조화를 필요로 하는 것이라면, 성관계는 마음과 몸의 조화를 이루는 상호관계라고 할 수 있다. 즉, 성관계란 두 사람의 몸과 마음이 서로 연관성을 지니고 조화를 추구하는 관계라고 볼 수 있다.

성이란 마음과 몸이라는 말의 합성어로 마음과 몸의 조화를 필요로 한다. 우리의 몸과 마음은 따로 구분되어 있는 것이 아니라 필연적으로 연결되어 있다. 두 사람이 관계적인 측면에서 성관계를 가질 때 건강한 성이 이루어질 수 있다.

그러므로 건강한 성관계를 가지기 위해서는 좋은 상호관계를 바탕으로 마음의 준비, 서로의 교감을 극대화하기 위한 전희, 배려와 존중이 함께하는 사랑 만들기, 서로의 교감을 공유하며 마무리하는 후희까지 배려와 존중이 필요하다. 마음의 정신적 교류가 없이 단순한 육체적 접촉의 성과 섹스는 일시적인 성적 욕망은 채울 수 있지만 관계로부터 얻는 만족감이나 충족감을 얻을 수 없어 성문제의 근본 원인이 될 수 있다.

그러나 현실 상황을 보면 마음보다는 몸과 관련된 성이 지나칠 정도로 과하게 포장되어 묘사되고 있다. 중요한 것들이 그렇듯이 인간의 성에서도 조화의 균형을 이루지 못하면 어려움이 뒤따른다. 즉, 성은 성적인 쾌락이나 성행동 등의 생물학적 측면을 가지고 있을 뿐 아니라 성에 대한 가치관, 태도 등 정신적인 측면도 포함하는 전체적인 인간 그 자체를 뜻한다.

1) 대화로서의 성관계

몸과 마음의 대화를 신체적으로 표현하는 의사소통, 즉 신체적으로 표현하는 대화로서의 성관계는 가시적이고 육체적인 활동으로 보이지만 그 과정에 있어서는 정서적이고 감정적인 상호작용이 중요하게 작용하는 몸과 마음의 대화이다. 대화로서의 성관계는 다음과 같은 특성을 지닌다.

① 여성과 남성은 신체적인 구조나 생리적인 기능이 달라 성적 반응 사이클은 다르지만 성관계는 남녀 간의 평등함과 동등성이 전제되어야 한다.

② 인간의 성생활은 종족본능의 기능보다 사랑의 표현이라는 기능이 강화되고 있다.

③ 성에 대한 태도와 행위는 학습되므로 대화로서의 성관계를 갖기 위해서는 교육이 필요하다.

④ 성관계를 통해 효과적인 의사소통을 하기 위해서는 시간과 노력이 필요하다.

⑤ 성은 자연적인 기능이므로 인위적으로 상품화된 성은 왜곡된 성문화를 양산시켜 건강하지 못한 성관계와 성문제를 야기한다.

⑥ 성관계는 권리와 의무가 수반되고, 책임이 뒤따르는 인간의 선택이다.

- **생명에 대한 권리와 의무** : 생명은 수정을 통해 이루어지는 임신과 출산의 의미뿐만 아니라 성관계를 갖는 두 사람에 대한 배려와 존중을 포함한다.
- **사랑에 대한 권리와 의무** : 성관계는 사랑을 하는 것과 사랑받는 것을 건강하게 표현하고 더 성숙한 방식으로 사랑을 이끌어 가는 것을 포함한다.
- **즐거움에 대한 권리와 의무** : 성관계는 우리 인간의 본능적 욕구를 가장 명확하게 충족시킬 수 있는 즐거움과 쾌락을 준다. 그러므로 대화로서의 성관계는 두 사람 모두에게 즐거움과 쾌락을 제공해 주어야 할 권리와 의무가 따른다.
- **책임에 대한 권리와 의무** : 개인은 누구나 자신의 성행동을 선택할 수 있다. 선택의 자유는 개인의 권리이지만, 그 후의 결과에 대한 책임 또는 개인의 몫이다.

2) 부부와 파트너 관계에서의 성생활

애정관계를 맺고 있는 부부와 파트너는 성을 통하여 일체감, 감사 긴장을 완화, 사랑의 표현 합의, 기분 전환 등을 경험하며 더 나아가 관계를 더 발전시키고 성숙시킨다(Frank et al., 1986).

파트너와 부부간에 조화로운 성생활은 두 사람의 사랑을 말보다 더 분명하게 표현해 주고 강렬한 유대감을 형성해준다. 성관계를 통해 두 사람이 같이 나누었던 에로틱한 경험, 함께 만든 추억, 감정이 교류되는 대화 등의 상호작용들은 서로에 대해 자긍심을 갖게 하고, 두 사람이 하나됨과 서로 헌신하고 있다는 것을 확인시켜 준다(김영희 외, 2005).

(1) 성생활은 관계만족도를 평가할 수 있는 좋은 지표이다.

두 사람이 서로에게 애정과 성적인 매력을 느끼고, 사랑을 육체적으로 표현하는 정도가 관계에서 얻는 만족을 반영해 줄 수 있다.

또한 성생활은 여러 가지 요인에 의해 변화된다. 연령의 증가에 따른 신체적·심리적 변화, 발달과업의 변화, 대화 부족이나 갈등과 같은 요인들이 성생활을 방해하기도 한다. 이러한 요인들은 두 사람이 어떻게 인식하고 받아들이며, 대처하느냐에 따라 성생활 만족도가 달라진다.

(2) 두 사람이 만족하는 성생활을 할 수 있어야 된다.

솔직하게 자신의 욕구를 표현할 수 있는 개방적인 대화가 필요하다. 성은 솔직하게 표현하기가 매우 어렵다. 성적 욕망을 표현했을 때 상대방으로부터 거절당할 수 있다는 두려움과 불안으로 인해 성을 개방적으로 이야기하지 못한다.

자신의 성행동에 문제가 있어 상대방이 만족하지 못할까 하는 두려움 혹은 임신에 대한 두려움과 불안으로 자아방어기제를 계속 사용하게 되면 결국 거짓에 기초한 사랑과 마찬가지로 관계를 지속해 나가기 어렵다.

(3) 성에 대해 진솔성을 지녀야 한다.

진솔성은 말과 행동이 일치하는 것으로 신뢰를 바탕으로 한다. 진솔성이 부족한 이중적인 메시지는 두 사람 간의 신뢰를 무너뜨린다. 예를 들어 가식적인 만족감이나 오르가즘은 일시적인 자아방어기제로 사용될 수 있지만 장기적으로는 상호관계에 걸림돌로 작용한다.

(4) 상대방에 대한 배려와 존중이 필요하다.

상대방의 성적 욕망이나 원하는 것을 이해하고, 상대방의 성반응을 조정하거나 통제하지 않으며, 상대방을 배려하고 존중하는 분위기를 형성하도록 노력해야 한다.

(5) 사랑을 주고받는 능력이 필요하다.

사랑과 마찬가지로 성생활도 서로를 인정해 주고, 서로에게 만족하며, 서로의 기분을 좋게 하고, 서로 행복하게 만드는 주고받음이 필요하다.

(6) 성생활에 대한 융통성이 필요하다.

융통성이란 상대방으로부터 성에 대해 상처받거나 거절당했을 때 이겨낼 수 있는 능력을 말한다. 사랑과 마찬가지로 성도 생물학적, 환경적, 사회적 요인에 의해 영향을 받는 다차원적인 특성을 지닌다. 이러한 방해 요소로 인해 성생활이 만족스럽지 않을 때 권태로움을 느낄 수 있다. 습관적인 성생활 또한 권태로움을 줄 수 있어 성생활에 대한 융통성이 필요하다.

부부관계에서의 성생활을 향상시킬 수 있는 지침

- 성관계는 일상생활에서 시작된다는 점을 기억하라.
- 성적 존재로서의 자신에 대해 생각하는 시간을 가져라.
- 성관계에서 즐거움을 느끼는 것은 자기 자신의 책임이다.
- 배우자와 성에 대해 터놓고 이야기하라.
- 규칙적으로 두 사람이 함께하는 시간을 가져라.
- 의무적으로 성관계를 하지 마라.
- 성에 대한 에로틱한 환상을 이용하라. 환상은 성욕을 자극하는 좋은 방법이다.
- 성행위를 노동으로 생각하지 마라.
- 분노를 침대까지 가지고 가지 마라.
- 멋진 성관계는 기계에 시동을 거는 것과 다르다는 점을 인식하라.
- 생활 속에서 낭만을 키워라.
- 성관계를 너무 심각하게 여기지 마라.
- 항상 분위기에 젖어서 성관계를 갖는 것은 아니다.
- 부부도 성에 대한 생각이 서로 다를 수 있다는 점을 인정하라.
- 도움을 청하는 것을 두려워하지 마라.
- 성관계에 대해 현실적인 기대를 갖도록 노력하라.

출처: 21세기가족문화연구소 역(2003). 건강한 부부관계 만들기. 양서원.

3) 성반응 단계

마스터즈와 존슨(Masters & Johnson, 1970)은 남녀의 성반응 주기를 흥분기, 고조기(상승기), 오르가즘기(극치기), 해소기(융해기)의 4단계로 구분하고 있다. 남녀 성교 시 성적인 감정이 최고조에 이른 상태에서 극치감(orgasm)을 경험하게 된다.

① **1단계, 흥분기** : 성적인 흥분을 느끼기 시작하는 단계로 남녀 모두 성감대의 충혈을 통해 신체적 흥분감이 증가한다.

② **2단계, 고조기** : 흥분단계에서 시작된 성적 감정의 고조 과정이 지속되면서 강화되는 단계로 성기의 변화가 더욱 뚜렷해지고 근육의 긴장이나 혈압의 상승, 심장박동률과 호흡수 등의 증가가 일어나고 성적인 흥분이 고조화 된다.

③ **3단계, 오르가즘기**(극치기) : 여성은 오르가즘대에 리듬 있는 수축을 경험할 수 있으며 동시에 자궁의 수축도 일어난다. 남성의 오르가즘은 정액이 처음 몇 번의 수축과 함께 요도로 밀려나가면서 음경 밖으로 나오는 사정을 통해 보다 분명하게 확인할 수 있다.

④ **4단계, 해소기** : 신체는 자극 전의 상태로 급격하게 돌아가기 시작한다. 근육이 이완되고 팽창된 부분은 수축하며, 심장박동이나 혈압, 호흡 등도 정상화된다.

섹스리스 커플(sexless couple)

부부관계 및 애정관계에 상대방으로부터 성적으로 긍정적인 반응을 얻지 못하거나 성관계로 인한 즐거움이나 충족감을 부인하는 경우, 다른 것에 에너지를 너무 많이 쓰기 때문에 성적인 에너지가 부족한 경우 생기는 현상이다.

또한 성적 반응의 미감증이나 불감증으로 인해 성적 즐거움을 느끼지 못하거나 성적 에너지의 고갈에 따른 현상이기도 하다. 사랑은 모호하지만 성은 더 분명하게 사랑을 전달해 주므로 지속적인 관계를 위해서는 두 사람의 상호협력이 필요하고, 두 사람의 노력으로 해결되지 않을 경우 전문가의 도움이 필요하다.

2. 성행동 문제와 윤리

1) 성행동 문제와 윤리

(1) 성행동 문제

인간의 성행동은 건강한 수준, 경미한 문제 수준, 심각한 문제 수준, 크게 세 문제(수준)으로 나누어 볼 수 있다.

첫째, 건강한 수준(보편적인 수준)

건강한 수준에 있는 사람들은 양성평등적 사고방식으로 생활하며, 인간의 성에 대해 몸과 마음의 조화를 추구한다. 이들은 성숙한 사랑이 가능하며, 성행동에 있어서도 생명, 사랑, 쾌락, 책임의 조화를 추구하기 때문에 이들의 성은 아름답고 풍요롭다.

둘째, 경미한 문제(특별한 교육이 필요한 수준)

경미한 문제 수준은 가장 보편적인 성행동 수준이며, 특별한 교육이 필요한 수준이다. 이 수준에 있는 사람들은 성에 대한 무지로 인해 때로는 건강하지 못한 성행동을 하지만 교육을 통해 충분히 건강한 수준의 성으로 발전할 수 있다.

교육받을 기회를 갖지 못하는 경우 서로에 대한 배려가 부족하거나 개인적인 콤플렉스로 인해 미성숙한 성행동이나 미성숙한 사랑을 유지할 가능성이 높다. 이로 인해 두 사람 사이에 불편함과 욕구불만이 누적되면 더 큰 갈등을 초래하게 된다.

셋째, 심각한 문제(치료가 필요한 수준)

심각한 문제수준에 있는 사람들은 반복적이며 의도적으로 성과 관련된 문제를 일으키고 있어 치료가 시급하다. 또한 성관계 시 목적, 대상, 방법에 문제가 있어 성에 대해 죄책감과 노이로제는 물론 병적인 중독증을 가진다. 결과적으로 이 수준에 있는 사람들은 지극히 단편적으로 쾌락을 얻기는 하지만 지속적인 성문제로 자신은 물론 타인의 삶을 파괴적으로 이끌게 된다.

(2) 성행동 윤리

성행동에 대한 윤리에는 성에 대한 가치와 자제력을 반영해 주고, 성에 대한 의사결정에 영향을 미친다. 성행동의 윤리와 도덕적 관계는 사회질서가 형성되고 유지되게 하기 위한 인간 행동의 규제이다.

인간의 성행동은 다음과 같은 윤리가 지켜져야 한다.

첫째, 강압적으로 참여하지 않겠다는 원칙이 지켜져야 한다.

둘째, 성의 표현에 있어서 서로 속이지 않겠다는 원칙이 지켜져야 한다.

셋째, 성관계는 힘을 소유했다는 표현이 아니라 인간관계를 맺었다는 표현으로 사용된다는 원칙이 지켜져야 한다.

넷째, 성관계 시에는 상대방의 성적인 신념과 가치를 존중하겠다는 원칙이 지켜져야 한다.

성행동에 대한 도덕성은 시대에 따라 변화되어 킨제이 보고서나 마스터스와 존슨의 보고서가 나왔을 때 자위행위, 남녀의 성욕구, 혼외관계 등에 대해 사람들의 반응은 냉담했지만 지금은 그에 대한 수용도가 높아져 있다. 건강한 성에는 성행동의 도덕적인 측면을 포함하고 있다. 그러나 시대가 변하여도 성행동의 도덕적인 측면은 변함이 없다.

두 사람이 합의하여 성행위를 하였는지, 성행위 과정에 인간적인 착취나 이용은 없었는지, 성행위가 자신이나 상대방을 파괴적으로 이끌었는지 등과 관련하여 합리성을 추구한다는 점에서는 시대의 변화와 관계없이 변함이 없다. “섹스는 사랑의 신체적 대화로 사람들은 섹스 자체를 원하는 것이 아니라 섹스를 통한 사랑을 원한다.” 결론적으로 성행동은 책임져야 하고, 선택하여야 하는 문제이다.

2) 성행동 전에 고려해야 할 사항

(1) 성에 대한 긍정적인 개념의 정의가 필요하다.

자신의 성적 취향, 성적인 흥분이나 만족감이 자신에게 주는 의미에 관해 긍정적으로 인지해야 할 필요가 있다. 성행동으로부터 기인한 죄의식이나 부정적인 시각 혹은 과거의 부정적인 성관계 경험은 성관계 파트너에게 상처를 준다.

(2) 성관계에서의 자신의 역할을 분명히 인식하는 것이다.

성역할 고정관념으로 인한 편견과 왜곡이 성관계에서도 작용하여 많은 사람들이 성관계에서의 자신의 역할을 남성과 여성의 고정된 역할로 한정한다. 고정관념으로 인해 남성들은 공감이나 정서적 친밀감의 표현을 억제하고, 여성들은 성으로부터 오는 쾌감과 즐거움의 표현을 억제한다. 또한 상대방으로부터의 성적으로 거절당하는 경우 남성으로서 혹은 여성으로서의 성적 매력이 없다고 여겨 자아에 상처를 입고, 심지어는 존재 자체를 부정하게 된다.

성관계에서는 남성으로서, 여성으로서의 역할보다는 두 사람의 애정과 배려, 존중, 그리고 함께한다는 동반자의 역할이 그 무엇보다 중요하다. 즉, 성은 정복이나 의무, 순종이나 지배가 아니라 공유하는 즐거움과 쾌락이라는 것을 인지할 필요가 있다.

(3) 자신의 신체이미지와 성행동에 대한 왜곡과 편견을 극복해야 한다.

사람들은 정도의 차이가 있지만 어느 정도 자신의 신체와 성행동에 대해 부정적인 시각을 갖고 있다. 신체적 매력과 성에 대한 태도는 부모로부터 영향을 받는데 신체적인 매력의 표현을 부모가 엄격히 통제했거나 부모로부터 성과 신체에 대해 부정적인 메시지를 전달받은 경우 왜곡된 신체상과 성행동을 갖게 된다. 왜곡된 신체이미지와 성행동은 성인이 된 후의 성관계에 그대로 반영되어 성문제의 원인이 된다.

(4) 성에 대하여 올바른 지식을 습득할 필요가 있다.

사람들이 인터넷이나 친구 등 비전문적인 통로를 통해 성지식을 습득하는 경우가 많으므로 전문적인 매체를 통해 올바른 성지식을 습득할 필요가 있다.

(5) 성에 대한 남녀의 신체적 차이를 이해한다.

성에 따른 남녀의 신체적 차이를 아는 것은 자신의 성행동을 이해하고 인정하는 데 도움이 된다.

(6) 자신의 성행동이 건강한가를 점검해 보아야 한다.

건강한 성에는 긍정적인 관점에서의 성태도, 성행동, 성에 대한 신념체계, 성에 대한 가치기준 등과 더불어 상대방에 대한 배려와 책임이 포함된다.

3) 혼전 성행동에 대한 자가진단

혼전 성관계를 시도하기 전에 이 네 가지 원칙에 대해 자가진단을 해 볼 필요가 있다. 이는 무분별하게 일시적인 쾌락적 성행동으로부터 분별력을 갖게 하여 자기를 보호할 것이다.

(1) 개인적 원칙

- 나의 성행동은 나 자신과 상대방에게 신체적으로나 심리적으로 해가 되지 않을 것인가?
- 성행동 후에도 나 자신과 상대방을 여전히 사랑할 수 있을 것인가?
- 성병이나 임신으로부터 나 자신과 내 파트너를 보호할 수 있을 것인가?
- 나의 성행동은 앞으로 좋은 배우자, 좋은 부모가 되는 데 도움이 될 것인가?
- 결혼 전에 성관계를 갖는 부정적으로 생각해 성관계 이후 죄의식에 빠지지 않을 것인가?
- 나의 성행동은 나의 원칙이나 내가 받아온 교육에 비추어 볼 때 용인될 수 있는 것인가?
- 그렇지 못하다면 어떤 갈등이나 문제가 생길 것인가? 이에 대해서는 이렇게 대처할 것인가?

(2) 심리적 원칙

- 혼전 성관계를 할 때 생길 수 있는 죄책감은 어떻게 다룰 것인가?
- 혼전 성관계는 결혼한 다음 내가 갖게 될 성에 대한 태도나 행동에 어떤 영향을 미칠 것인가?
- 혼전 성관계로 임신을 한다면 어떻게 할 것인가?(낙태, 출산, 입양, 결혼에 대한 준비)

(3) 사회적 원칙

- 혼전 성행동은 사회의 도덕성을 타락시킬 것인가 아니면 수용될 수 있는 것인가?
- 어떤 성행동이 이 사회에서 가장 바람직하다고 생각하는가?
- 나는 혼전 성관계에 대한 사회적 원칙이나 규칙을 지지하는가?

(4) 종교적 원칙

- 내가 믿는 종교는 나의 성행동과 부합하는가?
- 나는 성행동에 대한 종교적 원칙을 따르고자 하는가?
- 성에 대한 태도에 있어서 내가 믿는 종교와 내가 속한 사회 간에 갈등이 있는가?

4) 피임방법

바람직한 성관계는 그 과정에서 상호 간에 정서적인 교류를 기본으로 한다. 피임할 필요가 있을 경우 피임하기 위한 준비와 피임방법을 사용하는 것도 대화로서의 성관계에 포함된다. 성관계를 갖는 두 사람이 어떤 피임방법들이 있는지 함께 알아보고 이상적인 피임의 조건에 맞는 것을 찾아 서로 협력하여 피임법을 적용할 필요가 있다.

피임이란 임신을 피하는 것으로 성관계를 하여도 임신이 되지 않게 하는 것이다. 그 방법으로는 피임약 복용, 콘돔이나 페미돔 또는 자궁 내 삽입장치 등의 기구 사용, 배란이 피하기, 불임수술 받기 등 다양하다. 이상적인 피임의 조건은 아래와 같다.

첫째, 피임 효과가 정확해야 한다.
둘째, 사용이 간편해야 한다.
셋째, 피임에 따르는 비용이 경제적이어야 한다.
넷째, 성생활에 지장이 없어야 한다.
다섯째, 자기 체질에 맞고 몸에 해롭지 않아야 한다.

나의 성지식 체크포인트

다음 각 문항의 내용이 맞으면 O, 틀리면 X로 체크하시오	체크
1. 여성의 성적 충동이 최고에 이르는 시기는 남성보다 대개 더 높다.	
2. 발기가 완전히 되지 않은 상태에서도 사정이 가능하다.	
3. 고환의 한쪽에서 나온 정자는 남자를 만들고, 다른 쪽 고환에서 나온 정자는 여자를 만든다.	
4. 성병에 감염된 환자가 최근에 사용했던 변기를 사용하면 성병에 감염될 수 있다.	
5. 한때 임질을 앓았다가 치료되면 면역이 되어 다시는 임질에 걸리지 않게 된다.	
6. 성욕을 증가시키는 어떤 특정 식품이 있다.	
7. 조루는 젊은 남성에게 흔하게 나타나는 문제가 아니다.	
8. 질에 페니스를 삽입하는 성교만이 정상적인 방법의 성행위이다.	
9. 여성이 생리 중에 스포츠를 하는 것은 해가 될 수 있다.	
10. 자궁을 들어낸 여성들도 오르가즘을 경험할 수 있다.	
11. 성교 동안 여성에게 질 경련이 일어나 남성의 페니스가 움직이지 못하고 질에서 빠져나오지 않는 경우도 있다.	
12. 발기부전의 원인은 거의 다 심리적인 것이다.	
13. 여성의 오르가즘을 경험한 후 일정 시간 동안 더 이상의 성적 자극에 반응할 수 없다.	
14. 남성은 오르가즘을 경험한 후 일정 시간 동안 더 이상의 성적 자극에 반응할 수 없다.	
15. 먹는 피임약을 복용하면 여성의 폐경이 늦어진다.	
16. 페니스의 크기는 유전적인 요인에 의해 결정되므로 운동을 하거나 약물 등으로 더 크게 할 수는 없다.	
17. 여성의 처녀막이 없다면, 이는 처녀가 아니라는 것을 증명하는 것이다.	
18. 월경을 시작하자마자 여성은 임신할 수 있다.	
19. 임질에 감염된 여성들의 80% 정도는 아무런 증상을 보이지 않는다.	
20. 남성의 페니스와 여성의 클리토리스는 비슷한 신체기관이다.	
21. 첫 번째 성교만으로는 여성이 임신할 수 없다.	
22. 사랑하는 연인이라면 원하지 않을 때에도 여성이 오르가즘에 도달하도록 할 수 있다.	
23. 헤르페스(성병의 일종)는 항생제로 쉽게 치료할 수 있다.	
24. 지금까지 AIDS에 걸린 사람들 가운데 반 이상이 사망하였다.	
25. 헤르페스에 감염된 사람과 키스만 해도 헤르페스에 감염될 수 있다.	

답 : 1-○, 2-○, 3-×, 4-×, 5-×, 6-×, 7-×, 8-×, 9-×, 10-○, 11-○, 12-○, 13-×, 14-○, 15-×, 16-○, 17-×, 18-×, 19-○, 20-○, 21-×, 22-×, 23-×, 24-○, 25-○

성교육 및 성상담 관련 사이트

- www.tline.re.kr(한국성문화연구소)
- www.ahacenter.kr(아하! 청소년 성문화센터)
- www.edugender.or.kr(교육과학기술부 성교육 홈페이지)
- www.counpia.com(상담 전문 사이트 카운피아)
- www.inau.net(아우넷)

생각해 볼 문제

- 나의 성지식은 어느 정도인가?
- 나는 성 교육 및 상담을 받은 적 있는가?
- 나는 피임방법에 대해서 알고 있는가?

04
CHAPTER

사 랑

1. 사랑의 이해
2. 사랑의 이론
3. 성숙한 사랑

1. 사랑의 이해

1) 개념

사랑에 대한 접근은 매우 어려운 문제이다. 사랑에 대한 개념과 정의는 시대와 역사, 연령 등 다양한 요소에 따라 달라진다. 사랑에 대한 욕구는 사랑을 받는 것뿐만 아니라 주는 것을 포함한다.

사랑은 인생에서 중요한 부문을 차지하나, 개인의 문화 환경에 의해서 학습되기 때문에 그 표현방법이 각 문화마다 매우 독특하고 다양하다. 그리고 대부분 자신이 어렸을 때부터 학습한 대로 사랑을 표현하기 때문에 그 표현방법도 사람마다 차이가 있다.

여기에서 사랑이란 각각의 개인에 대한 깊은 이해와 수용을 바탕으로 상호 간의 건전한 신뢰관계와 존중을 포함하는 개념이다. 개인은 사랑을 받고 포용되는 것을 통하여 자기가 가치 있다는 느낌을 갖게 되지만, 사랑을 받지 못하게 되면 공허감, 무가치감, 적대감 등을 갖게 되며 부적응, 신경증, 정신병 등의 원인이 되기도 한다.

Erich Fromm은 사랑을 사랑의 대상에 따라 다양하게 접근하면서 사랑이란 우리가 사랑하는 것의 생명과 성장에 대한 적극적인 관심이라고 정의하여 사랑의 능동적 성격을 강조하였다.

즉, 사랑이란 자신의 모든 것을 주는 것을 의미하는데 그 행위 자체에서 기쁨을 느끼고 그 행위로 상호 간 사랑의 완전한 형태를 이루는 것이라고 하였다. 또한 사랑은 인간 내부에 있는 능동적, 즉 주는 것의 행위이고, 타인에게 주는 행위는 희생이 아니며 자신의 잠재능력의 표현의 일종이라고 하였다.

일반적으로 성숙한 성격을 지닌 사람의 특성을 살펴보면, 그들은 현실을 객관적으로 지각하며, 생활의 전 영역에서 일시적인 감정, 선입관, 편견 등을 배제시킨다. 그들은 배우자, 부모, 형제, 친구, 동료 등 주위의 많은 사람들과 친근감을 표현할 수 있으며, 타인을 수용하며 신뢰한다. 그들은 정서적으로 안정되어 있어서 불안, 스트레스, 좌절 등을 효율적으로 해결할 수 있으며, 자신의 과업에 적합한 기술을 발휘할 수 있고, 책임감과 삶에 대한 긍정적 시각을 지니고 있다. 이러한 친근함이 다양한 사랑으로 연결된다.

2) 성과 사랑

일반적으로 성과 사랑의 연결은 사랑의 방식에 있어 중요한 문제이다. 그리고 성과 사랑의 문제는 사적인 문제이거나 개인 간의 미묘한 관계로 부각되고 있다. 그러나 인간은 사회적 산물이며, 앞에서 지적한 바와 같이 성 역시 인간쾌락과 출산의 차원을 넘어서서 그 시대 사회의 규범, 가치와 함께 역할을 익히는 사회화 과정 속에서 학습되는 행위이다.

개인의 생물학적·심리적 요소뿐 아니라 사회제도 및 성규제 체계와 도덕, 사회문화적·정치경제적 조건에 따라서도 성의 개념과 성문화의 특성이 달라져 왔다. 개인의 성욕이나 성심리 역시 이런 문화적·역사적·사회적 특성이 개인 속에 내면화 결과이다.

인류문명사회가 성립시킨 가부장제도와 일부일처 결혼제도에 의해 확립된 성문화는 여성들에게는 매우 불편하고 억압적이며 불리하게 이어져 왔다. 아직도 성과 사랑에 연결에 있어 보수적이고 수동적인 쪽이 여성이다.

여성의 성은 혈통계승을 위한 순결과 출산기능을 위해서만 그 가치를 인정하는 반면, 남성에게는 혼외의 성에 대한 자유와 함께 이중적인 성생활도 용인되었다. 그러므로 성과 사랑을 일률적으로 접근하기는 어려운 문제이다.

3) 사랑의 의미

사랑의 의미는 현실 속에서 많은 경험과 학습을 통해 성장한다. 사랑은 현실 생활에 존재하기 때문에 사람들은 사랑을 실제로 경험할 수 있다. 특히 사랑은 여러 가지 방법으로 표현될 수 있어 현실 생활에서 쉽게 관찰될 수 있고, 경험할 수 있다.

사랑의 능력은 개인의 문화와 환경에 의해서 학습되기 때문에 사랑은 부모, 친구, 대중문화 등의 영향을 받는다. 사랑은 많은 경험과 학습을 통해 성장한다. 사랑의 의미와 기대는 개인마다 다르고, 다양한 방식으로 표현되지만 사랑의 본질적인 의미는 거의 같다.

사랑은 발달 단계가 있으므로 다른 사람에게 사랑을 줄 만큼 성숙하기 전에 사랑을 받아 보아야 하고, 한 사람을 사랑하기 전에 부모, 동성친구, 이성친구 등의 사랑을 경험할 수 있으며, 사랑하는 그 사람에 대한 사랑의 힘으로 자녀를 키우고 주위에 있는 사람들까지 사랑할 수 있는 단계를 발전할 수 있다. 사랑에는 여러 다른 형태가 존재하는데 학자들은 다양한 형태의 사랑을 이론적으로 설명하고 있다.

(1) 현실 생활에서 경험할 수 있는 사랑의 긍정적인 태도

① **상대방에 대한 신뢰감**: 상대방을 믿고 서로의 비밀을 나눌 수 있는 상태이다.

② **상대방에 대한 인내심**: 상대방의 결점이나 모순점을 받아들일 수 있는 상태이다.

③ **상대방에 대한 배려**: 상대방을 편안하게 하려고 하며 무슨 일이든 도우려 하는 상태이다.

④ **상대방에 대한 필요성**: 상대방을 보고 싶어 하고 상대방과 함께하고 싶은 강렬한 마음이 있는 상태이다.

(2) 현실 생활에서 관찰되는 사랑의 적극적인 행동

① 상대방의 의견을 존중하거나 상대방에게 정서적이고 도덕적인 지지가 필요할 때 정서적인 지지를 제공하는 행동

② 자신에 관해 비밀스러운 것을 말로 나타낼 수 있는 자아 노출하는 행동

③ 상대방과 같이 있을 때 느끼는 행복감, 만족감, 안정감과 같은 비언어적인 감정을 표현을 하는 행동

④ '난 당신을 사랑해'와 같은 언어적 애정표현을 하는 행동

⑤ 안아주기, 키스하기, 사랑 만들기 등의 신체적 표현을 하는 행동

⑥ 선물을 제공하거나 사랑하는 사람을 위해 무언가를 해주는 것 등을 통해 실질적인 것을 제공하는 행동

⑦ 상대방의 모순점, 이상한 습관 등 사소한 일들에 대해 인내심 가지는 행동

4) 사랑의 발달 단계

보편적인 사랑의 발달과정은 연속적으로 이루어진다. 자기 사랑에서 시작하여 다른 사람에 대한 사랑으로까지 발달과정이 이어진다. 그런데 이전 단계의 사랑이 원활히 이루어지지 않으면 다음 단계의 사랑에 지장을 초래할 수 있다(김영희 외, 2017).

(1) 자기 사랑

사랑의 첫 번째는 자기 사랑이 기본적인 욕구가 충족되었을 때 달성된다. 아기는 배가 고플 때 먹여 주고, 목이 마를 때 물을 주고, 기저귀가 젖었을 때 갈아주고, 자세의 변화가 필요할 때 흔들어 주고, 외로울 때 안아줌으로써 기본적인 욕구를 충족시키게 된다.

이러한 과정 속에서 사람은 자기를 온전히 사랑하는 법을 배운다. 어린 시절에 기본적인 욕구를 충족시키지 못한 사람들은 사랑의 관계에서 주려고 하는 것보다 받으려고 하기 때문에 사랑을 제대로 하지 못한다. 불행하게도 많은 사람들이 이 첫 번째 단계를 벗어나지 못한다.

(2) 양육자에 대한 사랑

양육자에 대한 사랑의 아이들은 자신의 욕구가 충족됨에 따라 그 욕구를 충족시켜 주는 사람과 자신을 동일시한다. 양육자가 입 맞춰 주고, 안아주고, 웃어주고, 토닥거려 주고, 위안해 주면 아이들은 이런 반응을 모방하게 된다.

또한 사랑을 구분할 수 있고 자신을 양육시켜 주는 사람에게 사랑을 보여 줄 수 있다. 즉, 아기들은 자신을 양육시키는 사람들에게서 사랑하는 것을 배워서 그 사람들에게 사랑을 보여 줄 수 있다. 양육자를 통해 처음으로 사랑을 배운다.

(3) 즐겁게 해주는 사람에 대한 사랑

즐겁게 해주는 사람에 대한 사랑의 아이들은 자신을 즐겁게 해주는 사람의 중요성을 깨닫기 시작한다. 즐겁게 해주는 사람이란 아이에게 이야기 책을 읽어주고, 노래 부르고, 까꿍 놀이를 하고, 게임을 하면서 놀아주는 사람을 말한다. 즉,

아이들은 즐거움을 주는 사람을 사랑하고 자신을 행복하게 해주는 사람을 사랑하게 된다.

(4) 같은 성의 또래 친구에 대한 사랑

같은 성의 또래 친구에 대한 사랑의 아이들은 같은 성의 또래 아이들과 함께 놀기를 좋아한다. 같은 성의 또래 친구에 대한 사랑의 아이들은 친한 친구가 없으면 아이들은 가상의 친구를 만들거나 사랑하는 물건을 가지게 된다. 아이들은 이 단계에서 아름다운 사랑이 이루어지는 상상의 모험을 한다.

(5) 동성에 대한 사랑

동성에 대한 사랑이 있는 아이들의 가장 친한 친구는 같은 성의 친구들이다. 이 발달단계에 있는 아이들은 서로 손을 잡기도 하고, 어깨동무를 하기도 하면서 서로에 대한 사랑과 존중을 표현한다.

(6) 연상의 동성에 대한 사랑

연상의 동성에 대한 사랑의 아이들은 연상의 동성을 우상화하여 그 사람과 같은 옷을 입으려 하고, 일상생활에서 그 사람의 말이나 행동 등을 모방하면서 사랑과 존중을 표현한다. 연상의 동성에 대한 사랑은 아이들은 나이가 더 많은 같은 성의 사람을 사랑한다.

(7) 연상의 이성에 대한 사랑

연상의 이성에 대한 사랑의 어떤 아이들은 친구의 누나 혹은 오빠에게 사랑을 느끼는가 하면, 가족관계가 좋을 때는 딸이 아버지에게 아들이 어머니에게 사랑을 느낀다. 어떤 아이들은 교사에게 사랑을 느끼기도 한다.

연상의 이성에 대한 사랑은 자신과 반대 성의 어른들에게 사랑을 느낀다. 이러한 사랑은 자연스러운 현상이지만 어른들이 아이들의 이러한 상황을 잘못 이해할 경우에는 문제를 야기하기도 한다.

(8) 이성에 대한 사랑

이 단계의 남자아이들은 모이면 여자 이야기만 하고, 여자아이들은 남자이야기만 한다. 남자아이는 혼자 있을 때 여자아이에 대해 몽상을 하고, 여자아이는 남자아이에 대한 몽상을 한다. 이때 아이들은 이성의 사진을 모으고 좋아하는 이성의 포스터를 여기저기에 붙인다.

연예인의 우상화가 나타나기도 하는데 이 단계의 아이들은 그 연예인을 실제로 만나지 못한다는 것을 알고 있지만 정신적인 역할모델로 삼는다. 이 단계는 실제로 다음에 다가올 관계에 대한 연습을 하게 해준다.

(9) 한 사람에 대한 사랑

한 사람에 대한 사랑은 이성에 대한 모든 긍정적 특성들이 한 사람에게로 쏠리면서 현실과는 매우 다른 낭만적인 시각으로만 상대방을 본다. 이 단계의 사랑을 '강아지 사랑', '사랑을 위한 사랑'이라고 부르는 이유가 여기에 있다. 사람들은 처음에 서로 어떻게 사랑에 빠지게 되면 사소한 것도 매우 중요하고 의미 있는 사랑의 단설로 여겨지기 때문이다. 그러므로 사랑에 빠진 이 단계에서 관계를 끝내게 되면 상처와 상실감이 매우 크다.

한 사람에 대한 사랑은 이성에 대한 이야기와 몽상들이 실제로 이루어지는 시기이다. 사랑하는 사람에 의해 자신이 받아들여진다는 기쁨과 즐거움으로 자신이 사랑에 빠진 것처럼 느끼게 해준다. 이 단계에서는 상대방의 부정적인 면은 거의 보지 못하고 긍정적인 면만 보게 된다.

(10) 그 사람에 대한 사랑

그 사람에 대한 사랑은 두 사람이 관계 내에서 충족될 수 있는 욕구와 자신이 스스로 충족시켜야 하는 욕구가 있다는 것을 받아들이게 된다. 즉, 사랑한다 하더라도 상대방이 내게 해줄 수 있는 것과 없는 것이 있다는 것을 알게 된다.

또한 자신과 그 사람이 서로 사랑하는 사이지만 서로의 욕구나 관심에 차이가 있는 독립된 존재라는 것도 볼 수 있게 해준다. 바로 그 사람을 찾게 되면 지속적이고 계속 성장하는 사랑의 관계가 이루어져 사랑의 발달단계의 정점에 이르게 된다.

또한 그 사람에 대한 사랑은 '이 사람이 바로 그 사람이다.'라는 생각을 하게 되면서 안정적인 두 사람만의 관계를 갖는다. 사랑에 빠진 상태가 최고조에 달할 때는 자신과 사랑하는 사람 간의 경계가 없어져 자아를 상실할 위험이 있다.

즉, 사랑하는 사람은 영원히 자기만을 위해 존재할 것이라고 믿으며, 두 사람의 사랑의 열정이 영원히 지속될 것이라고 생각한다. 그러나 사랑의 열정에서 빠져나온 그 사람에 대한 사랑 단계에서는 사랑하는 사람으로부터 기대한 것들이 모두 충족되지 않는다는 것을 알게 된다. 상대방이 자신이 원하는 것을 충족시켜 주지 못할 때에 분노, 실망, 좌절감을 느끼지만 두 사람의 관계를 지속할 수 있는 친밀감은 여전한 상태이다. 성숙한 사랑관계는 좀 더 현실적이 되어 상대방의 긍정적인 특성뿐 아니라 부정적인 특성도 같이 볼 수 있는 것을 말한다.

(11) 다른 사람에 대한 사랑

다른 사람에 대한 사랑이 있는 사람들은 두 사람의 사랑관계에 대해 더 이상 불안해하거나 마음 졸이거나 조급해하지 않는다. 주변 사람들에게 형제애와 동료애를 느끼면서 두 사람 사이의 사랑을 나누어 준다. 다른 사람에 대한 사랑이 있는 사랑의 힘으로 자식을 키울 수도 있고, 인간애를 증진시킬 수도 있다.

사랑의 발달단계에서 성공적으로 최상의 목표를 달성한 사람들은 결국 가까이 있는 사람들에게 애정을 나눌 수 있는 사랑에 도달한다. 자신이 만나는 모든 사람과 자연스럽고 편안하게 상호작용을 하면서 인류애를 갖게 되는 것도 사랑의 맨 꼭대기 발달단계에서 이루어진다.

2. 사랑의 이론

사랑의 이론은 Reiss의 사랑의 바퀴이론, Sternberg의 사랑의 삼각이론, Lee의 사랑의 유형 이론을 참고하여 건전한 사랑이 실현되도록 노력해야 된다.

1) Reiss의 사랑의 바퀴이론

사랑에 관한 많은 연구자들은 사랑은 반드시 우연적으로 일어나지 않고 노력하거나 학습된다고 말하고 있다. 사회학자인 Reiss(1988)는 사랑의 바퀴이론을 제시하였다. 사랑의 바퀴이론은 사랑의 발달 과정에 초점을 두고 친밀감 형성, 자기노출, 상호 의존, 욕구충족의 4단계로 설명하고 있다. 구체적으로 4단계를 살펴보면 다음과 같다.

(1) 제1단계: 친밀감의 형성단계

친밀감의 형성단계에서는 두 사람이 편안하고 느슨한 감정을 갖는다. 서로의 유사한 점을 기초로 친밀감을 형상한다. 즉, 서로 관심이 있는 취미, 성장배경, 관심분야 등으로 서로의 유사점을 찾는다.

(2) 제2단계: 자기노출의 단계

자기노출의 단계는 서로의 감정이 노출되는 단계이다. 감정의 노출로 인하여 사랑하는 사람은 좀 더 가까워지며, 이러한 자기노출단계를 통하여 편안함을 느끼기 때문에 희망, 소망 두려움, 야망, 스킨십 등에 대해 점점 노출된다.

(3) 제3단계: 상호 의존의 단계

상호 의존의 단계는 사랑을 통해 자아실현 및 성취 통해 서로 신뢰하는 단계이다. 이 단계에 이르면 사랑하는 사람은 서로 생각, 농담, 성적 욕망 등을 교환하며 더욱 상호 의존하게 된다.

(4) 제4단계: 욕구충족단계

마지막 단계로 상대방의 욕구를 만족시켜주는 단계이다. 이 단계에서는 서로를 신뢰하고, 의사결정을 공유하며, 서로의 야망을 지지하며 자신감을 북돋워 준다.

2) Sternberg의 사랑의 삼각이론

Sternberg & Graik(1984)는 '사랑의 본질'이라는 과학적 접근 방식의 연구 논문에서 사랑의 기본 구성요소를 밝혀냈다. 스턴버그는 사랑의 기본 구성요소를 친밀감, 열정, 헌신(결심과 행동적 수행) 등의 3요소로 분류하여 사랑의 삼각이론을 만들었다. 그는 사랑의 구성요소에 따라 사랑의 유형을 분류하고, 삼각형의 크기와 형태에 따라 사랑의 깊이와 균형을 알 수 있다고 설명하였다. 사랑의 3요소가 균형을 이룬 사랑은 완전한 사랑으로 정삼각형으로 표현된다. 또한 삼각형이 크면 클수록 사랑의 크기와 깊이가 크고 깊은 것을 의미한다.

이 이론에서는 사랑이란 친밀감, 열정, 헌신 등 세 가지 중심요소로 되어 있고, 이 요인에 의해 다양한 사랑이 형성된다는 것이다. 구체적인 내용은 다음과 같다.

(1) 정서적인 친밀감요소

친밀감은 사랑의 출발이며, 친밀감은 사랑하는 관계에서 나타나는 가깝고, 연결되어 있고, 결합되어 있다는 느낌을 일컫는다. 사랑하는 사이에서 경험되는 따뜻함과 다정함 같은 느낌들이 포함된다. 사랑에서 실패하는 사람들 중에는 상대방에 대한 친밀감의 형성에 실패하는 경우가 많다.

(2) 자극적인 열정요소

사랑에서의 열정은 사랑하는 관계에서 낭만, 신체적 매력, 성적인 몰입 같은 것들로 이끄는 욕망을 말한다. 사랑의 많은 관계에서 성적 욕구가 열정의 주요부분을 차지하기도 하지만, 다른 욕구들, 즉 자아존중감, 타인과의 친화, 타인에 대한 지배, 타인에 대한 복종, 자아실현 같은 욕구들이 열정이라는 경험에 기여하기도 한다.

(3) 인지적인 헌신요소

사랑에서 제일 중요한 요소 중의 하나가 상대방에 대한 헌신이다. 헌신은 단기적인 것과 장기적인 것의 두 측면으로 구성된다. 단기적인 것은 어떤 사람을 사랑하기로 하는 결심을 말하며, 장기적인 것은 그 사랑을 지속시키겠다는 헌신을 말한다. 주로 단기적인 것은 연애이며, 장기적인 것은 결혼으로 연결된다.

사랑의 삼각형에 대한 강도와 균형(Sternberg, 1986)

사랑의 삼각형 이론은 사랑의 강도와 균형에 따라 그 모양이 달라진다. 사랑의 강도는 상대에 대한 사랑의 크기이다. 즉, 어떤 사람이 사랑하는 이에 대해 사랑의 강도가 클수록 파트너를 향한 그 사람의 사랑 삼각형의 면적이 더 커진다. 사랑의 균형 정도에 따라 삼각형 모양을 결정한다.

즉, 사랑의 세 요소의 무게가 균등하다면 균형 잡힌 정도에 따라 삼각형 모양을 결정한다. 즉, 사랑의 세 요소의 무게가 균등하다면 균형 잡힌 정삼각형이 되지만 세 요소 중 어느 한 요소에만 비중을 더 준다면 불균형적인 삼각형으로 변화될 것이다. 따라서 사람마다 사랑의 강도와 균형이 다르듯 사랑의 삼각형 크기와 모양도 다양하다.

사랑하는 사람은 상대에 대해 하나의 사랑 삼각형만을 가지는 것이 아니라 상대방에게 바라는 이상적인 삼각형도 가지고 있다. 또한 자기의 사랑 삼각형과 상대방 삼각형의 크기와 모양을 비교해 사랑의 조화를 이룰 수 있는 방법을 생각해 볼 수 있다.

사랑의 삼각형은 자기가 인식한 삼각형과 상대방이 인식한 삼각형을 구분해 보아 사랑에 대한 인식차이를 탐색해 볼 수 있다. 또한 사람들은 자신의 사랑을 행동으로 표현하지 못할 경우가 있는데 삼각형을 통하여 사랑을 행동으로 표현할 수 있는 방법을 찾아볼 수도 있다.

(4) Sternberg의 사랑의 종류

사랑의 삼각형에 나타난 사랑의 종류는 다음과 같이 다양한 형태를 보인다. 이는 사랑하는 사람들 간에도 다양한 형태의 사랑이 존재한다는 것을 보여 주며 성숙한 사랑은 조화로운 사랑을 표현해 나가야 된다.

① 좋아함

이 관계에서는 슬프거나 힘들 때 서로 위로해 주고 힘이 되어줄 수는 있다. 애정관계에서는 친구 이상도 이하도 아닌 사이를 말한다. 진정한 친구와의 관계에서 경험하는 것과 같은 감정들로 강한 열정이나 장기적인 헌신 없이도 상대방에 대한 따뜻함 같은 것을 느낄 수 있는 관계이다.

② 도취적 사랑

도취적 사랑은 망상으로 치우치는 경향이 있어 문제가 되기도 한다. 열정만이 존재하는 사랑으로 '첫눈에 반한 사랑' 또는 상대를 있는 그대로가 아니라 이상화시켜서 보는 사랑이다.

③ 사랑의 부재

사랑이 없다는 것은 일상생활에서 친밀감, 열정, 결심/헌신의 감정이 없는 사람과 관계를 맺고 있다는 것이다.

④ 공허한 사랑

친밀감이나 열정이 없이 헌신/결심만이 존재하는 사랑으로 몇 년 동안 서로 감정적 몰입이나 육체적 매력을 전혀 느끼지 못하는 정체된 관계에서 발견되는 사랑이다. 그러나 공허한 사랑이 반드시 관계의 종결을 의미하는 것은 아니다. 상대방에 대한 매력이나 친밀감은 없지만 서로 간에 헌신하겠다는 결정으로 관계를 시작하는 중매결혼의 경우도 이에 속한다. 또한 결혼생활 내내 이혼을 결심하고 사는 부부들이 이에 해당된다.

⑤ 낭만적 사랑

친밀감과 열정이 존재하는 사랑으로 친밀감에 육체적 매력이나 그 밖의 매력이 첨가되어 서로에게 감정적, 육체적으로 밀착되어 있는 사랑이다. 그러나 관계의 지속성에 대해서는 미래에 언젠가 다루어야 할 문제라고 단순하게 생각해 버린다.

⑥ 우애적 사랑

낭만적인 사랑에서 차츰 열정이 없어지기 시작하지만 친밀감이 여전히 남아 있고 열정은 장기적이고 깊은 애정으로 대체되면서 우애적인 사랑으로 변화한다. 어떤 사람들은 편안하고 평온한 우애적 사랑을 기반으로 하여 오랜 동반자 관계로 정착하고, 어떤 사람들은 낭만적 요소가 결여된 사랑으로 행복하지 않다고 여겨 새롭고 신선한 낭만을 찾아 사랑의 순환에 들어간다.

⑦ 얼빠진 사랑

친밀감은 없고 열정이나 헌신, 결심만이 존재하는 사랑으로 이 사랑의 유형은 상대에 대한 친밀감을 형성할 겨를도 없이 열정에 근거하여 관계가 이루어지거나 결혼하는 경우의 사랑이다. 이 사랑은 상대에 대한 몰입이라는 열정에 근거하여 이루어지는 경우가 많아 어느 정도 도취적이다. 열정이 사라지기 시작하면 실망감과 좌절감이 느껴져 관계에 투자하거나 헌신하는 정도가 점점 약화되고 성숙한 관계의 지속이 어려워진다.

⑧ 성숙한 사랑

낭만적인 관계에 있는 사람들이 도달하려고 노력하는 종류의 사랑이 바로 성숙한 사랑이다. 성숙한 사랑은 도달하기도 어렵지만 그것을 지키기는 더욱 어렵다.

Sternberg가 말하는 친밀감의 표현

- 사랑하는 사람의 행복을 증진시키고자 열망
- 사랑하는 사람과 함께 있을 때 느끼는 행복
- 사랑하는 사람을 존중하는 마음
- 어려울 때 사랑하는 사람에게 기댈 수 있는 것
- 사랑하는 사람과 서로를 이해하는 것
- 자신 및 자신의 소유물을 사랑하는 사람과 함께 나누어 갖고 싶은 것
- 사랑하는 사람으로부터 정서적 지지를 받는 것
- 사랑하는 사람에게 정서적 지지를 주는 것
- 사랑하는 사람과 친밀한 의사소통을 하는 것
- 자신의 생활에서 사랑하는 사람의 가치를 높이 평가하는 것

출처: 김명자 외(2009). '아는 만큼 행복한 결혼 건강한 가족' 중에서

3) Lee의 사랑의 유형 이론

Lee의 사랑의 유형 이론은 색깔에 삼원색이 있고, 이 색들을 배합하여 다양한 색깔이 만들어지듯이 사랑에도 일차적으로 세 가지 유형(eros, ludus, storge)이 만들어진다. 사랑의 유형이론은 사랑의 색깔이 잘 어울리는 사람을 찾도록 도와준다. 또한 서로 같은 색깔을 가진 똑같은 사랑을 하는 것이 아니라 두 사람의 색깔은 다르지만 다른 색이 어울려 아름다운 배합이 되도록 도와준다.

Lee(1977)는 사랑의 주요 개념을 분류하여 사랑의 가장 보편적인 형태를 색깔에 비유하여 여섯 가지 유형으로 나누었다. 색깔은 두 가지 의미를 갖는다. 첫째는,

개인마다 좋아하는 색깔이 다르듯이 좋아하는 사랑의 유형도 다르다는 의미이다. 둘째는, 서로 어울리는 색깔이 있듯이 각자 선호하는 사랑의 유형을 가진 두 사람이 함께 만났을 때 서로 어떻게 배합되고 어울리며, 또 어떻게 서로 어울리도록 배합할 것인가이다.

(1) 낭만적/열정적 사랑(Eros, romantic/passionate love)

낭만적/열정적 사랑을 하는 사람은 말이나 행동은 물론 신체적 접촉을 통해 사랑을 표현하려 하고, 서로를 즐겁게 하는 말이나 선물을 주고받으며, 같은 옷을 입거나 물건에 자신들의 이름을 새겨 넣으면서 서로를 동일시하려 한다.

낭만적/열정적 사랑을 하는 사람은 이상적인 연인을 만나서 함께 사는 것이 매우 중요하다고 생각한다. 또한 이상적인 연인과의 만남을 대비하여 언제나 사랑할 준비가 되어 있다. 자신이 이상적으로 생각하는 연인의 외모가 어떠한 조건을 갖추어야 하는지를 정확히 알고 있어 자신의 이상형에 맞는 상대를 만나게 되면 마치 전류에 감전된 것처럼 첫눈에 반해 버린다.

황홀한 사랑에 빠지면 한순간의 이별도 견딜 수 없게 되고, 온몸과 마음으로 두 사람이 하나가 되기를 원한다. 낭만적 사랑의 유형에 속하는 사람들은 상대방에 대해 모든 것을 알고 싶어 하고, 자신의 모든 것을 알리고 싶어 한다.

(2) 유희적 사랑(Ludus, playful love)

유희적 사랑의 사람들은 마음속에 그리는 이상형도 없고, 한 번에 여러 사람을 사랑할 수도 있으며, 삶에서 사랑이 중요하다고 여기지도 않는다. 상대방이 관계에 너무 몰입하지 않도록 자주 만나는 것을 피하며, 질투도 극도로 싫어한다. 오직 즐거운 현재가 중요하기 때문에 상대방이 미래 계획을 세우기 시작하면 떠날 준비를 한다.

유희적 사랑의 사람들은 사랑의 일종의 놀이라고 생각하여 진지하고 깊게 사랑에 빠지기보다는 사랑의 즐거움을 누리면서 한 사람에게 전념하지도 않고, 어디에도 얽매이지 않는다.

(3) 우애적 사랑(Storge, friendship/companionate love)

우애적 사랑의 사람들은 사랑 자체가 인생의 목표가 아니라 우정과 안정된 가정이라는 보다 큰 목표가 더 중요하다고 여긴다. 우애적 사랑은 대개 친구관계에서 시작하여 사랑으로 발전된 유형으로 의도적으로 상대방을 고르기보다 우연히 뜻이 통해 사랑을 하게 되는 경우가 많다.

함께 가까이 지내다 보니 서로 편하고, 좋고, 취미도 비슷하고, 말을 하지 않아도 통하고, 서로 감추는 것 없이 털어놓을 수 있고, 갈등이 생겨도 서로 양보하거나 평화롭게 타협하며, 갈등으로 인해 사랑의 손상이 생기거나 끝나는 예가 극히 드물다(김중술, 2007).

(4) 실용적(논리적) 사랑(Pragma, practical/logical love)

실용적(논리적) 사랑의 사람들은 상대방을 제대로 알기 전까지는 헌신을 하거나 미래의 계획을 세우지 않는다. 자신의 선택을 더 확인하는 방식으로 부모나 친구, 혹은 주변에 믿을 만한 사람과 자주 상의를 한다.

실용적(논리적) 사랑의 사람들은 자신이 어떤 유형의 상대를 좋아하며 필요로 하는지를 알고 있는 현실적인 사람들이다. 자신이 원하는 외모, 교육수준, 직업, 성격, 종교, 취미, 가정배경 등에 관해 구체적인 판단기준을 정해 놓고, 그 조건을 충족시키는 사람이 나타날 때까지 사랑의 선택을 미룰 수 있다.

(5) 소유적/중독된 사랑(Mania, possessive/dependent love)

소유적/중독된 사랑의 사람들은 극도로 의존적이고 질투심이 강하여 상대방에게 항상 더 많은 애정과 헌신을 요구하고, 자신이 원하는 만큼 사랑을 얻지 못하면 사랑을 분노와 증오로 바꾸어 버린다.

'당신이 나를 진정으로 사랑한다면 어떻게 나한테 그럴 수 있어'라는 말을 자주 하면서 자신의 사랑을 증명하기 위해 극단적으로 행동할 때도 있다.

또한 어린 시절이 불행했다고 생각하며, 어른이 되어서도 외로워하고, 자신이 하는 일에 만족하지 못하는 경우가 많다. 소유적/중독된 사랑의 사람들은 사랑한다는 것은 상대방을 완전히 소유하는 동시에 상대방에게 자신이 소유당하는 것이라고 생각한다.

사랑할 필요를 강하게 느끼면서도 사랑은 힘들고 고통스럽다는 생각에 사랑을 두려워하기도 한다. 또한 자신이 사랑하는 만큼 사랑받지 못할까 봐 불안해하고 마음을 졸인다.

(6) 의지적/이타적 사랑(Agape, all-giving, selfless love)

의지적/이타적 사랑이란 필요로 하는 사람에게 무조건적으로 베풀어주어야 할 의무이며, 감정보다는 의지로 사랑을 한다. 심지어 자신이 사랑하는 사람이 다른 사람과 더 행복할 수 있다면 기꺼이 그 관계를 포기할 수도 있다. 배우자도 자신의 희생과 배려를 필요로 하는 사람으로 선택한다.

의지적/이타적 사랑의 사람들은 상대방을 아무 조건 없이 좋아하고, 돌봐주며, 용서하고, 베푸는 자기희생적인 사랑을 한다. 헌신적이고, 이타적이며, 자신을 드러내지 않고 자신을 내 주는 유형의 사랑이다.

3. 성숙한 사랑

사랑의 상태가 상대를 결정하기 때문에 흔히 그 선택이 잘못될 가능성이 높고, 사랑으로 인해 불행에 빠지기 쉽다. 사랑을 주지 못하는 이기적인 사람이나 사랑을 받을지 모르는 오만한 사람도 문제이지만 사랑을 과도하게 주는 사랑 중독증은 자신의 삶을 가장 파괴적으로 이끌게 한다. 사랑 중독증에 걸린 사람은 혼자 있는 것을 참지 못하고, 사랑을 주고받을 누군가가 반드시 있어야 하며, 혼자 있으면 불안해한다.

그러므로 성숙한 사랑은 성숙한 사람만이 경험할 수 있다. 그리고 성숙한 사랑은 저절로 일어나는 것이 아니다. 성숙한 사랑으로 발전시켜 나가기 위해서는 효과적인 의사소통 기술, 자기개방의 자세, 효율적인 갈등해결 기술 등을 학습해야 한다(김정옥 외, 2009).

Freud는 성숙하고 건강한 성격 특징에 대해 크게 세 가지를 강조하였다. 즉, 일할 줄 알고, 사랑할 줄 알며, 즐길 줄 아는 사람이 가장 성숙하고 건강한 성격을 지닌 사람이라는 것이다. 어떤 사람은 일에 너무 집착함으로 인해 일 중독을 초래하기도 한다. 또 어떤 사람은 사랑에 너무 집착한 나머지 사랑중독 현상을 보이기도 한다. 그리고 어떤 이는 지나치게 쾌락을 추구함으로써 다른 삶과의 조화를 파괴하기도 한다. 삶에서 이 세 가지 영역의 균형이 깨지게 되면, 그 파장이 두 사람 간의 사랑관계에는 물론 전반적인 삶에 영향을 미친다.

(1) 성숙한 사랑을 만들 수 있는 조건

첫째, 긍정적인 자아관을 바탕으로 자신을 사랑할 수 있어야 한다.

둘째, 삶에 대한 좌절감이나 고난에 인내력을 발달시켜야 한다.

셋째, 사랑의 진정한 의미와 가치를 깨달아야 한다.

넷째, 부모로부터 독립하고 자신의 생활에 책임을 질 수 있어야 한다.

다섯째, 타인을 이해할 줄 알고 상호관계에 대한 합리적이고 현실적인 기대를 가져야 한다.

(2) 성숙한 사랑에 방해가 되는 요소

첫째, 진실한 사랑은 오직 한 사람하고만 가능하다.

둘째, 성적으로 잘 맞으면 사랑이 틀림없다.

셋째, 진실한 사랑은 첫눈에 알아본다.

넷째, 진실한 사랑은 모든 것을 극복하게 한다.

다섯째, 사랑만 있으면 영원히 행복할 것이다.

여섯째, 이렇게 황홀해지는 것을 보니 사랑임에 틀림없다.

(3) 성숙한 사랑의 성공적인 사랑의 방법

성숙한 사랑의 성공적인 사랑을 위해서는 사랑에 대해 정확하게 배우고, 건강한 사랑의 실천을 위한 노력이 동반되어야 한다.

첫째, 지금까지 자기가 해 오고 있던 사랑의 표현방법을 상대편의 사랑 양식과 어울리게 변화시킬 수 있는 능력과 변화시키려는 의지가 있어야 한다.

둘째, 가능한 정확하게 자신이 선호하는 사랑의 양식과 상대방이 선호하는 사람의 양식을 구체적으로 파악한다.

셋째, 두 사람이 서로 다르거나 상반된 사랑의 양식을 가지고 있다 하더라도, 어느 한쪽만이 전적으로 옳거나 진실한 것은 아니라는 사실을 받아들여야 한다.

성숙한 사랑은 진솔한 사랑을 말하는 것으로 진실한 사랑은 행복할 때나 슬플 때나 서로 도와주고 함께 나누며, 너무 성급한 기대나 황홀한 낭만적 환상, 특히 성적인 몰입을 자제할 수 있으며, 상대방을 너무 이상화하지 않으며, 상대방의 생각이나 감정을 있는 그대로 받아들이는 상태라고 하였다.

사랑을 나눔에 있어서 자기 이미지를 투사하거나 상대방에 대해 신체적이거나 심리적인 정복을 하고자 하는 것은 미성숙한 사랑의 양상이다. 이러한 사랑은 인간을 성장시키고 성숙시키기는커녕 오히려 저해하는 요인이 된다(Smalley, 2000).

사랑을 자신의 관계 속에서 실천하는 요령

1. 내 요구만이 아니라 상대의 요구에 대해서도 생각하라
2. 자기 자신과 상대를 존중하는 법을 배워라. 나 자신의 존중할 만한 점은 무엇인가, 내 파트너의 존중할 만한 점은 무엇인가를 찾으려고 노력하라.
3. 서로의 관계에서 내가 줄 수 있는 것에 초점을 맞춰라. 무엇을 얻을 수 있을까보다는 무엇을 줄 수 있을까를 먼저 생각하라.
4. 상대와 좋은 친구가 되어라 우정이 사랑의 바탕임을 기억하라.
5. 정열적으로 포옹하고 접촉하면서 열정을 가져라. 그리고 상대방을 열정적으로 대하라.
6. 과거를 놓아버리고 용서하라. 상대방에게 받았던 실망을 버리고 용서하면서 새로운 시작을 하라.
7. 개방적이고 솔직하게 감정을 교류하라.
8. 서로의 관계를 인정하라. 그리고 상대를 그 무엇보다 가장 우선 순위에 놓아라.
9. 서로의 관계에서 열정을 재창조하라.
10. 상대를 신뢰하는 법을 배우고, 서로의 관계를 신뢰하고 그 관계가 결코 끝나지 않을 것처럼 행동하라.

출처: 김영희 외(2017). '결혼과 가족' 중에서.

생각해 볼 문제

- 내 사랑의 발달 단계에서 느끼는 것은?
- 내 사랑의 색깔 유형은 어떤 유형일까?
- 내 성숙한 사랑의 실천은 어떤 것일까?

05
CHAPTER

이성교제

1. 이성교제의 의미
2. 이성교제의 만남
3. 이성교제의 중요성과 기능
4. 이성교제의 과정 및 성공적인 이성교제
5. 이성교제와 관련된 문제점

1. 이성교제의 의미

현대 사회의 결혼에서 가장 중요한 요소는 결혼을 예정하는 당사자 사이의 합의와 의지이다. 따라서 이성교제는 배우자를 선택하는 데 중요한 과정을 수행하게 된다. 또한 오늘날 대부분의 젊은 층은 결혼의 가능성을 열어둔 채 자유로운 연애 시장에 들어서게 되어 이성교제가 배우자 선택의 사전 단계 역할까지 수행하게 된다.

이성을 만나는 경로에는 다양한 방법이 있으며, 일반적으로는 지인의 소개로 만남을 시작하게 되거나 학교나 일터 등에서 자연스럽게 관계가 진전되면서 이성교제를 시작하게 된다.

시대가 변화하고 기술이 발달하면서 이성을 만나는 창구는 더욱 다양해지고 보편화되었는데, 흔하게 이야기하는 주변인으로부터의 발전 혹은 지인의 소개가 아닌 경우가 있다. 이에 더해 젊은 세대는 기성세대에 비해 더욱 정력적이고 즉흥적이므로 주점이나 클럽 등지에서 순간적으로 만남을 시작하는 경우도 있으며, 최근에는 스마트폰의 보급화로 스마트폰 애플리케이션을 통하여 각자의 정보를 등록하고 이를 통한 빠른 만남이 이루어지기도 한다.

따라서 이성교제의 조건이 과거에 비해 점점 완화되는 추세이므로 과거에 비해 더욱 다양한 부류의 사람을 더 쉽게 만나고 이성교제를 시작할 수 있다. 이는 긍정적인 영향과 부정적인 영향 모두를 젊은 세대들에게 안겨준다.

긍정적인 영향으로는 이성교제를 더욱 편하고 쉽게 시작함으로써 더욱 다양한 사람들을 만날 수 있고, 이후의 연애 과정을 통해 서로 상호작용하며 서로의 관계 및 사회에 대해 학습할 기회가 더욱 늘었다는 것을 들 수 있다.

반대로 부정적인 영향으로는 이성교제를 시작한 이후의 연애 과정 자체의 무게가 가벼워질 수 있다는 것이다.

이성 교제는 연애를 진행하는 당사자들에게 여러 가지 긍정적인 영향을 가져다준다. 먼저 자신이 애정을 준 상대와 마음이 통하게 되어 교제를 시작하게 되므로 이로 인한 성취감과 자존감을 얻을 수 있으며, 또한 함께 일상을 공유하고 생활하면서 감정적으로 더욱 긍정적이고 풍요로워지게 된다.

그리고 관계를 지속하면서 자기 자신은 물론 상대방의 마음을 헤아리고 파악하는 훈련을 자연스럽게 진행하게 되어 스스로의 인격 및 연애관 형성은 물론 사회성을 갖는 데에도 큰 도움이 된다. 마지막으로는 이 모든 과정을 진행하면서 자연스럽게 배우자 선택의 기회를 가지게 된다.

다만 이러한 긍정적인 영향을 받게 되는 만큼, 교제를 시작하기 전에 비하여 부정적인 영향을 받을 수도 있는 새로운 요소들이 생겨나게 된다. 교제를 진행하며 스스로의 자존감을 얻는 만큼 상대방의 자존감을 상하게 할 가능성이 있어 이를 통해 서로의 다툼이 일어날 수 있으며, 두 사람이 함께 생활하는 만큼 지금까지 각자가 가지고 있던 생활 양식이나 가치관 등의 차이로 인해 서로 의견의 차이를 보일 수도 있다. 또한 교제를 하며 자연스럽게 따라오는 경제적인 문제와 이를 해결하는 방법의 차이가 생길 수 있으며, 정서적인 관계는 물론 성적 관계에 대한 견해 차이로 인해 다툼을 벌일 수 있다.

두 사람의 관계가 긍정적인 방향으로 발전한다면 결국 이는 배우자 선택의 단계에 들어서서 결혼을 생각하게 될 수 있으나 부정적인 방향으로 발전한다면 교제 기간이 다툼으로 인해 서로에게 스트레스를 주게 되고 이는 관계의 종료를 불러올 수 있다.

일반적으로는 한 쌍의 연인 중 한 명이 관계의 종료를 고하거나 쌍방이 서로 합의한 끝에 헤어지게 된다.

다만 그 관계가 비정상적으로 편집적이거나 집착적인 경우 정서적이나 신체적인 공격성을 보이게 되기도 할 수도 있을 만큼 관계의 종료는 시작보다 더욱 어렵다. 따라서 관계를 종료할 때에도 시작할 때처럼 서로가 일정 선에서 잠정적으로 인정할 수 있어야 하며, 만약 그 관계가 비정상적으로 변질될 조짐이 보인다면 지체 없이 타자에게 도움을 청할 수 있어야 할 것이다.

또한 관계가 종료된 후에도 함께 했던 상대방과 더 이상 정서적, 사회적으로 연관되는 것을 서로 피하게 되는 만큼 실연 이후의 관계와 거리 설정도 중요한 고민거리가 되며, 이 과정에서 스스로나 상대방을 심하게 자책하거나 극단적으로 왜곡하게 될 수도 있다.

그러나 현대 사회에서 관계 맺기가 더욱 쉬워진 만큼 부수적으로 관계를 종료하는 것도 더욱 쉬워진 것을 인정해야 하며, 또한 그 상대를 만났으므로 쌍방이 더욱 내면으로나 외면으로나 발전할 수 있는 계기였음을 인식하고 또 다음에 찾아올 인연을 위한 자양분으로 삼을 수 있도록 마음가짐을 갖는 것이 가장 큰 도움이 될 것이다.

따라서 이성 교제는 당사자인 두 사람 모두에게 긍정적으로나 부정적으로나 큰 영향을 미치는 만큼 현명하고 부드럽게 서로를 이해해주며 부정적인 영향은 적게, 긍정적인 영향은 크게 받을 수 있도록 서로 간의 노력이 필요하다.

1) 이성관계의 형성

이성관계는 먼저 서로에게 매력을 느끼고, 사랑에 빠져 서로에게 몰입하면서 상대방에게 자신의 부정적인 면은 감추고 긍정적인 면만 보여 주려 하며, 상대방의 긍정적인 면만 보려고 한다. 사랑에 빠진 단계에서는 서로 다른 일을 하고 있을 때도 생각은 사랑하는 사람에게 가 있다.

사랑하는 사람과 함께 있고 싶고, 이야기를 나누고 싶고, 보고 싶고, 그 사람에 대한 생각만 하고 싶어진다. 이 상태에서는 상대방을 이상화하면서 상대방에게 기쁨을 주기 위해 자신에게 소중한 것들도 모두 내 준다.

이성관계는 상대방도 자신을 진정으로 사랑해야 한다고 생각한다. 진정으로 나를 사랑한다면, 상대방은 당연히 나를 행복하게 해줄 것이고, 내 자신의 공허함과 외로움을 치유해 줄 것이며, 나를 웃게 만들며, 좋은 파트너가 해 주는 것들을 내게 해줄 것이라고 기대한다.

상대방으로부터 이러한 기대가 충족되지 않거나 상대방이 자신의 욕구가 무엇인지조차 모를 때 실망하고 분노하면서 진정한 사랑이라고 믿었던 두 사람의 관계에 대해 의심을 품는다. 이 단계에서는 기대가 따르는 조건적인 사랑을 내세우게 된다.

즉, 이 상황을 극복하기 위해 사람들은 상대방을 변화시켜 자신의 욕구를 충족시키려 한다. “네가 나를 사랑한다면, 네가 나를 행복하게 해주려면, 내가 좋아하는 것을 너도 좋아한다면, 내가 믿는 것을 너도 믿는다면” 등의 조건적인 사랑의 기대를 상대방에게 요구한다.

이성관계는 사랑을 위해 노력하는 자체가 자신의 원하는 것을 상대방에게 얻기 위해서이다. 조건적 사랑은 자기중심적이어서 상대방이 말하거나 행동하는 모든 것을 자신의 입장에서만 해석하고 의미를 부여한다.

이러한 커플들에게는 인간관계의 형성과 유지요인인 안전감, 안정성, 진지함이 있다. 안전감이란 있는 그대로를 받아들일 수 있는 편안함을 말하는 것으로 사람들은 함께 있어 편안한 사람과 관계를 형성한다.

2) 이성관계의 유지

이성관계는 사랑하는 사람이 그대로 따라 주지 않을 때 매우 실망하면서 서로에게 생긴 거리감을 줄이려는 의도로 갈등과 다툼을 시작한다.

갈등과 다툼이 해결되지 않고 지속되면 "우리는 통하는 데가 없어, 우리는 더 이상 서로의 눈을 보고 이야기하지 않아. 몸은 같이 있어도 실제로는 따로 있는 느낌이야, 같은 방향을 바라보고 있지 않아" 등을 반추하면서 상대방과 자신의 차이점을 문제로 지각하기 시작한다.

이 상태에서는 서로의 차이점을 인정하고 받아들이기보다 상대방이 자신에게 맞출 것을 요구하면서 서로를 비난하고 공격하면서 관계를 손상시킨다. 그러나 처음의 낭만적인 열정은 사라졌어도 서로 간에 친밀감을 유지하면서 안정적인 애착의 관계로 진전시키는 커플도 있다.

이 커플들은 자신의 요구만이 아니라 상대방의 요구를 충족시키려고 노력하고, 두 사람의 관계에서 자신이 줄 수 있는 것에 더 초점을 두며, 공통의 관심사와 활동을 발견해 가면서 우정을 나누고, 서로에게 베스트 프렌드가 되어 준다. 또한 서로의 차이점을 있는 그대로 받아들이면서 차이점으로 인해 서로에게 보완되는 존재가 된다고 생각한다.

안정성이란 시간이 경과해도 관계가 지속적으로 유지되는 것을 말하는 것으로, 관계에서 자신의 역할을 잘 수행할 때 인간관계가 지속적으로 유지될 수 있다. 이성관계를 통해 지속적인 관계를 유지하는 커플들은 두 사람의 관계를 유지하기 위해 자신의 역할이 무엇인지를 잘 인식하고, 자신의 역할을 잘 수행한다. 마지막으로 진지함은 관계를 맺는 사람들이 상대방의 성장을 진정으로 원하고, 서로를 성장시킬 수 있는 것을 말한다.

2. 이성교제의 만남

이성교제에서의 만남이 우연히 이루어진 것 같아 보이지만 사실 사람들은 어떤 사람과 사귈 것인지에 대한 기준을 가지고 있다. 사랑에 빠질 때 첫눈에 반하는 사람들도 있지만 우정을 나누다가 사랑으로 발전하는 경우도 있다.

또한 상대의 겉모습을 보고 낭만적인 매력을 느낄 수도 있고, 좋은 성격이나 애교 있는 행동, 함께 나눈 잊지 못할 경험들에서 사랑의 감정이 싹틀 수도 있다. 사람들은 처음에 서로 어떻게 만나 사랑에 빠지게 되었는지를 매우 자세하게 기억한다. 이러한 기억은 매력의 기준과 요소로 설명된다.

1) 매력의 기준

매력의 기준보다 더 중요한 것은 자신이 누구인지, 어떤 사람이고 싶어 하는지, 함께할 때 어떤 사람이고 싶은지, 상대방과의 관계에서 자신이 진정으로 원하는 것이 무엇인지에 대한 것이다.

또한 자신이 어떤 매력을 지니고 있는지, 주변 사람들이 자신의 매력을 어떻게 보고, 어떻게 반응하는지, 사람들이 자신의 매력에 어떻게 반응하기를 원하는지 사람들이 좋아하는 반응으로 무엇을 할 작정인지에 대한 것들이 매력의 기준보다 더 중요하다.

① 매력적인 기준을 많이 가진 사람일수록 그 사람에게 더 매력을 느낀다.

② 자신의 특별한 욕구를 충족시켜 주는 사람에게 매력을 느낀다.

③ 친구들에게 인기 있는 사람들에게 매력을 느낀다.

④ 즐거운 경험을 떠오르게 하는 사람에게 매력을 느낀다.

⑤ 자신을 능력 있고, 매력적이고, 가치 있다고 느끼게 하는 사람에게 매력을 느낀다. 예를 들어, '그 사람은 내가 말하는 것이 정말 중요한 것처럼 느끼게 해줘'라는 표현이 가능한 사람에게 매력을 느낀다.

⑥ 자신이 자라온 가족관계를 떠오르게 하는 사람에게 매력을 느낄 수도 있고 싫어할 수도 있다(최규련, 2007).

2) 매력의 요소

(1) 긍정적인 성격특성

긍정적인 성격특성은 자신감으로 나타나 어떤 학자들은 자신감을 매력의 요소로 보기도 한다. 사람들은 긍정적이고 바람직하다고 여기는 성격특성을 지닌 사람에게 매력을 느껴 만남을 시도한다.

사람들은 진지하고, 정직하고, 이해해주며, 충직하고, 신뢰할 만하고, 진솔하며, 지적이고, 믿을 만하며, 개방적이고, 사려 깊은 특성을 가장 바람직한 성격특성으로 여긴다. 반면 사람을 속이고, 악의적이고, 부도덕하고, 불쾌하며 잔인하고, 비열하고, 위선적이고, 혐오감을 주고, 거짓말하는 성격특성을 가장 싫어한다(Anderson, 1968).

(2) 유사성

유사성이 매력의 요소가 되는 이유는 자신의 태도나 가치, 신념에 타당성을 주기 때문이다. 즉, 자신의 신념·관심을 같이 나눌 수 있는 사람과 함께 있다는 것은 본인의 신념과 관심이 가치 있다는 것을 의미하므로 기분을 더 좋게 한다.

또한 비슷한 사람들은 같이 어울리기가 쉽고, 특히 가치가 비슷한 사람들은 갈등을 덜 겪는다. 자신과 비슷한 사람은 결국 여러 가지 면에서 동일하다고 기대하기 때문에 결국은 자신을 좋아한다고 생각하게 된다.

사람들은 상대방에게서 자신의 모습을 발견할 때 더 많은 매력을 느껴 만남을 시도한다. 성격특성의 유사성보다는 태도와 가치, 배경이 비슷한 사람들이 서로에게 더 매력을 준다(Simpson & Harris, 1994).

성격은 보완적일 때 매력을 더 느끼는 것으로 알려져 있는데, 행복한 커플은 두 사람이 모두 긍정적인 성격특성을 지닌 것이 아니라서로 보완할 수 있는 성격 특성을 지녔기 때문인 것으로 밝혀졌다(Dtyer & Horowitz, 1997).

(3) 근접성

연애의 감정은 얼마나 자주 만나는지, 그 만남의 횟수나 빈도에 따라 깊어지기 때문에 가까이 있는 사람들에게 매력을 느끼게 된다. 사람들은 가까운 곳에서 살고 자주 접하는 사람에게 매력을 느낀다.

(4) 익숙성

사람은 익숙해지면 그것만으로도 친밀감을 느끼는데, 사회심리학에서는 이러한 현상을 단순접촉효과라 부른다. 즉, 처음에는 잘 모르는 사람이라도 반복해서 접촉하게 되면 의식적인 노력이 없어도 자연스럽게 차츰 좋아지게 된다.

그러므로 자신이 좋아하는 사람이 자신을 좋아하게 하려면 가능한 한 만나는 기회를 늘려 친밀감이 생기도록 하는 것이 좋다. 우리는 익숙한 자극을 주는 사람에게 매력을 느낀다.

(5) 신체적 매력

사람들은 아름다운 것은 좋은 것이라고 생각하고 외모가 뛰어난 사람이 더 다정하고, 친절하고, 현명하고, 재미있어 보이는 긍정적 성품을 지니고 있다고 생각하며, 외모가 뛰어난 사람과 사귀면 사회적 가치가 높아진다고 생각하는데, 이는 외모가 후광효과로 작용하기 때문이다. 신체적 매력은 우리가 처음 만난 상대방을 판단하는 가장 쉬운 방식이기 때문에 매력의 요소가 된다. 즉, 우리는 상대방을 처음 만나서 긍정적인 특성이나 자질을 가지고 있는지 아닌지는 모르지만 어떻게 생겼는지는 직접 볼 수 있기 때문에 신체적 매력이 만남의 기준이 된다.

(6) 화학적 반응

첫눈에 반한 사랑에 대해 학자들은 평소 자신이 마음속에 두고 있는 매력의 원칙이 작동했기 때문이라고 설명한다. 첫눈에 반하는 것을 말하는 것으로 첫눈에 반해 사랑에 빠지거나 결혼하는 사람이 의외로 많다. 첫눈에 반했다고 해서 처음 보는 바로 그 순간 무조건 상대에게 사랑을 느끼는 것은 아니다.

3. 이성교제의 중요성과 기능

1) 이성교제의 중요성

결혼 전의 이성교제가 부부관계를 전적으로 결정하는 것은 아니지만 이 시기에 성공적인 결혼생활에 필요한 기술을 갈고 닦아 미래 결혼생활의 기초를 다질 수 있다. 특히 이 시기의 상호작용 패턴과 습관은 결혼생활이 만족스럽고 욕구를 충족시켜 줄지 아니면 반대로 불만족스러운지에도 영향을 준다.

또한 결혼이 사별로 끝날 때까지 지속될 것인지 이혼으로 끝날지, '바로 이 사람'을 만나 행복한 결혼이었다고 생각할 것인지 실패나 '빈 껍데기'뿐인 결혼으로 생각할 것 인지에도 영향을 미친다. 이성교제는 결혼 후 부부관계가 어떻게 발달할지, 그 방향과 형태를 예측해 주는 요인이 된다.

이성교제를 통해 미래 배우자가 될 사람과의 관계를 발달시키면서 두 사람은 의사결정, 의사소통, 문제해결, 갈등관리와 같은 상호작용의 패턴과 습관은 물론 사랑과 성에 대한 태도와 기대치를 형성하게 된다. "이성교제의 배우자는 나의 부족한 부분이나 내 기대를 채워주는 사람이 아니라 나와 삶을 공유하는 사람이므로 이성교제 과정을 통해 그 사람이 없으면 살 수 없다는 생각이 드는 사람을 찾는 것이 중요하다."

2) 이성교제의 기능

이성교제시 사람들은 학교나 직장, 종교기관, 활동이나 모임, 결혼정보회사, 인터넷이나 사이버공간 등을 통해 이성교제 상대를 만나고 이성교제를 통해 여러 가지 기능을 충족시킨다(Bradbury & Karney, 2010). 이성교제의 기능은 여가의 기능, 충족의 기능, 역할수행 기능, 사회적 지위의 기능, 배우자 선택의 기능, 자아의 확인 기능 등 살펴볼 수 있다.

(1) 여가의 기능

즐거운 경험은 상대를 이성교제 상대로 정하는 데 매우 중요한 요소가 된다. 리얼리티 쇼에서 우리가 경험하는 것은 즐거움이다. 그러므로 이성교제는 즐거운 경험을 제공하고, 여가를 즐길 수 있는 기능을 지닌다.

(2) 충족의 기능

이성교제는 외롭지 않고, 사랑을 나누며, 필요를 충족하고, 편안한 존재와 일상생활의 많은 부분을 공유하는 것이다. 즐거움을 넘어서 이성교제는 친밀감과 신체적 나눔은 물론 생활의 많은 부분을 함께할 수 있는 충족의 기능을 지닌다.

(3) 역할수행 기능

사람들은 이성교제를 통해 이성과 자연스럽고 편안한 관계를 맺을 뿐 아니라 이성의 감정을 인식하고 반응하는 사회적 기술을 습득하여 사회인으로서 기대되는 성인 남녀의 역할수행을 배울 수 있다. 이성교제는 성에 따른 차이가 있음에도 불구하고 이성과 대인관계를 맺고, 이성과 잘 지낼 수 있는 역할수행 기능을 지닌다.

(4) 배우자 선택의 기능

이성교제의 잠재적이고 궁극적인 기능은 결국 배우자 선택에 있다. 결혼은 같이 살 사람을 찾는 것이 아니라 그 사람이 없으면 살 수 없다는 생각이 드는 사람을 찾는 것이므로 여러 사람과의 이성교제를 통해 평생을 함께할 사람을 찾는 것은 이성교제의 가장 중요한 기능이다.

(5) 사회적 지위의 기능

이성교제가 자신의 사회적 지위를 입증하거나 유지해 주는 기능을 갖는 것을 주로 젊은 사람들에게서 나타나는 현상이다. 결혼과 마찬가지로 이성교제는 다른 사람에게 바람직한 성인이라는 인식을 주므로 사회적 지위의 기능이 있다.

(6) 자아의 확인 기능

이성교제는 자신이 다른 사람에게 어떠한 영향을 미치는지를 볼 수 있으므로 자아의 확인 기능을 지닌다. 이성교제를 통해 사람들은 성숙한 대인관계의 기술을 습득하고, 이성에 대한 막연한 기대나 비현실적인 사고방식을 구체화시켜 사회적 상황에서 자신의 행동을 조절할 수 있는 능력을 기른다.

또한 사람들은 이성과의 접촉을 통해 사회가 기대하는 인격을 기르고, 자신의 장점과 단점을 파악하며, 자기반성의 기회를 통해 자아의식과 정서적 안정을 발달시킴으로써 사회적 자아를 확인하는 기능을 갖는다.

4. 이성교제의 과정 및 성공적인 이성교제

1) 이성교제의 과정

이성교제는 만남의 경험을 통하여 자신에게 이상적인 이성 상대를 발견하는 과정으로 그룹 이성교제 과정, 임의로운 이성교제 과정, 규칙적인 이성교제 과정 등 여러 단계를 거친다.

(1) 그룹 이성교제 과정

남녀 교제에 익숙하지 않은 고교생이나 저학년 대학생에게서 나타나는 형태로 데이트 경험이 없고 자신이 없는 학생들이 선호한다. 이 과정은 이성 간 교제로 넘어가는 과도기적 기능을 한다.

이성교제 상대의 선택은 여러 가지 요인이 작용하지만 초기 과정에서는 가능한 친구의 의견이 많이 반영된다. 그 이유는 또래 집단의 인정을 받으면서 자신이 선택한 것에 안도감을 갖기 때문이다. 또한, 이성교제 경험이 많지 않은 경우 이성교제에 관한 결정이나 능력에 대한 자기 확신이 부족하기 때문이다.

(2) 임의로운 이성교제 과정

이 과정은 행사를 위해 파트너가 필요하거나 기타 다른 이유로 자유롭게 만나는 단계이다. 이 과정은 한 사람과 지속적으로 만나는 것이 아니라 여러 사람과 교제를 나눈다. 자유롭게 여러 이성을 만날 수 있기 때문에 상대방을 이해하고 서로의 개성을 확인하는 기회가 되기도 한다.

(3) 규칙적인 이성교제 과정

이 과정은 임의로운 이성교제보다 감정이 강하며 친밀한 관계로 발전하게 된다. 두 사람의 관계는 고정화되며, 주위 사람들이 두 사람의 관계를 인정한다. 한 사람과 지속적인 만남을 가짐으로 인해 서로를 더 잘 알게 된다. 그렇지만 한편으로는 두 사람의 관계가 너무 빨리 전개될 가능성도 있다. 이들은 서로에게 속하는 상징적인 선물이나 반지 등을 주고받으며, 결혼약속하기도 한다.

2) 성공적인 이성교제

(1) 동반가능성

같이 보내는 시간이 즐거운지, 같이 보내는 시간이 늘었는지, 줄었는지, 얼마나 유사성을 지니고 있는지, 자주 싸우는지, 전혀 싸우지 않는지, 동반자로서 얼마나 같이 시간을 보내는지 최고의 친구가 될 수 있도록 한다.

(2) 공통 관심사

두 사람이 같이 하는 것을 좋아하는지, 두 사람이 같이 만나는 친구가 있는지, 서로의 친구나 가족을 좋아하는지, 두 사람이 새로운 것을 같이 해보려고 하는지, 종교적인 신념이나 활동 범위가 같은지, 음악 듣기, 운동, 활동 등을 같이 하는 것을 좋아하는지 공통적인 관심사에 기울인다.

(3) 삶의 목표

삶의 수준이 비슷한지, 관계로부터 원하는 것이 같은지, 돈과 시간에 대해 비슷한 생각을 가지고 있는지, 두 사람이 인생에서 원하는 것이 같은지, 삶의 목표가 같은 방향으로 향하고 있는가를 느끼게 한다.

(4) 배경 및 환경

감정, 친구, 가족, 일 같은 것을 이야기할 때 마음에 걸리는 것이 없이 편안한지, 두 사람이 자란 가족의 정서적 분위기가 비슷한지, 종교, 교육, 경제적 배경이 같은지, 가족들과 보내는 시간과 환경 수준이 비슷한지, 가족들이 모일 때 하는 놀이가 비슷한지, 상대방 가족이 모였을 때 하는 방식을 받아들일 수 있는지, 돈, 소비, 저축에 관해 비슷한 철학을 가지고 있는지, 등 배경과 환경이 중요시될 수 있다.

(5) 즐거움

여가시간에 대한 필요성이 같은지, 같이 있을 때 즐거운 일이나 활동을 하는지, 유머와 새로운 경험을 함께 나누는지, 같이 있으면 즐거운 기분을 느끼는 것도 중요하다.

(6) 건강

운동형인지, 동적인지, 정적인지, 아침형인지, 올빼미형인지, 두 사람 다 에너지 수준이 비슷하고, 건강한지도 중요하게 작용한다.

(7) 성

성적으로 서로에게 책임을 진다.

(8) 문제해결 의식

만사를 자기 뜻대로 하는 사람인지, 서로의 이야기를 들어주는지, 의견차가 있을 때 협상할 수 있는지, 의견이 일치하는 것과 일치하지 않는 것 사이에 균형을 이루는지, 상대방에게 화를 자주 내는지, 상대방이 화내는 걸 두려워하고 불안해하는지, 소유욕이 강한지, 질투심이 중요한 문제를 의논하는 것을 방해하는지, 제자리에 맴돌면서 싸우고 있는지, 싸울 때 상대방의 이야기를 듣는지, 여러 가지 문제를 해결하고 앞으로 나아가는 자세가 되었어야 한다.

참고

학자들은 이성교제를 통해 평생을 함께할 배우자를 선택하기 위해서는 이성교제 상대를 먼저 친구로 만든 다음 더 친밀한 관계로 발전시키는 것이 중요하다고 강조하고 있다. 자신의 베스트 프렌드를 택하여 아래 질문을 완성한 다음 이성교제 상대에게도 적용해 보자.

① 기대 : 내가 그 친구에게 원하는 것이 무엇인가? 나와 성격은 물론 의견 차이를 보여 주어도 여전히 그 친구를 진정한 친구라고 생각하는가?

② 인내력 : 어떠한 상황이든 그 친구를 참아낼 수 있는가? 그 친구도 나를 참아낼 수 있는가? 내가 자신에게 갖는 기대 수준과 내 친구에게 갖는 기대 수준이 같은가? 나와 내 친구가 서로에게 지켜야 할 규칙이 같은가?

③ 유용성 : 친구를 위해 내 자신을 내 줄 수 있는가?

④ 정직성 : 그 친구와 있으면 진정한 내 자신의 모습을 보여 줄 수 있는가? 내가 느끼는 것을 진심으로 말할 수 있는가?

⑤ 개방성 : 유약한 내 감정을 그 친구와 나눌 수 있는가?

⑥ 의존성 : 그 친구에게 내 자신을 온전히 기댈 수 있는가?

⑦ 공감능력 : 갈등상황에서도 그 친구의 입장에서 생각할 수 있는가?

⑧ 관점 : 그 친구가 나를 좋아한다는 사실과 관계없이 내가 그 친구를 진심으로 좋아하는가? 그 친구에게 나는 덜 이기적이고 덜 자아중심적일 수 있는가?

5. 이성교제와 관련된 문제점

현대사회에서 많은 사람들이 이성교제를 통해 어울리는 상대를 찾고, 그 사람과 안정된 관계를 발달시켜 성공적인 이성교제를 하고자 하는데 데이트폭력, 데이트 강간, 데이트살인 등 이성교제를 가로막는 문제점에 직면하고 있다.

1) 데이트 폭력

데이트 폭력은 연인 간에 어떤 논쟁을 하다가 그들 중 한 사람이나 두 사람 모두가 폭력적인 행동을 터트리면서 일어난다. 한번 폭력이 일어나면 그러한 현상은 다시 반복되는 특성이 있다. 폭력이 있음에도 불구하고 연인들의 관계가 지속되는 데 그 이유는 다음과 같다(Schwartz & Scott, 2003).

- 어떤 사람은 그러한 폭력을 대수롭지 않게 여긴다.
- 어떤 사람은 그러한 폭력에 특별한 대안이 없다.
- 어떤 사람은 그러한 폭력 행위마저 사랑의 표현으로 생각한다.
- 어떤 사람은 그러한 폭력의 원인이 자신에게 있다고 생각한다.
- 어떤 사람은 그러한 폭력 행동은 친밀한 관계에서 가끔 일어나는 합법적이고 정당하다고 생각한다.
- 어떤 사람은 그러한 폭력을 당하면서 함께 사는 것이 더 낫다고 부정적인 자아개념을 생각한다.

2) 데이트 강간

데이트 과정에서 행해지는 성폭력인 데이트 강간은 14세 이상의 남녀에게 일어나는 성적인 강간을 말한다. 자신이 데이트하는 여자에게 성교를 강요하는 남자들의 성적인 폭력 발생과 관련된 요인은 다음과 같다(Schwartz & Scott, 2003).

- **약물 오 · 남용:** 성적 폭력사건이 음주 등 약물의 영향으로 행해진 경우가 많다. 성폭력을 포함하여 모든 폭력은 약물로 인한 자제력 상실로 일어나는 경우가 많다.

- **잘못된 의사소통:** 성적인 의사소통에서 여성의 거부를 수용으로 받아들여 성적인 공격을 하게 되는 경우이다.
- **상황적 여건** : 성적인 행위가 허용되는 장소나 성 관련 내용의 비디오 시청 등 기회가 주어졌을 때 성적인 폭력이 발생할 가능성이 많다.

3) 데이트 살인

데이트 과정이나 연인 간의 이별 통보시 이를 받아들이지 못하는 사람들이 감정조절이 분출되어 데이트 폭력이나 살인이 일어나는 경우를 말한다.

이성교제와 관련된 문제점을 해결하기 위해서는 건강한 사랑의 관계를 만들기 위해서 서로에게 정직해야하고, 사랑을 가꾸기 위해 서로 노력하며, 자기 자신과 상대방에 대해 잘 알고 있어야 하고, 때로는 상대를 위해 자신을 희생할 줄도 알아야 한다. 그러나 아무리 노력해도 건강한 사랑의 관계를 이룰 수 없다면 과감하게 그 관계를 끊을 줄 알아야 건강한 사랑을 다시 찾을 수 있다.

생각해 볼 문제

- 이성교제시 만남의 중요성은?
- 이성교제시 매력의 요소는?
- 성공적인 이성교제란 어떤 것일까?

06
CHAPTER

배우자 선택

1. 배우자 선택
2. 배우자 선택 이론
3. 배우지 선택 기준

1. 배우자 선택

1) 의의

배우자의 선택은 결혼생활의 안정과 행복의 가장 중요한 요소이다. 그러므로 배우자를 선택할 때에는 상대방에 대한 다양한 사항들을 고려하여 신중하게 결정해야 한다. 배우자의 선택에서 근접성, 이상적 이성상, 부족한 부분에 대한 보상적 욕구, 환경의 동질성, 성향의 동질성 등은 선택의 동기로 작용할 수 있다.

배우자의 선택에서 고려해야 할 주요사항으로는 신체적·정신적 건강, 성숙한 성격, 사회적·경제적·문화적 배경을 포함한 성장배경, 건전한 이념과 가치관, 연령, 경제적 능력 등이 있다(유안진·김혜선, 1996).

배우자의 선택에서 개인차가 있기는 하지만 대개 남성은 여성의 외모와 성격을 중요시하고, 여성은 남성의 경제적 능력과 장래성을 중요시하는 경향이 있다. 그러나 최근 여성의 경제적 능력의 향상을 비롯한 다양한 사회적 변화로 인하여 배우자 선택에서 중요시하는 요소들이 변화되고 있다.

배우자의 선택에서 결혼동기가 건전하지 못할 경우에는 결혼을 결정하지 않는 것이 바람직하다. 만일 결혼동기가 연애에 실패한 후 상처를 치유하기 위해서, 동정심에서, 외로움을 이길 수 없어서, 불행한 가정에서 탈출하기 위해서, 혼전임신으로 등과 같이 부정적인 경우에는 결혼생활이 행복해질 수 없기 때문이다.

서적으로 불안정한 사람, 신경질적인 사람, 열등감이 강한 사람, 터무니없는 우월감을 갖는 사람, 냉혹한 사람, 무계획적인 사람, 독립심이 부족한 사람 등은 배우자로서 적합하지 않다는 것이다. 쉽게 싫증을 느끼는 사람, 극단적인 허영심을 소유한 사람, 무책임한 사람, 금전의식이 올바르지 못한 사람, 사회적응능력이 결여된 사람 등도 결혼생활을 순조롭게 이끌 수 있는 능력이 없는 사람들이기 때문에 배우자로서 적합하지 않다는 것이다(서병숙, 1993).

2) 배우자 선택

배우자를 선택할 수 있는 창구로는 이성교제에서 이어지는 자유연애가 있다. 현대 사회에서 이성교제가 더욱 쉬워지고 잦아진 만큼 자유연애를 통한 배우자 선택이 가장 일반적이라고 할 수 있다.

만약 여러 가지 상황으로 자유연애를 하기 힘들다면 전통적인 방법으로 결혼을 전제로 한 소개, 즉 '맞선'을 보게 되기도 한다. 또한 과거에는 개인적으로 음지에서 맞선 대상을 찾아주는 사람들이 있었다면 현대에는 기업형으로 바뀌어 대규모의 회원을 확보하고 서로의 조건에 맞는 사람을 소개해주는 '결혼정보회사' 또한 성업 중이다.

어떠한 방식으로든 스스로가 생각하는 배우자의 조건의 맞는 사람을 선택하게 되면 본격적으로 결혼을 향해 달려가게 된다. 선택한 이후에도 결혼을 하기 위해서는 상대방도 함께 서로를 배우자의 대상으로 여겨야 하며, 결혼에 대한 밑그림이 비슷해야 한다. 또한 서로가 마음을 맞춘 다음 양가 부모님께 허락을 구하는 것이 일반적이며, 이 단계까지 모두 수행한다면 본격적으로 결혼 준비를 시작하게 된다.

상대방을 배우자로 선택하기 위한 조건은 대부분의 사람에게 비슷하나 각 조건들의 우선순위는 연인의 수만큼 다양할 것이다. 이러한 조건은 거주지 혹은 근무지의 근접성, 사회적인 배경의 유사성, 가치관과 성격의 친밀성, 외모나 성격의 호감 같은 특성으로 이루어지며, 각 조건은 성격, 외모, 언변, 건강, 거주지, 직업, 경제력, 가정환경, 종교, 출신학교 등의 형태로 구분될 수 있다.

사람들은 이렇게 다양한 형태의 조건을 가지고 있으며 이에 부합하는 사람을 만나기 위해 노력하고 또 특정 조건을 더 혹은 덜 중요하게 순위를 둠으로써 현실적인 선에서 배우자를 선택하기도 한다.

배우자를 선택하는 계기에는 앞서 제시된 조건들의 합치성이 가장 큰 부분을 차지한다. 성격만 잘 맞는다고, 혹은 상대방의 외모가 마음에 든다고 해서 결혼을 결정할 수는 없다. 결혼은 당사자들의 결합일 뿐만 아니라 현대의 대한민국에서는 여전히 가족과 가족 간의 결합이기도 하다.

그렇기에 상대방의 가정환경 또한 필연적인 고려 요소가 되며, 결혼 준비과정은 물론 앞으로 생활을 하는 데 있어 경제적인 측면 또한 필수적인 요소이다. 따라서 결혼을 준비하는 당사자가 스스로를 냉정하고 확실하게 파악하여 본인에게 가장 적합한, 평생을 맡길 수 있는 배우자를 선택하는 기준을 설정하고 그 기준에 따라 다양한 조건들을 살피어야 하겠다. 물론 가장 중요한 것은 서로에 대한 신뢰를 바탕으로 한 사랑이어야 할 것이다.

3) 배우자 선택의 유형

(1) 의의

일반적으로 배우자 선택의 유형은 중매혼, 자유혼, 절충혼 등 세 가지로 분류하고 있다. 결혼의 유형은 시대와 역사에 따라 조금씩 변화하고 있다. 또한 어떠한 결혼유형이 가장 합리적인 유형인가에 대한 답변도 내리기 어렵다. 배우자들 자신이 처한 상황과 환경을 고려한 배우자 선택이 가장 합리적일 것이다.

(2) 유형

① 중매혼

중매혼은 과거에 비해 정도는 많이 줄어들고 있지만, 아직도 중매혼으로 결혼하는 사람들이 많다. 중매혼은 배우자 집안을 잘 아는 소개자가 배우자감을 구해주면, 배우자의 부모는 상대방의 정보를 검토한 후 후보자를 선택하여 양가 집안이 만나는 자리를 갖는다.

중매혼의 경우 배우자의 인격이나 개성보다는 부모의 지위와 배경, 성장환경 등이 더 큰 비중을 차지하며, 사주나 궁합과 같은 요소가 결혼 결정에 중요한 영향을 미친다. 중매혼의 장단점이 있으나, 현대사회로 오면서 자유혼으로 변화하는 경향이 높아지고 있다.

② 자유혼

자유혼은 중매혼에 대립되는 것으로 배우자들의 의견에 따라 결혼이 성립되는 것이다. 서구사회에서는 주로 자유혼에 의한 결혼의 비중이 높은 편이다. 자유혼은 배우자들의 의견을 존중하지만 배우자들의 사회경험의 부족으로 발생하는 문제점들이 발생할 수 있다.

③ 절충혼

중매혼과 자유혼의 중간형태로서 이성을 만날 기회가 적은 남녀에게 부모나 이웃, 친구들이 만남의 자리를 주선하여 교제를 해본 후 상대방을 결정하고 주위의 동의를 구하는 방식이다. 어떻게 보면 가장 합리적인 배우자 선택의 방법이다.

2. 배우자 선택 이론

1) 여과망 이론

자아정체감을 형성한 남성과 여성은 배우자를 선택하게 되는 배우자 선택의 과정은 여러 가지가 있으나 Udry는 다음과 같은 여과망이론으로 설명하고 있다(Udry, 1974).

(1) 근접성

배우자의 선택은 거리상으로 가까운 사람을 선택할 가능성이 높다. 결혼이라는 과정은 상대방을 잘 알아야 하기 공간적으로 가까운 거리에 있는 사람을 선택할 가능성이 높다. 그러나 오늘날에는 교통망의 발달로 인하여 결혼의 선택에 있어 공간적인 요소는 적어지고 있다.

(2) 매력

결혼에서 상대방에게 서로 매력을 가져야 한다. 매력에는 신체, 연령 등이 포함된다. 서로 간 상대방에게 매력을 가지지 못하면 결혼으로 연결되기 힘들다. 여기서 지적하는 매력이란 신체적 매력을 포함한 심리적 및 정서적 매력도 포함된다.

(3) 사회문화적 배경

결혼에서 상대방을 선택할 때 사회문화적 요소는 매우 중요하다. 종교, 교육 수준, 직업을 포함한 사회경제적 요소가 상대방의 선택에 영향을 미친다.

(4) 의견일치

결혼에서 매력을 가지고 사회문화적 배경이 유사하더라도 그에 대한 의견일치가 없으면 결혼이 성립되기 어렵다. 과거 우리의 경우 지역적인 문제가 결혼에 중요한 요인이 되었는데, 이런 경우가 주요문제에 대한 의견일치의 가치관, 견해, 태도를 지닌 대상자만 남게 된다.

(5) 상호 보완성

결혼의 주요목적은 상호 보완성이다. 서로가 상대방의 부족함을 보충해 줌으로써 결혼생활이 더욱더 발전한다.

이상의 요소가 완전히 갖추어진다면 이론상으로는 완전한 결혼이 성립될 것이다. 그러나 결혼은 현실이기 때문에 상대방의 선택에 있어서 보다 더 다양한 요인들을 포함시켜야 할 것이다.

2) 교환이론

교환이론은 최소의 비용으로 최대의 효과를 얻는다는 고전적인 경제학의 행위원리를 배우자 선택 상황에 적용시킨 것이다. 결혼할 당사자들은 모든 가능한 후보자 중에서 본인에게 가장 많은 보상을 줄 수 있는 사람을 배우자로 선택한다는 것이다. 이때 보상에 대한 가치 평가는 시대나 문화적 배경에 따라 차이가 있다. 대체로 경제적 조건, 사회적 지위, 신체적 매력, 사랑, 성, 직업, 학벌, 가문 등이 교환된다.

3) 공평이론

공평이론은 교환이론의 변형으로, 여기에서 공평이라는 말은 공정성을 의미한다. 공평이론은 이익이 되는 교환보다는 공정한 거래에 더 매력을 느낀다는 특징이 있다. 즉, 인간관계도 준 만큼 받는 것이 공평하다고 생각하는 것이다.

배우자 선택에 있어서 공정성의 판단에는 상대방의 가치를 어느 정도 인정하느냐 하는 심리적 요인이 개입된다. 이러한 판단기준이 서로 유사할 때 두 사람은 서로를 배우자로 선택하게 된다.

4) 동질성 이론

일반적으로 사람들은 자신과 비슷한 태도나 조건을 가진 사람이나 자신과 닮은 사람에게 매력을 느끼는 경향이 있다. 배우자 선택에 있어서도 사람들은 연령이나 교육수준, 지능 등이 비슷한 사람끼리 서로를 선택하는 경향이 있으며, 그 밖에 사회적인 지위나 종교, 인종, 흥미, 태도, 가치관 등이 비슷한 사람끼리 결혼한다.

5) 보완욕구 이론

빈치(Winch, 1995)는 '사람들은 두 사람 사이에 서로를 보완해 줄 수 있는 요인이 있을 때 매력을 느낀다'는 보완욕구 이론을 제시하였다. 보완에는 어떤 분야에 높은 욕구를 가지고 있는 사람이 그렇지 않은 사람에게 매력을 느낀다는 것과 충족하려는 욕구 분야가 서로 다를 때 매력을 느낀다는 두 유형이 있다.

3. 배우자 선택 기준

1) 배우자 선택 기준

일반적으로 20대 중반을 지나 30대로 들어가는 길목에서 사회적인 결혼 적령기를 맞거나 경제적으로 안정을 찾는 등 다양한 요소로 인해 결혼에 대한 동기를 갖게 되면 자연스럽게 배우자를 찾게 된다.

만약 그때 이성과 교제를 진행 중이라면 자연스럽게 교제 대상을 배우자의 대상으로 바라보는 시각이 생기게 되며, 이성과 교제 중이 아니라면 이성 교제를 하기 위해 사람을 만나면서 그 사람에게서 배우자의 선택기준조건 또한 함께 생각하게 된다.

유영주(1984)는 배우자 선택 기준을 다음과 같이 제시하였다. 배우자는 본인이 원하는 사람이어야 한다. 결혼생활은 감정 교환의 연속이다. 따라서 상호 간에 감정적으로 원하고 호감이 가야 하며, 서로 간에 감정 교환이 가능해야 한다. 배우자는 본인이 필요로 하는 사람이어야 한다. 배우자를 통해서 경제적으로나 감정적으로 안정감을 가질 수 있어야 하며, 원하는 생활수준을 유지할 수 있어야 한다. 배우자는 현실적으로 선택이 가능한 지위에 있어야 한다. 서로 간에 환경의 차이가 많이 나거나 상대가 너무 먼 거리에 거주하고 있어서 상호작용에 현실성이 있는 사람은 선택하지 않는 것이 현명하다.

이렇게 상대방을 배우자로 선택하고 서로가 배우자로서 서로를 인정하여 마음이 통한다면 본격적으로 결혼을 준비하게 된다. 일반적으로 배우자를 선택하게 될 경우 서로 간의 결혼에 대한 이야기가 자연스럽게 나오게 된다.

하지만 배우자를 선택한 이후에도 실질적으로 결혼까지의 시간이 많이 남게 되고, 또한 결혼을 준비하면서 서로에 대해 몰랐던 모습을 더 알게 되고 갈등을 겪거나 새로운 경험을 함으로써 실질적인 배우자 선택에 대한 고민은 계속해서 이루어지게 된다. 따라서 현대의 배우자 선택은 어느 정도 약혼의 과정과 중첩되어 있다고도 볼 수 있다.

2) 배우자 선택시 조화

결혼생활은 두 사람이 서로 간에 잘 지낼 수 있는 조화가 필요한데, 두 사람이 조화를 이루어야 할 영역은 다음과 같다(김정옥 외, 2009).

(1) 여가활동의 조화

결혼하려는 이유 중 하나는 배우자와 함께 즐거운 시간을 지속하기를 원하는 것일 수 있다. 여가활동의 조화란 오락적인 흥미, 문화적인 활동에 참여하는 것,

스포츠 관람, 스포츠 활동에의 참여 등에 있어서 서로가 흥미를 느끼는 정도에 대한 조화를 말한다. 이러한 여가활동의 조화는 서로의 관계에 있어서 매우 중요하게 작용한다.

(2) 요구의 조화

요구의 정도에 대한 예를 들어보면 서로 사랑하지만, 늘 붙어 있기를 원하는 경우가 원하지 않은 경우로 나누어 볼 수 있다. 서로 필요로 하는 정도의 조화성이 고려되어야 한다.

(3) 성적 조화

성적인 조화는 서로 만족하는 성적인 관계를 말하는 것으로 성교의 빈도와 서로 즐기고 허용하는 것의 조화를 의미한다.

(4) 직업과 가족목표의 조화

부부가 맞벌이 결혼생활이나 자녀의 수에 대한 동의와 같은 사항들에 대해 어느 정도 조화를 이룰 수 있는지에 관한 것이 해당된다. 서로의 불일치는 다른 목적지의 티켓을 가지고 버스 승강장에 있는 느낌을 줄 수 있다.

(5) 역할의 조화

가정 내의 역할에 있어서 조화를 말하는 것이다. 즉, '누가 무엇을 할 것인가?'에 대한 것이다. 예를 들면, 각종 세금 고지서 지불, 요리, 설거지, 세탁, 마루 닦기, 진공청소기로 밀기, 욕실 청소 등은 누가 할 것인가? 아이가 생기면 몇 살에 어린이집에 보낼 것인가? 유아기 아기를 누가 돌볼 것인가? 아이가 아플 때 누가 직장일을 접고 집에 머무는가? 누가 아이들을 피아노, 발레, 체육관, 학원으로 데려다주는가? 등에 대한 역할의 조화를 들 수 있다.

(6) 가치의 조화

가치에는 종교적 가치, 생활방식 가치, 정치적 가치, 자아실현의 가치 등이 있는데, 이들에 대해 어느 정도 조화를 이루는가에 관한 것이다. 가치에 대해 좀 더 구체적으로 살펴보면 아래와 같다.

① **종교적 가치:** 종교적 헌신, 종교적 믿음, 종교적 활동 등을 말한다.

② **생활방식 가치:** 성적 취향과 경제적 라이프 스타일을 고려하는 것을 말하며, 이에 대해 자신이 성장해 온 사회계층이 좋은 지표가 될 수 있다.

③ **정치적 가치:** 여성운동, 낙태 법률제정, 핵무장, 동성애자들의 권리 등과 같은 정치적 관심거리에 대한 생각, 재정적 지원, 조직화된 노력에 대한 부부의 유사성이나 차이점이 있을 수 있다.

④ **자아실현의 가치:** 자신들의 잠재성을 실현하는 것에 대한 가치이다. 예를 들면, 서로의 꿈이나 인생의 목표를 어느 정도 공유할 것인가? 또는 명상법, 요가, 내적인 평온함을 구하는 것과 같은 경험을 접하는 것이 어느 정도 중요하며, 또한 어느 정도 공유할 것인가에 관한 것이다.

(7) 양질의 의사소통

배우자와의 조화도에 있어서 서로 간의 원활한 의사소통에 대한 것이 고려되어야 할 것이다. 각자 생각하는 것, 느끼는 것, 경험하는 것에 대해 서로 이야기를 나눌 때 서로의 차이점을 어떻게 받아들일 것인지의 융통성이 필요하다.

(8) 신체리듬의 조화

아침에 일찍 일어나는 경향성 또는 저녁에 늦게 자는 경향성의 조화도 필요하다. 연구에 의하면 신체리듬이 다른 부부들은 진지한 대화를 더 적게 하고, 함께하는 활동시간이 더 적으며, 성관계를 덜 가지며, 부부간의 적응이 부족하고, 갈등이 많다고 한다.

텔맨(Terman, 1938)의 행복한 결혼생활을 영위하기 위한 8가지 조건

- 부모의 결혼생활이 행복한 이유
- 어린 시절이 행복한 경우
- 부모와 심각한 갈등이 없는 경우
- 어린 시절 가정교육을 잘 받은 경우
- 부모와 안정애착을 형성한 경우
- 부모가 성에 대해 솔직한 태도를 보여준 경우
- 어린 시절에 가혹한 체벌이나 학대를 받지 않은 경우
- 결혼 전에 건전한 이성교제를 하여 사랑과 성에 대해 혐오감을 갖지 않은 경우

3) 배우자 선택시 고려할 점

배우자 선택에서 고려해야 할 사항을 다음과 같이 제시하고 있다(Stinett, Walters & Kaye, 1984).

① 자신에 대해 알아야 한다.

② 결혼상대자를 알아야 한다.

③ 두 사랑의 관계가 타인에게 어떤 영향을 미칠 수 있는지를 고려해야 한다.

④ 상호 간의 일치성을 고려해야 한다.

⑤ 사랑의 감정이 있어야 한다.

⑥ 결혼의 안정성에 영향을 미치는 여러 요인들을 고려해야 한다.

Werren의 배우자 선택 시에 고려할 점

(1) 배우자 선택에서 가장 흔히 저지르기 쉬운 다음과 같은 일곱 가지 잘못들을 제거한다.
 ① 결혼 결정을 너무 빨리한다.
 ② 너무 이른 나이에 결혼 결정을 한다.
 ③ 한쪽 혹은 양쪽 모두 너무 열렬히 결혼하고 싶어 한다.
 ④ 한쪽 혹은 양쪽 모두 자신이 아닌 상대방의 행복을 위해 배우자를 고른다.
 ⑤ 두 사랑이 함께한 경험의 토대가 너무 약하다.
 ⑥ 두 사랑이 결혼에 대한 비현실적인 기대를 갖고 있다.
 ⑦ 한쪽 혹은 양쪽 모두 중요한 성격적 혹은 행동적 문제를 지니고 있는데, 이를 간과하고 있다.

(2) 자신이 이성적으로 생각하는 배우자 상을 분명히 한다.

(3) 자신을 아주 좋아하는 사람을 찾는 것이 바람직하다.
(4) 결혼 전에 건강한 사람이 되도록 노력한다.
① 분노를 효과적으로 다루기
② 자아도취에서 벗어나기
③ 조울증과 같은 문제의 증세들을 다스리기
④ 중독적인 심리상태를 다루기
⑤ 부모와의 관계에서 오는 문제들을 처리하기
(5) 자신의 마음속 깊은 곳에서 사랑을 느끼는 사람을 찾아내고 그것을 조심스럽게 표현하도록 한다. 열정적인 사랑은 강한 신체적 매력을 포함하기 때문에, 그로 인해 육체적 접촉욕구가 생길 수 있다. 이때 신체적 매력은 결정적으로 중요하지만, 그것은 관계의 다른 부분들과 함께 조화를 이루면서 발정할 필요성이 있음을 간과해서는 안 된다.
(6) 결혼을 결정하기 전에 열정적인 사람이 무르익도록 하라. 열정적 사랑은 관계를 발전시키는 데 있어 결정적인 역할을 한다. 관계가 어느 정도 안정적인 수준에 이르고 사랑이 무르익게 되면, 상대방에 대한 신뢰감이나 우애의 감정이 중요하게 작용하게 된다. 우애적 사랑은 동반자적 감정으로 관계의 지속에 기여하게 된다.
- 우애적 사랑의 특성
  - 파트너의 행복을 위해 이타적으로 헌신
  - 파트너가 즐기는 것을 자기도 즐기고자 함
  - 자신들의 관계에서 세 가지 공간(자신을 위한 공간, 상대방을 위한 공간, 두 사람을 위한 공간)을 개발할 가치를 인식함.
  - 파트너와 자신의 진정한 자아를 공유할 자유를 제공함
  - 서로에게 신뢰를 요구함
  - 자신과 파트너의 꿈과 그에 도달하는 계획을 공유함
(7) 친밀성의 예술에 숙달되도록 한다. 친밀감은 주로 시간이 많을 때, 일상적인 일에서 벗어나 있을 때, 한쪽이 위기나 고통을 당하고 있을 때, 두 사랑이 규칙적으로 만나서 내적으로 들여다볼 수 있을 때 생겨나기 쉽다. 이런 경우들을 잘 활용하여 파트너 간에 친밀감을 키우는 것이 중요하다.
(8) 사랑의 짐으로부터 기인하는 갈등을 처리하는 방법을 배우도록 한다.
(9) 평생에 걸친 관계를 순수히 서약할 수 있을 때까지는 관계가 진행되는 것을 거절하는 것이 좋다.
(10) 가족과 친구들의 충분한 지원을 받으면서 자신들의 결혼을 누리도록 하는 것이 좋다.

※ 자료: 정형숙 외(1999). '결혼학 개론' 중에서.

참고

■ **결혼을 결정하기 전에 서로에게 질문해 보아야 할 질문내용**

1. **함께할 미래에 대한 질문들**

결혼하기 전에 미리 살아보는 건 어떨까?
나는 왜 결혼하고 싶어 할까?
부유하게 살고 싶은가?

함께 살 장소가 마음에 드는가?
외국에서 살 수 있을까?
극단적인 상황에 닥쳤을 때에도 이 결혼을 지켜 나갈 수 있을까?

2. 가정환경에 대한 질문들
형제자매는 몇 명인가?
배움에 대한 생각은 어떠한가?
부모님의 결혼생활은 어떠했을까?
배우자 가족의 병력은 어떠한가?
정신적 육체적인 학대성향이 있는가?

3. 대화하는 방법에 대한 질문들
나의 속 깊은 생각까지 표현할 수 있을까?
사랑을 전할 수 있을까?
일상적인 이야기를 편하게 할 수 있을까?
"내가 옳고 당신은 틀렸어"이렇게 생각하는 편인가?
상대방이 진심으로 말하고 싶어 할 때 진지하게 들어주는 편인가?

4. 취향과 성격에 대한 질문들
과묵한 타입인가, 말이 많은 타입인가?
유머 감각이 나에게 얼마나 중요한 요소인가?
쉽게 화를 푸는 편인가?
질투심이 많은 편인가?
기꺼이 타협할 수 있을까?
화가 날 때는 어떻게 하나?
동정심을 지닌 사람인가?
완벽주의자인가?
다른 사람들에게 어떻게 행동하는가?
자신의 문제에 대해 상담 받을 자세가 되어 있는가?

5. 가치관과 윤리의식에 대한 질문들
개방적인가, 보수적인가?
정치적인 견해가 강한 편인가?
봉사활동에 적극적인가, 최소한 그 활동을 지원해 줄 수 있을까?
거짓말을 해도 괜찮은 걸까?
어떤 장점을 갖고 있을까?
어떤 부부의 모습을 닮고 싶은가?

6. 일과 직업에 대한 질문들
배우자의 직업을 존중하는가?

출퇴근 시간이 비슷한가?
계속 공부할 계획이 있는가?
비슷한 수준의 야망을 지니고 있는가?

7. **사랑과 성(sex)에 대한 질문들**
당신에게 사랑이란 어떤 의미인가?
영원한 사랑이란 어떤 것일까?
사랑 이외의 다른 이유로 결혼하려는 것일까?
육체적으로 끌리는가?
성적으로 이상한 습관을 지니고 있는가?
연인이기 전에 친구인가?
있는 그대로 인정하는가?
결혼은 해볼 만한 것, 하지만 잘 안 되면 다른 사람과 다시 시도해 볼 수 있다고 생각하는가?
어느 정도의 믿음이 있는 약속인가?
배우자에게 다른 연인이 생길 경우에는?

8. **돈과 경제력에 대한 질문들**
누가 더 많이 벌게 될까?
소비습관은 어떠한가?
아직 갚지 못한 빚이 있는가?
신용카드는 어떻게 써야 할까?
따로 통장을 만들까? 하나로 만들까?
가계부 기록과 청구서 지불은 누가 책임질까?
결혼 후에 중요한 자산은 어떻게 처리할까?
노년에는 어떻게 살까?
심각한 경제적인 어려움이 생긴다면?

9. **태어날 아이에 대한 질문**
왜 아이를 낳고 싶은가?
아이는 언제 낳을까? 몇 명 낳을까?
자녀교육방식은 어떻게?
양육책임을 어떻게 나눌까?
자녀양육에 헌신이 필요하다는 것을 아는가?
입양하는 것은 어떨까?

10. **종교적인 문제에 대한 질문들**
종교가 내 인생에 얼마나 중요한가?
배우자의 종교적인 성향이 나에게 중요한가?

종교적인 차이가 결혼생활에 문제가 될까?
자녀의 종교적인 양육법에 대해서는 어떠한가?

11. 가족과 친구에 대한 질문들

배우자의 가족과 친구들과 과연 잘 지낼 수 있을까?
배우자의 가족에게 문제가 생겼을 때에는?
둘 다 친한 친구들이 있는가?
배우자에게 이성 친구가 많다면?
옛날 애인과 친구로 사귀고 있는가?
배우자의 친구가 마음에 안 들 때에는?

12. 취미생활에 대한 질문들

함께 즐길 수 있는 취미가 있는가 혹은 그런 취미를 만들 수 있을까?
좋아하는 스포츠가 있는가?
텔레비전이 두 사랑이 함께 하는 시간에 얼마나 많은 영향을 끼치고 있는가?
독서를 좋아하는가?
어떤 음악을 좋아하는가?
여행을 좋아하는가?
애완동물을 기르고 싶은가?
요리를 좋아하는가?
집에서의 모임을 좋아하는가?
개인시간을 소중히 여기는가?

13. 개인적인 습관에 대한 질문

편식을 하는 편인가?
잠버릇은 어떠한가?
건전하지 못한 습관이 있는가?
식사예절에 대해서는 어떠한가?
가사일을 어떻게 분담할까?
시간 약속을 정확히 지키는 타입인가? 아니면 늦는 타입인가?
욕실을 같이 쓰려면?
늦게 자고 일찍 일어나는 편인가?
외모가 중요한가?

출처: Smith, S. J.(2000). Before saying yes to marriage: 101 questions to ask yourself. Sidney Sames Publishing Company.

생각해 볼 문제

- 내가 결혼한다면 나의 배우자의 선택의 기준은 무엇인가?
- 배우자 선택에서 가장 중요한 것은 무엇인가?
- 배우자 선택을 잘 하기 위한 가장 중요한 방법은 무엇인가?

07
CHAPTER

결혼 준비

1. 결혼 결정
2. 결혼 준비 과정
3. 작은 결혼식

1. 결혼 결정

전통적으로는 결혼을 수행하는 데 있어 개인의 선택보다는 집안의 선택이 더욱 중요했다. 이러한 측면에서 결혼을 진행하기 전 집안 간의 의지를 확인하는 약혼이 당연하게 이루어졌고, 이는 집안의 입장이 많이 약화된 지금까지도 중요한 결혼으로의 통과 절차이다.

교제하던 이성 관계에서 서로를 배우자로 선택하고 나면 다음 과제는 현실적인 약혼으로, 양가 부모님의 허락을 얻어야 한다. 일반적으로 이 단계까지 오면 양가 부모님께서는 이미 서로의 교제 사실을 알고 있을 것이기 때문에 서로 각자의 부모님에게 결혼에 대한 이야기를 하게 될 것이다.

인생의 어떤 일이든 마찬가지로 결혼 역시 결국 사람과 사람이 만나는 만큼 이렇게 결혼 허락을 요청하기 전 먼저 상대방의 집을 방문하여 가족들과 식사를 하거나, 지나가는 길에 잠시 들려 부모님 중 한 분이라도 뵙고 얼굴을 익히는 등 결혼 허락을 구하기 전 과하지 않은 선에서 서로 낯선 모습을 없애는 것은 허락을 쉽게 구하고 긍정적인 반응을 이끌어내는 데 더욱 도움이 된다.

만약 별다른 일 없이 순탄하게 결혼을 승낙받는다면 이후에는 상견례 날짜를 잡고 본격적인 결혼 준비 궤도에 올라탈 준비를 하게 될 것이나, 부모님의 입장에서는 한 번에 흔쾌히 허락하기란 정말 어려운 일일 것이다.

부모님께서 직접 낳고 기르신 자녀에게도 부족한 면이 보이는데 결혼 상대방의 모습은 물어 무엇하랴! 어떤 면은 마음에 들지만 어떤 면은 마음에 들지 않기 마련이므로 결혼을 전제로 가족과 함께 식사를 한다든가, 자녀의 연애에 더욱 관심을 쏟고 같이 이야기를 하든가 등의 방법으로 예비 사위 혹은 예비 며느리의 모습을 더 자세히 알아보고 당신의 자식을 결혼시키는 것에 대한 마음의 결정을 할 것이다.

따라서 결혼에 대한 의지를 밝힌 후에는 양쪽 집안의 눈에 들기 위한 노력이 필수적으로 수반되어야 한다. 상대방 부모님이 보시기에 부족한 점은 좋은 점으로 충분히 메우고 남을 수 있다는 신뢰를 주어야 하며, 이를 위해 노력하는 성실한 모습 또한 믿음직한 인상을 남길 수 있다. 결국 이 모든 과정은 결혼을 요청하는 자기 자신이 상대방의 집안과 한평생을 함께 할 수 있다는 신뢰감을 주는 데 그

목적이 있으며, 새로운 친족 관계를 형성하게 되는 시작 단계이다.

이렇게 상대방의 집안과의 관계를 재정립함과 동시에, 결혼을 생각하는 당사자들 또한 서로를 새로운 시각에서 바라보게 된다. 지금 만나는 사람은 마지막 연애 대상이 될 수 있으므로 마냥 가벼운 마음으로 지내기는 힘들며, 두 사람만의 관계를 더욱 반추하게 된다. 이 기간 동안 배우자 선택을 위하여 고민했던 다양한 조건과 상태들을 다시 한번 더욱 진지하고 또 자세하게 살필 수 있는 마지막 기회를 갖게 되며, 이때 확실히 살피지 못하면 순탄하지 못한 결혼 생활을 겪을 수 있다.

최종적으로 상호 간의 굳건한 사랑을 바탕으로 서로가 서로에게 평생의 반려로써 믿음을 얻고, 양 집안에서의 친족으로서의 신뢰까지 얻게 되면 결혼을 결정하게 된다.

1) 결혼의 법적 의미

결혼은 적절한 연령에 도달한 남녀가 애정관 신뢰를 확인하고 자유의사에 의해 정신적·육체적으로 결합하는 것인 동시에 정서적·법적 책임관계가 되었음을 사회적으로 공표하는 의미를 갖는다. 따라서 결혼은 두 사람의 정신적, 정서적, 육체적, 사회적, 법적인 결합을 의미하는 것이다.

첫째, 사회적인 측면에서 두 사람의 결혼을 알리는 것이 결혼예식이다. 가족과 친지, 친구들을 대상으로 두 사람이 부부가 되었음을 알리고 축하받는 과정을 통해 사회적으로 부부가 인정받는 자리를 마련하는 것이다.

둘째, 결혼은 개인의 사적인 영역에 속하지만 일정한 법률적 조건을 충족해야 하며, 결혼 이후에도 법률이 정한 권리와 동시에 의무를 가지게 된다는 점에서 법률적인 측면이 존재한다. 일반적으로 결혼이라는 개념은 사회적으로 규정된 권리와 의무를 따르겠다는 것에 동의한 법적 결혼을 의미하는 것이 아니기 때문에 혼인신고가 또 하나의 결혼이 갖는 법률적 측면의 절차이다.

셋째, 합법적으로 성적 욕구를 충족시킬 수 있고, 정서적인 측면이 강하게 작용하며, 서로에 대한 신뢰, 사랑, 정직, 존중에 대한 약속이라는 의미에서 결혼은 개인적인 측면이 존재한다. 따라서 결혼식을 마치고 신혼여행을 떠나는 과정에서 마지막 결혼의 개인적인 의미가 완성된다.

2) 결혼 결정 동기

연인 관계에서 결혼 관계로 나아가는 결심을 하는 데는 다양한 동기가 따르기 마련이다. 개개인마다 생각하고 있는 결혼의 모습이 다르기에 동기는 다양하기 마련이며, 어떠한 동기에 의해 결혼을 선택하느냐에 따라서 결혼 생활의 모습이 다양하게 나타날 수 있다.

(1) 결혼을 결정하게 되는 동기

결혼을 결정함으로써 동기에 따른 욕구를 충족하고 만족을 얻게 되며 이는 인생의 새로운 단계로 나아가는 전환점이 된다.

① 사랑의 실현
② 정서적 안정
③ 경제적 안정
④ 성의 자유
⑤ 자녀의 출산
⑥ 사회적 기대
⑦ 주변의 시선 등이 있을 수 있다.

(2) 결혼을 망설이게 되는 동기

우리나라의 현대 사회에서는 특히 경제적인 문제, 육아 돌봄 및 보육문제, 취업 문제 등등 결혼을 망설이게 되는 심각성이 결혼을 하고자 하는 잠재적인 혼인 예정자들의 결혼을 막는 큰 문제가 되고는 한다. 결혼을 망설이고 독신 혹은 동거 관계를 선택하게 되는 동기 또한 있을 수 있다.

① 정서적 자유,
② 경제적 자유,
③ 육아의 기피,
④ 친족 스트레스의 회피,
⑤ 사회적 불안정 등이 있을 수 있다.

2. 결혼 준비 과정

결혼에 대해 결정을 하고 나면 본격적인 준비를 시작하게 된다. 다만 결혼의 준비 과정과 준비 중에 필요한 것들, 그리고 양가에서 원하는 결혼 과정은 모두 다르다. 사람의 수만큼 다양한 것이 사랑의 형태이기 때문에 결혼의 준비 자체는 참고 사항으로 볼 수 있어야 하겠다.

아래 표에서 결혼 준비의 일반적인 단계를 볼 수 있다. 일반적으로 결혼 준비를 시작하는 시기는 결혼 전 3개월에서 1년 사이이며 여러 단계가 동시에 진행될 수도 있고 생략될 수도 있다. 상견례를 진행하면서 양가 부모님 사이의 낯가림을 허물고 서로 가족이 될 준비를 하며, 결혼 준비 및 과정에 대해 큰 그림을 그리게 된다.

본격적으로 결혼 준비가 시작되면 일반적인 결혼 준비의 첫 과정이자 약혼의 마지막 과정이라고 할 수 있는 상견례부터 준비 과정을 살펴보도록 하자.

표 7-1 일반적인 결혼의 준비 과정

번호	준비 단계	번호	준비 단계
1	상견례 진행	14	스튜디오 촬영
2	날짜 선정	15	건강검진
3	예식장 선택	16	청첩장 주문
4	예산 산정	17	예물 선택
5	플래너 선택	18	예단 보내기
6	신혼집 탐색	19	폐백 준비
7	신혼여행지 선택	20	이바지 준비
8	본식 준비 (스드메)	21	신혼집 입주 준비
9	예물 및 예단 협의	22	함 들이기
10	예복 구입	23	웨딩드레스 가봉
11	혼수품 상의 및 구입	24	예식장 확인
12	드레스 선택	25	예물 확인
13	한복 맞춤	26	양가 인사
14	스튜디오 촬영	27	이바지 보내기

위와 같이 결혼 준비를 위해 준비해야 할 절차에 대해서 다 알고 준비하기란 힘든 일이다. 따라서 결혼 정보에 대해 탐색을 동시에 진행하게 되는데, 이때 정보

를 얻는 창구로는 가족 및 친지, 주변 지인, 인터넷, 그리고 결혼박람회 등이 있다. 이때 가능한 한 다양한 경로에서의 양질의 정보를 얻을 수 있도록 노력을 해 보는 것이 중요하다. 이제 결혼 준비의 단계를 하나하나 살펴보도록 하자.

(1) 상견례

상견례는 약혼의 종료이자 결혼 준비의 시작이다. 교제를 해오던 연인은 이제 예비신랑과 예비신부가 되어 양가의 의견을 조율하고 결혼 당사자들의 의견 또한 제시하면서 인생의 전환기를 맞을 준비를 하게 되고, 그 첫 번째 관문으로 상견례를 준비하고 진행하면서 몸으로 자각하게 된다.

상견례를 하기 위해서는 먼저 각자의 부모님들과 이야기를 하여 알맞은 메뉴와 장소를 선정하게 된다. 일반적으로 한정식이나 일식, 중식 코스요리 등을 제공해 주는 음식점을 찾게 되며, 대상은 일반음식점부터 호텔 내 식사까지 다양하다.

메뉴를 선택하고 나면 양가 부모님의 물리적 거리를 고려하여 장소를 결정하게 된다. 이때 상견례를 비롯하여 결혼의 모든 준비과정에는 정답이 없으므로 양가의 분위기와 상황을 보아 잡음이 나오지 않게 잘 조율하여야 한다.

상견례 당일 예비신랑은 상견례의 사회자로서 기능하게 된다. 양가 부모님들이 잘 도착할 수 있게 동선을 확인하고 좌석으로 모시는 등의 진행을 한다. 이윽고 양가 부모님들의 소개가 끝나면 화기애애한 분위기에서 대화가 편안하게 이어지도록 도와드리도록 한다.

결제를 하게 되면 식사가 종료되기 전 조용히 결제한 후 나오시는 양가 부모님들이 돌아가실 수 있게 모시도록 한다. 각자 집에 도착한 뒤에는 편안히 도착하셨는지 안부를 묻는 것도 좋은 자세일 수 있다.

주의할 점으로는 상견례 때 예물과 예단 등의 이야기가 나오지 않게 하는 것이 좋다. 양가 부모님이 처음 만나 덕담을 주고받고 사돈으로서 우애를 다지는 자리에서 돈과 관련된 이야기는 자칫하면 다툼을 부를 수 있기 때문이다.

따라서 상견례 자리는 즐겁고 편안하게 유지될 수 있도록 해야 하며 설령 이야기하더라도 이미 양가 간 어느 정도 조율이 끝난 내용을 가볍게 할 수 있는 정도로 끝내야 한다.

(2) 결혼 날짜 선정

상견례가 끝나고 양가 부모님이 그 결과에 만족하시면 사실상 결혼을 허락받은 것과 같다. 이후 결혼식 날짜를 선택하게 되는데, 결혼을 전제로 이야기를 해 왔다면 자연스럽게 어느 시기쯤에 결혼하면 좋을지 생각이 서 있는 상태일 것이다. 이를 양가 부모님과 다시 확인하여 최종적으로 날짜를 조율한다.

결혼 날짜를 선택하는 데는 여러 가지 요인이 있다. 너무 덥거나 춥지 않은 봄이나 가을에 결혼식을 올리는 등 시기적인 요인이 있고, 종교나 신앙이 있다면 종교적인 요인으로 특정한 날을 잡을 수도 있다.

또한 결혼 시기에 공휴일이나 휴가 시기가 겹친다면 해당 일자를 고려할 수 있고 신혼여행에 가장 유리한 기간을 선택할 수도 있다. 이러한 것이 종합적으로 고려되면 최종적으로 날짜를 선택하게 되고 이후 해당 일자에 맞는 예식장을 찾게 된다.

(3) 예식장 선택

결혼 날짜를 선택하고 나면 해당일에 맞는 식장을 찾아야 한다. 날짜를 맞춰도 결혼식을 올릴 수 있는 공간이 없으면 헛일이므로 최우선적으로 찾아보게 된다. 현대에는 예식의 형태 또한 다양해 대형부터 소형까지의 전문 예식장, 호텔, 연고가 있는 시설의 예식장, 종교시설 등으로 선택의 폭이 넓어 예산과 취향에 맞는 곳을 선택한다.

예식장을 선택할 때는 해당 예식장의 접근성과 시설, 규모를 살펴야 한다. 적절한 거리의 예식장을 선택하고 친인척 및 지인들이 방문하기에 어렵지 않아야 한다. 업으로 인해 원래 거주지에서 멀리 떨어진 곳에서 진행을 하게 되면 버스 대절 등에 대해서도 고민을 해야 한다.

또한 규모를 대략적으로 예상해야 알맞은 규모의 홀과 피로연장을 고를 수 있다. 최종적으로는 원하는 날짜와 시간을 살피게 되고, 식장에 따라 해당 날짜에 1개 예씩만 진행하는 곳도 있고 바쁜 곳은 1시간 간격으로 수많은 예식이 연속적으로 진행되는 곳도 있기 때문에 전체 구성 또한 고려 대상이다.

시간대에 따라 가격 또한 다르므로 신혼여행 계획에 따라서도 달라질 수 있다.

여러 곳에서 상담을 받아본 후 가장 적절하고 마음에 드는 식장을 고를 수 있도록 하자.

(4) 결혼 플래너 선택

연인이 예비 신랑 신부가 되어 결혼을 준비하려고 해도, 챙겨야 할 과정은 많고 날짜는 다가오기만 하는 것이 부담스럽고 어려울 수 있다. 이럴 때 결혼 플래너와 계약해 도움을 받는 것도 한 방법이다.

결혼을 준비하는 데 플래너가 굳이 없어도 괜찮지만 결혼 당사자들이 업무로 인해 바쁘고 현실적으로 정보 탐색에 할애할 시간을 확보하기 힘들 경우 그것을 대신해줄 수 있기 때문이다.

플래너의 종류도 다양하여 우리가 일반적으로 생각하는 결혼의 처음부터 끝까지 전부 당사자를 따라다니며 도와주고 체크해주는 플래너부터 일정만 챙겨주고 제휴업체 소개 정도만 진행해 주는 플래너까지 가격대와 업체에 따라서 도움을 주는 범위가 다양하다.

또한 매년 결혼 시즌이 되면 결혼정보 관련 업체들에서 결혼박람회를 개최한다. 이러한 박람회를 방문하여 대략적인 상담을 받아 보는 것도 결혼 전체를 계획하고 얼개를 잡는 데 큰 도움이 된다.

결혼을 준비하는 데 현실적으로 확보 가능한 물리적, 심리적 여유에 따라서 플래너 선택 여부가 갈리기도 하고, 결혼 당사자의 준비 성향에 따라서 갈리기도 하니 당사자들의 준비 상태와 준비 스타일에 따라서 결정하도록 하자.

(5) 결혼 예산 산정

현대 대한민국 사회에서 결혼은 큰 돈이 들어가는 가정의 행사 중 하나이다. 결혼 당사자는 물론 양가 집안, 심지어는 사회적으로도 결혼에 대해서 적절한 규모로 절약하며 진행하는 데 심리적으로 공감하지만 실제로는 그 비용이 워낙 크기 때문에 부담을 무시할 수는 없다.

또한 결혼 당사자뿐만 아니라 양가 어른들께서도 결혼 비용에 대해 생각하는 것이 다르기 때문에 자칫하면 다툼이 일어날 수 있음은 물론 이것이 커지면 파혼에도 이를 수 있을 정도로 예산 산정 과정은 결혼 준비 과정에서 가장 중요한 단계로 불러도 손색이 없을 정도이다.

예산을 짤 때 플래너가 있으면 도움이 되는데, 결혼을 준비할 때 어떤 것이 필요하고 또 가격대가 어느 정도 범위로 들어갈지 대략적인 견적을 내 줄 수 있기 때문이다. 또한 플래너가 없더라도 인터넷이나 지인 등을 통해 정보를 얻을 수 있다.

다만 어떤 경우이든 타인의 의견에 휘둘리는 일은 없어야 하겠다. 사람의 생각은 십인십색 모두 다르기 때문에 타인의 의견은 참조로만 하고 최종 결정은 당사자가 내리고 그 책임을 가지고 있어야 비교로 인한 분란이 일어나지 않는다.

예산 산정을 할 때 주로 고민하여야 할 몇 가지 사항들을 미리 살펴보면 아래 표와 같다. 이 모든 것을 문자 그대로 실행해야 하는 것은 아니며, 결혼 당사자의 의지와 집안의 분위기에 따라 생략하거나 변용할 수도 있음을 다시 한번 강하게 주지하여야 한다.

표 7-2 주요 예산 고려사항

번호	주요 예산 고려 사항	현대 결혼에서의 의미
1	예식장 (피로연 포함)	피로연 비용이 크게 들지만 축의금으로 납부
2	예물	신랑측과 신부측이 서로 교환하는 물건
3	예단	신부측에서 시댁에 보내는 현물 등
4	혼수	신혼집에 채울 가구 등
5	함	신랑측에서 처가댁에 보내는 물건 등
6	스튜디오/드레스/메이크업	사진 촬영, 드레스 선택, 메이크업숍
7	봉채비	예단을 받고 신부댁에 돌려드리는 돈
8	꾸밈비	시어머니가 신부에게 주는 예복 등의 구입비
9	폐백	신부가 드리는 시댁으로의 인사
10	이바지	신부댁에서 신랑댁으로 드리는 음식
11	신혼여행	결혼을 기념하는 당사자들만의 시간
12	신혼집	당사자들만의 새로운 주거 공간

일반적으로 신혼집과 혼수를 제외하면 전체적인 소모 비용이 양가에서 비슷하게 되도록 액수를 조절하며, 이 과정에서 일부 준비 단계는 생략되기도 하고 축소되기도 한다.

또한 여유가 되는 경우 예물이나 예단의 가격대가 올라가기도 하는 등 절대적인 기준은 없으므로 양가에서 만족할 수 있는 수준에서 전체적인 얼개가 결정되도록 결혼 준비기간 내내 예비신랑과 예비신부는 서로는 물론 양가 어른들과 끊임없이 이야기를 하여야 한다.

또한 현대 대한민국에서는 신랑측에서 신혼집을, 신부측에서 혼수를 부담하는 모습이 아직까지 사람들의 인식 속에 들어가 있다. 그러나 맞벌이가 일상화되고 물가가 오를 대로 오르면서 신혼집은 물론이요 혼수도 50:50으로 맞추어가는 추세가 젊은 층 사이에서 확산되고 있으며 결혼 이후 생활하면서 혼수를 채우는 경우도 있는 등 그 다양성이 실로 넓고 복잡하기 때문에 더욱 심도 깊고 자세한 의견 조율이 필요하다.

(6) 신혼집 탐색

신혼집 결정은 결혼 준비 과정에서 금전적으로 가장 큰 부담이 되는 항목이다. 일반적으로 직업을 가져서 얻을 수 있는 수입만을 모아서 집을 구하기에는 매매는커녕 전세로도 힘들다.

앞으로의 부동산 방향이 어떻게 변할지는 아무도 모르지만 당장 새로운 삶을 시작하는 사람이 집 없이 시작하기는 어렵기에 부모님의 도움을 받거나 금융권에서 대출을 받기도 하고 혹은 시댁이나 처가에 더부살이하면서 미래를 준비하게 될 수도 있다.

따라서 신혼집을 탐색하기 위해서는 예산 확인이 필수이다. 결혼 당사자들이 모아온 자금과 부모님의 지원, 금융권의 대출 액수 등을 종합하여 신혼집을 위해 사용할 수 있는 금액이 얼마인지 파악하고, 그 다음에 금액에 맞는 집을 찾아야 한다.

금액이 파악되면 통근 거리와 생활권, 입지 조건 등을 고려하여 거주하고 싶은 지역을 먼저 꼽아 본 뒤 해당 지역에 매매 혹은 전세 매물을 찾아보아야 한다.

이때 인터넷 등을 활용하면 발품을 줄일 수 있어 크게 도움이 된다. 거주 희망 후보 지역에서 매물을 찾아본 뒤에는 반드시 지역 부동산 중개업소를 통하여 방문해 보아야 하며, 여러 업소에서 다양한 주택을 살펴본 후 계약을 하게 된다.

신혼부부가 일반적으로 시작하는 집으로는 오피스텔의 원룸 혹은 투룸부터 시작하여 중소형 평수가 공급되는 빌라나 아파트, 혹은 장래를 위한 중대형 면적의 주택이나 시댁 혹은 처가의 더부살이까지 다양하므로 모든 가능성을 열고 살펴보는 자세를 가져야 한다.

이렇게 부동산을 찾아보는 과정이 길고 복잡하며 움직이는 금액도 많거니와 매물이 알맞은 때에 바로 시장에 나온다는 보장도 없으므로 결혼 준비 초반부터 기회가 될 때마다 조금씩 매물과 정보를 찾아 움직이는 것이 좋다.

(7) 신혼여행지 선택

예식장을 정하고 신혼집 탐색을 진행 중이라면 또 이와 함께 먼저 준비해야 할 것으로 신혼여행이 있다. 바쁜 현대인들에게 여행을 위한 장기 휴가를 낸다는 것은 쉽지 않은 일이고, 거기에 더해 사랑하는 사람 둘이서 간다는 점이 더해져 신혼여행은 평생에 한 번뿐인 중요한 기회로 인식되고는 한다.

신혼여행만큼 사람의 취향을 강하게 반영하는 결혼 준비 항목도 또 없을 것이다. 예식장부터 예물이나 예단까지는 정형화된 틀이 어느 정도 제공되나, 여행은 개인이 원하는 형태와 목적지가 모두 다르기 때문이다.

신혼여행의 형태를 크게 나누어 보면 휴양을 즐기러 가는 형태와 관광을 하러 가는 형태로 나누어진다. 휴양 목적의 신혼여행도 리조트나 풀빌라, 호텔 등의 시설이 있으며 관광 목적으로는 호텔에서 유스호스텔까지 다양한 시설을 이용할 수 있다.

이외에도 최근 개인 소유의 집에서 숙박할 수 있게 해주는 업체가 있어 목적지에서 잠시간 거주하는 여행을 할 수 있게 해주기도 하며, 과거보다 더욱 대중화된 크루즈 여객선을 통해서 관광과 휴양 두 마리의 토끼를 모두 잡는 형태의 여행도 있다. 또한 결혼 당사자의 구미에 맞게 움직이는 자유여행을 갈 수도 있으며, 편안하게 프로그램과 이동, 숙박을 해결해주는 패키지 여행을 갈 수도 있고 이 모두를 조합할 수도 있다.

목적지를 보더라도 국내 내륙 여행지부터 전통적으로 여행지로 많이 찾았던 제주도가 있으며, 가까운 동남아시아나 태평양의 휴양지로 떠나거나 날짜를 길게 잡고 유럽이나 미주로 떠나기도 한다. 목적지나 시기에 따라 비행기 티켓 가격이 천

차만별로 달라지기 때문에 여행지를 정했다면 수시로 비행기 티켓 가격을 살펴보는 편이 좋다.

오늘날 신혼여행지에 대해 유행은 있을지라도 표준은 없으며, 예비 신랑과 신부의 꿈을 담아서 서로가 원하는 곳으로 잘 합의하여 즐겁게 떠나기만 하면 될 것이다. 다만 즐거운 여행이 될 수 있도록 서로 간의 조율을 확실히 하고 예산 범위를 깔끔하게 잡아야 할 것이다.

(8) 촬영 준비(스튜디오/드레스/메이크업)

장기적인 준비 항목들을 하나하나 확인하고 나면 이제 본격적으로 결혼식을 준비해야 한다. 일반적으로 결혼 전의 촬영이나 드레스 투어 등에 대비하여 결혼식을 '본식'이라고 칭한다. 이렇게 준비하는 본식은 신부의 입장에서는 신랑에 비해 그 중요성과 소중함이 더 크게 다가온다.

그 이유로는 신랑보다 신부가 더 들일 정성이 많은 스튜디오 사진 촬영과 드레스 선택, 메이크업을 진행해야 하기 때문이다. 이 세 가지의 앞글자만 묶어 흔히 '스드메'라고 부른다.

결혼에 관련된 사진 촬영은 크게 스튜디오 촬영과 본식 촬영 두 가지가 있다. 스튜디오 촬영은 소위 말하는 화보 촬영으로 사진 스튜디오에서 제공하는 여러 가지의 컨셉의 사진을 찍어 촬영 앨범을 만드는 것이다.

또한 이렇게 촬영을 하기 위해서 신부의 경우 촬영용 드레스를 빌려야 하고, 촬영을 위한 메이크업을 받아야 한다. 따라서 플래너가 있는 경우 사진 스튜디오와 드레스 숍, 메이크업 숍을 엮은 상품을 제공받게 된다.

만약 플래너가 없을 경우는 원하는 업체를 검색하여 선택하게 된다. 업체에 따라 제공하는 상품 및 서비스의 종류와 가격이 모두 다르고, 같은 업체라 해도 업체 내부의 어떤 직급의 직원이 서비스를 제공하느냐에 따라 가격이 또 달라진다.

따라서 가격대가 맞는 범위 내에서 가장 신부에게 맞는 서비스를 제공하는 업체를 선정하여야 한다.

스튜디오의 경우 앨범 샘플을 보유하고 있으므로 가장 취향에 맞는 컨셉의 업체를 선정하게 되고, 드레스와 메이크업 숍 또한 사진 샘플을 보유하고 있어 신부에게 가장 어울릴 것 같은 메이크업과 드레스 형태를 선택하게 된다.

이렇게 상품을 선택하고 나면 신부의 치장을 도와줄 헬퍼분이 스튜디오 촬영일과 본식 촬영일에 신부의 드레스 착용과 각종 메이크업 수발을 도와주시게 되고, 이러한 헬퍼분을 속칭 '이모'님이라 부르며 별도의 비용으로 사례를 하게 된다.

신랑은 일반적으로 본인의 정장을 가져가거나 드레스 숍과 메이크업 숍에서 소정의 요금을 지불한 뒤 별도 정장이나 턱시도 1~2벌과 간단한 메이크업을 받게 된다. 결혼의 주인공이 신부인 만큼 신랑은 신부의 보조를 자연스럽게 맡게 되고는 한다.

업체를 정하고 나면 결혼 날짜에 맞춰 촬영일을 상담하게 되는데, 촬영을 마친 앨범이 수중에 들어오려면 상당한 시일이 소요되므로 만약 청첩장에 스튜디오 촬영 사진을 넣고 싶다면 그 점을 고려하여 일정을 조율해야 할 것이다. 또한 촬영일에는 아침부터 예비신랑과 신부가 헬퍼와 함께 메이크업 숍과 스튜디오를 오가는 만큼 차량이나 택시를 이용하게 된다.

최근에는 스드메가 정형화되고 가격 부담이 있어 이를 탈피하고자 셀프 웨딩촬영도 인기를 끌고 있으며, 자연스러운 느낌을 위해서 사진작가가 동행하며 여행 중인 신랑과 신부를 촬영해주는 속칭 '스냅촬영'도 인기를 얻고 있다.

또한 웨딩촬영을 한 이후 신혼여행에서 스냅 촬영을 하는 등 복합적으로 이용하기도 한다. 어떤 식으로든 중요한 것은 신랑과 신부의 추억을 남기는 것이므로 형식과 주변 분위기 등에 너무 구애받지 않고 최선의 선택을 하여야 한다.

(9) 예물 및 예단, 봉채비 등의 범위 결정

결혼 준비 초기부터 예산을 산정할 때 한 번에 나갈 금액이 정해져 있는 집이나 혼수, 신혼여행과는 달리 예물과 예단으로 시작하는 양 집안 간의 선물은 변동 폭이 매우 크고 정확한 기준도 없으며 서로가 원하는 바가 모두 다를 수 있기 때문에 예산 산정 항목에서도 언급되었듯 그 민감함과 중요성이 이루 말할 수 없다. 따라서 예산 산정에 대하여 한 번 더 짚고 넘어가도록 하자.

스드메나 신혼여행이 당사자인 신랑과 신부 입장에서 중요한 일이라면 예물과 예단은 결혼에 가장 큰 도움을 주는 집안과 집안 간의 중요한 일이다. 예물은 서로가 결혼할 것을 물건으로 증거하는 것으로 오늘날에도 서로 간에 기념이 될 수 있는 물건들을 선물하고는 한다.

예단은 신부가 시댁에 들어가면서 가져가는 감사의 선물이 되는 의미이며, 요즈음은 현물예단과 현금예단으로 나누어 드리고는 한다. 또한 예물과 예단에 이어 예복을 서로가 주고받는다. 그 이후에는 신랑측에서 신부측으로 보내는 봉채비가 있으며, 요즈음에 생겨난 꾸밈비가 있다. 마지막으로 함에 예물을 담아 신부댁으로 가면 전체적인 준비 과정이 끝난다.

표 7-3 결혼 전 양가 집안에서 오고 가는 항목들

번호	항목	내용
1	예물	신랑이 신부에게 장신구류, 신부가 신랑에게 바지나 시계 등
2	예단	신부가 시댁에 현금예단과 현물예단(반상기, 은수저, 침구)
3	예복	양측에서 신랑과 신부에게 정장과 외투, 신발 등
4	봉채비	시댁에서 신부에게 현금예단의 1/2가량
5	꾸밈비	시댁에서 신부에게 봉채비 외의 화장품 등 구입비
6	함	신랑이 처가에 예물과 혼서지 등

예물의 경우 신랑이 신부에게 주는 것으로 평소에 착용하고 다니는 커플 반지(결혼을 기념하는 보석반지와 구분하기 위해 '밴드'라고 부르기도 한다.), 목걸이, 귀걸이, 결혼반지 등이 있고, 신부가 신랑에게 주는 것으로 시계와 목걸이 등이 있다.

예단의 경우 현금예단과 현물예단으로 나누어져 있는데, 현금예단은 봉투에 넣어 보내게 되고 현물예단은 보통 반상기와 은수저, 침구류를 포함한 세 종류의 선물이 보내진다. 그러나 요즈음에는 반상기의 필요성이 적고 은수저 또한 유지 관리의 어려움으로 다른 물건으로 대체하거나 현물로만 대신하기도 한다.

예복은 각 집안에서 서로의 예비사위와 예비며느리에게 건네는 정장으로, 남성의 경우 외투부터 구두까지의 정장 세트, 여성의 경우 원피스류와 가디건, 신발류까지의 세트를 구매하고는 한다.

이외에 봉채비와 꾸밈비가 있는데, 봉채비는 전통적으로 현금예단의 1/2가량을 신부에게 돌려주어 신부가 필요한 화장품이나 각종 결혼 물품을 구입할 수 있게 해 준다.

꾸밈비는 최근에 생겨난 개념으로 그 근원은 확실하지 않으나 봉채비 외에 추가적으로 시댁에서 며느리를 꾸며주는 비용으로 이를 이용해 물품 구입에 보태기도 한다. 그러나 최근에 생겨난 개념이기 때문에 봉채비를 조금 더 주는 식으로 변용하기도 한다.

이렇듯 신부측과 신랑측 사이에 오고 가는 물건과 현금의 양이 실로 많기 때문에 확실하게 정해야 그 범위와 액수를 정하여야 한다. 또한 항목에 따라서 현대 기준에서는 중복이 된다고 느껴지거나 다른 항목과 겹쳐진다고 느껴질 수도 있기 때문에 전체적인 액수를 맞추는 수준에서 집안끼리의 의견을 가감 없이 전달하여 합의점에 도달해야만 한다.

또한 각 항목이 전달되는 시기나 방법에 대해서는 확실히 정해진 사회적인 규칙이 없기 때문에, 양가가 받아들일 수 있는 선에서 정할 수 있도록 해야 한다. 또한 각 과정의 의미와 규모도 계속 변하고 새로운 것이 생기기도 하기 때문에 다른 의견을 참조로만 받고 양가의 희망과 만족을 얻을 수 있는 결론을 지어야 한다.

(10) 혼수품 구입 및 한복 맞춤

전통적으로 혼수품은 신부측에서 신혼집에 채워 넣는 가전제품이나 가구류 일체를 의미해 왔다. 이러한 혼수품은 신혼집이 정해져야 구매할 수 있으므로 신혼집의 계약이 선결 조건이며, 따라서 굳이 결혼 전이 아닌 결혼 이후에 한 번에 혹은 조금씩 구매하는 등의 다양한 경우가 있다. 예산 산정시 혼수품 구매의 범위를 정하였을 것이므로 언제 어떤 식으로만 구매할지를 정하면 될 것이다.

또한 결혼식 때 양가 어머님이 입으실 한복과 결혼 당사자들이 결혼 후 및 스튜디오 촬영 때 입을 한복을 구입하여야 한다. 한복의 경우도 예복과 마찬가지로 양가에서 비슷한 액수와 규모로 구입하기 때문에 크게 조율할 일은 없으며, 전체적인 액수를 맞추는 정도이면 충분할 것이다. 다만 형식에 따라서 시댁에서 며느리를, 처가에서 사위를 위해 구입해줄 수도 있고 혹은 각자 알아서 진행할 수도 있으니 확인을 할 수 있도록 하자.

(11) 드레스 선택 및 스튜디오 촬영

이렇게 결혼을 준비하고 있으면 계약한 업체 혹은 플래너에게 연락이 오게 될 것이다. 바로 촬영을 위한 드레스를 선택하는 것이다. 드레스를 선택할 때는 신부가 친구 혹은 친정 어머니 및 가족과 함께 보기도 하고, 가능하다면 신랑이 함께 보기도 하는 등 정해진 규칙은 없다.

다만 중요한 것은 일평생 남는 앨범을 만드는 것인 만큼 신부 본인의 시각은 물론 가족들의 입장에서도 아름답고 만족스러운 선택을 해야 할 것이다. 이러한 일련의 과정을 '드레스 투어'라고도 하는데 보통 2~3번 이상 진행하게 된다.

먼저 드레스 업체를 선택할 때 각 업체에서 샘플로 챙겨주는 드레스를 입어보고 고를 수 있으며, 그렇게 선택한 업체에서 스튜디오 촬영 전 촬영시 입을 드레스를 고르게 되고, 마지막으로 본식 전 업체를 다시 방문하여 결혼식 때 입을 드레스를 선택한다.

따라서 가장 입고 싶고 아름다운 옷을 본식 때 착용하게 되고, 스튜디오 촬영시는 2~3벌의 옷을 입게 되기 때문의 다양한 스타일을 시도해볼 수 있다. 신랑의 경우는 입는 옷이 신부만큼 다양하지 않기 때문에 보통 한 번에 옷을 다 고르고는 한다.

드레스를 선택하고 나면 스튜디오 촬영에 들어갈 준비가 끝나는데, 스튜디오 촬영은 그 자체가 앨범을 만드는 것이기도 하지만 본식 촬영의 리허설이기도 하여 마지막으로 업체와 신부 간의 조화를 확인할 수 있는 기회이기도 하다. 보통은 별일 없이 스튜디오 촬영을 진행한 드레스 업체와 메이크업 업체로 진행하게 된다.

(12) 건강검진

요즈음 결혼의 절차로 진행하고는 하는 건강검진은 결혼 전 서로가 서로의 건강을 확인하는 의미로 함께 또는 각자 진행하게 된다. 스스로는 물론 상대방에 대해서도 안심할 수 있으며, 혹시나 몰랐던 질병이나 산과적 문제점을 찾게 될 수도 있다.

건강검진을 구태여 하지 않는 경우도 있으나 양가에서 건강검진 결과지를 요구하는 경우도 있기 때문에 집안의 분위기와 결혼 당사자의 입장에서 충분히 고려하여 건강검진 여부를 결정할 수 있도록 하자.

(13) 청첩장

청첩장은 두 사람이 준비한 결혼을 외부인에게 알리는 수단이다. 일반적으로 부모님의 손님들 및 당사자의 지인들에게 발송 혹은 직접 전달하게 되며 그 수량은 보통 한쪽 집안마다 100~300장으로 상황에 따라 매우 다양하다.

일반적으로 청첩장을 만들어 주는 업체에서는 핸드폰이나 컴퓨터로도 볼 수 있는 모바일 청첩장을 함께 제작해 준다. 이를 이용하여 물리적인 거리가 멀어 만나기 힘든 사람에게 청첩장을 전달할 수 있으며, 모바일 청첩장에는 인쇄본에는 들어가지 않는 다양한 사진이나 동영상 또한 구미에 맞게 넣을 수 있다.

또한 청첩장 전달 문화로 청첩장을 전달하는 사람이 청첩장을 받는 사람들을 모아 식사를 대접하게 된다. 이는 반드시 결혼식에 참석하여 자리를 빛내 주면 좋겠다는 요청이며, 식사 대접을 청첩장과 함께 받은 사람은 웬만하면 결혼식에 참석하는 것이 예의로 피치 못할 사정으로 불참하게 되었을 때는 반드시 별도의 성의를 표시하는 편이 좋다.

(14) 결혼식 진행에 따른 준비

길고 복잡한 결혼 준비가 끝나면 마침내 결혼식을 치르게 된다. 웨딩플래너가 있다면 결혼 식순에 대해서 이미 이야기가 전달되었을 것이며, 그렇든 그렇지 않든 예식장의 매니저와 함께 상의하여 식순을 정하거나 가감을 할 수 있도록 한다.

필경 결혼식 당일 신랑 신부는 정신이 없을 것이다. 아침 일찍 일어나 신부는 메이크업을 곱게 하고 드레스를 입어야 하며, 신랑도 간단한 메이크업을 받고 신부를 모셔야 한다. 따라서 동선을 미리 파악하고 차량을 준비하도록 하자.

이윽고 식장에 도착하면 신부는 신부대기실에서 대기하며 찾아온 친지 및 지인들과 인사를 나누고, 신랑은 식장 입구에서 가족들과 함께 방문해주신 손님들을 맞아 인사하게 된다.

이때부터 결혼식은 시작된 것이나 다름없으므로 사진작가 혹은 동영상 촬영자가 따라다니면서 촬영을 할 수 있도록 미리 섭외를 해 놓자. 또 축의금을 받아 줄 사람은 일반적으로 친척 중에서 두 명 혹은 그 이상이 맡게 된다. 축의금을 받을 때 액수를 확인하여 적어 놓고 손님에게 식권을 드릴 수 있도록 준비를 해 놓자.

본격적으로 식이 시작되면 필요한 사람은 사회자와 주례, 축가를 해 주실 분들이다. 사회자는 주변 지인 중 언변이 좋고 단정한 외모의 사람에게 요청하여 진행하거나 전문 진행자를 섭외하기도 한다. 주례는 주변 분 중 인망이 있고 학식이 있으신 분께 연락드려 요청하는 편이며, 종교가 있을 경우 따로 요청을 드리기도 한다.

요즈음에는 주례 없는 결혼식이라 하여 주례 대신 양가 아버님이 축사를 읊는 경우도 확산되고 있다. 마지막으로 축가는 정말 다양하여 주변의 친구들이 우정으로 해 주는 경우부터 전문적인 가수를 초청하는 경우, 신랑이 직접 하는 경우도 있다. 이외에 군인의 경우 예도단을 쓰는 경우도 있고, 축가 외에 춤을 추는 축무의 경우도 있다.

이들 또한 예식의 형태에 따라 모두 다르기 때문에 절대적인 기준은 없으며 양가 부모님의 생각과 결혼 당사자의 의지에 따라 자유롭게 진행하도록 하자.

(15) 폐백 준비

전통적으로 폐백은 신부가 시댁에 와서 시부모를 향해 드리는 인사를 말하지만, 현대에는 일반적으로 결혼식 직후에 식장에 따로 마련된 폐백실에서 바로 진행하게 된다. 폐백 음식은 그 의미에 따라 신부측에서 준비하게 되며, 신랑과 신부는 한복으로 갈아입고 폐백을 진행하게 된다.

폐백시에는 폐백 음식을 벌려 놓고 대추와 밤을 던져 앞으로 낳을 아들딸을 재미 삼아 예측해 보기도 하고, 폐백비를 전달하기도 한다. 폐백 음식은 폐백 직후에 양가가 나누어 가져가지만 현대에 잘 먹지 않는 음식이기도 하고 그 양이 매우 많으며 가격적인 부담도 있기 때문에 생략하고 별도의 폐백비를 건네 드리기도 한다.

이렇게 폐백이 끝나면 피로연장으로 가 남아 계신 분들에게 하나하나 인사를 드리고 늦은 식사를 한 다음 정산을 하게 된다. 피로연비부터 헬퍼비까지 결혼을 도와주신 모든 분께 상응하는 보수를 드리고 감사의 마음을 전달하자.

결혼이 모두 끝나면 양가가 나누어 각자의 축의금과 명단을 확인하여 그 액수를 정리한다. 시간의 여유가 있으면 결혼 당사자도 함께하겠지만 일반적으로 신랑과 신부는 각자의 집에서 혹은 신혼집에서 몸을 씻고 여유가 된다면 잠시 쉰 뒤 신혼여행을 떠나게 된다.

(16) 양가에 방문 및 이바지/답바지 보내기

신혼여행에서 돌아온 신랑과 신부는 결혼을 허락해주시고 도와주신 양가 부모님께 인사를 드리게 된다. 일반적으로 돌아온 뒤 바로 양가를 들러 인사를 드리고, 간단한 선물을 드리기도 한다.

이바지는 신부측에서 시댁에 새로운 사람이 왔음을 알리는 음식을 뜻하며, 일반적으로 신혼여행 뒤 처가를 방문할 때 가지고 가게 된다. 이바지 음식으로는 육류, 전, 한과류 등이 보통 들어가게 된다. 답바지는 시어머니가 이바지 음식을 받은 후 답례 음식을 친정에 보내는 것을 말한다. 음식 구성은 이바지와 비슷하나 결혼의 과정으로 이바지가 필수적으로 여겨지는 것과 달리 답바지는 집안에 따라 보내기도 하고 그렇지 않기도 하다.

이바지와 답바지 모두 음식을 보내는 것이기 때문에 예물이나 예단이 움직일 때 함께 움직이기도 하고, 결혼식 이후 따로 움직이기도 하고, 현금으로 건네어 드리거나 생략되기도 한다. 여느 결혼 절차가 그렇듯 양가 부모님의 생각을 잘 조율하여 결혼 절차의 마지막을 깔끔하게 매조지어야 할 것이다.

(17) 기타

교제 중이던 연인이 사랑의 결실로 결혼을 하게 된 만큼 혼인신고를 하여야 하는데, 그 시기 또한 다양하여 결혼 전에 미리 해 두는 경우도 있고 신혼여행을 다녀온 뒤 여유가 생길 때 하기도 하며 요즈음은 좀 살아본 뒤 신고를 하는 경우도 있다.

어떠한 경우든 사랑하기 때문에 법률적으로도 확인을 하는 것이며, 법률적으로 신혼부부가 되면 아파트 청약 등에도 가점을 받을 수 있기 때문에 유불리를 잘 알아보고 신고를 하도록 하자.

결혼을 함으로써 인생의 큰 관문 하나가 소란스럽게 지나가지만, 결혼 이후에 더 긴 새로운 인생이 시작되는 것이므로 결혼을 할 때 가지고 있던 상호 간의 신뢰와 존중, 그리고 사랑이 퇴색되지 않게 꾸준히 노력해야 할 것이다. 또한 이제는 연인이 아닌 부부인 만큼 양가 부모님과의 관계도 원만히 유지해야 하며, 사랑의 결실인 아이가 생기면 출산과 육아가 시작되게 된다.

따라서 현대 대한민국에서 결혼은 비로소 성인으로 책임을 가지고 사회 구성원으로 기능하기 시작하는 단계이며, 사회적으로도 정서적으로도 완전히 새로운 경험을 시작하게 된다. 결혼 후의 인생에서도 가장 중요한 것은 사랑과 존중임을 항상 마음속에 새기고 앞으로 남은 긴 인생을 동반자와 함께 보낼 수 있도록 하자.

3. 작은 결혼식

1) 작은 결혼식의 의미

최근 들어 다양한 결혼식 형태가 나타나면서 대표적인 스몰웨딩이 많은 예비부부들의 선택을 받고 있다. 스몰웨딩이라는 단어가 관심을 끌기 시작한 것은 2013년 무렵으로 트렌드 세터(trend setter)인 한 연예인이 제주도 별장에서 조촐한 결혼식을 올린 것이 계기가 되었다. 이후로 많은 사람이 스몰웨딩에 대한 관심을 가지고 또 하나의 유행처럼 퍼져나가기 시작했다.

미국이나 유럽권 국가들은 우리나라처럼 결혼식을 위한 전용공간이 발달되지 않아 집이나 교회, 관공서에서 예식을 올린다. 특히 집에서 결혼할 경우 지정된 식순에 따라 예식을 진행하기보다는 가족과 친지가 식사를 하며 어울려 노는 형태를 띤다.

국내에서 스몰웨딩을 하려면 어떤 노력이 필요할까. 별장을 가지고 있지 않은 한 장소를 빌릴 수밖에 없고 결국 대관한다는 점에서는 웨딩홀이 스몰웨딩을 표방한 공간을 마련하고 있다. 초대인원이 줄어든 만큼 식대가 비싸진다. 즉 장소만 작아졌을 뿐 들어가는 비용은 크게 차이가 없는 경우도 많다.

웨딩홀을 이용하지 않아도 상황은 비슷한데 국내에서 스몰웨딩 장소로 주로 이용되는 시설은 펜션, 미술관, 레스토랑 등이다. 대관료가 없기 때문에 경제적으로 보일 수 있으나 이런 곳은 예식을 위한 전용공간이 아니기 때문에 결혼을 위해 꾸미는 데 드는 플로리스트나 웨딩스타일리스트를 통해 지출되는 비용이 더 많아지는 경우도 부지기수이다.

따라서 내가 진짜 원하는 결혼식을 만들기 위해서는 단순히 남들이 하는 방식을 따라가는 것이 아니라, 어떤 부분에서 예산을 아끼고 어떤 부분에 중점을 둘 것인지를 결정하는 것이 중요하다. 부부의 가치관에 맞는다면 결혼식을 하지 않고 그 금액을 기부한다든가, 또는 결혼식에 드는 비용을 신혼여행에 투자하여 세계여행을 떠난다는가 하는 등의 다양한 선택이 가능한 것이다.

일생에 한 번뿐일 수 있는 결혼식에 반드시란 전제는 있을 수 없다. 먼저 부부와 가족이 어떠한 결혼식을 치를 것인지에 합의하고 결혼식 날짜를 선택하고 나면, 혼수 준비와 결혼식에 관련된 계획을 각자의 일정과 방식에 따라 진행하는 것이 시간과 비용, 노력 면에서 규모 있는 결혼 준비라고 할 수 있다.

결혼 예식의 절차를 마음을 담아 틀에 짜인 형식이 아닌 의미 중심으로 진행한다. 즉 결혼하는 신랑, 신부가 자신들만의 의미 있는 예식으로 진행하는 데 가장 큰 의의를 둔다.

2) 작은 결혼식 이해

사랑하는 사람을 만나 프러포즈를 받고 결혼을 결심한다고 해서 저절로 행복한 부부가 되는 것은 아니다. 연애에서 결혼으로 접어들 때 먼저 연애와 결혼이 어떻게 다른지를 이해하고 책임 있는 자세로 결혼에 임하도록 해야 한다. 또한 두 사람과 양가의 가족들이 함께 만족할 수 있는 결혼의 실제적인 준비 내용과 절차에 대한 지식과 이해가 필요하다.

웨딩컨설팅 업체 듀오가 발표한 '2015년 결혼비용 실태보고서'에 따르면 신혼부부 한 쌍당 결혼비용이 평균 2억 3,795만 원에 이르는 것으로 조사됐다. 항목별로 살펴보면 신혼집 마련 16,835만 원(71%), 예단 1,639만 원(6%), 예물 1,608만 원(6%), 예식장 1,593만 원(6%), 혼수용품 1,375만 원(5%) 등의 순으로 많았다.

혼수의 의미는 새로운 결혼생활에 대한 기념과 생활품 마련의 개념이어야 한다. 하지만 아직도 혼수문제로 집안 간의 갈등이 생겨 결국 이혼에 이르는 경우를 뉴

스에서 종종 접하게 된다.

이렇듯 혼수가 결혼과정과 결혼 후에도 계속 갈등의 요인이 된다면 큰 문제이므로 과시를 위한 과다혼수는 없어져야 하며 건전한 혼인의식을 갖추기 위한 성숙한 자세를 가져야 할 것이다. 예물이나 예단을 결정할 때가 결혼준비를 하면서 가장 많은 갈등을 만드는 부분이다.

특히 결혼에는 많은 예산이 들어가기 때문에 이로 인해 감정 다툼이 생기는 경우 큰 문제로 불거질 수가 있다. 따라서 협의를 통해 평균적인 금액과 내가 지향하는 유형을 정하고 나면 예비부부는 어느 정도의 금액을 써야 하는지에 대한 윤곽이 잡힐 것이다.

작은 결혼식은 내가 선택한 배우자와의 행복한 결혼을 위한 순조로운 출발을 위하여 결혼 일정의 조정, 결혼장소, 결혼 절차, 결혼 예산 등 불필요한 비용을 순수 자산으로 활용할 수 있는 계기가 되며 결혼 당사자 간의 의지와 합의가 필요하다.

3) 작은 결혼식 준비 과정

작은 결혼식의 준비과정은 결혼식 장소를 정하는 것부터 결혼 당사자의 입장이 아닌 양가 부모님의 의견이 반영되어 두 집안의 중간 위치나 하객이 좀 더 많은 집의 편의를 보는 식으로 맞춰가는 것으로 되고 있으나 무엇보다 중요한 것은 결혼 당사자들이 처음부터 원하는 결혼식의 형태와 예산을 정하고 각자 부모님을 설득하는 것이다.

작은 결혼식에 필요한 결혼장소, 결혼 절차, 결혼 예산 등 현실적으로 작은 결혼식 등에 꼭 필요한 비용으로 준비하면 불필요한 결혼 비용은 훗날 재테크로 활용할 수 있다. 이와 같이 작은 결혼식은 결혼 당사자 간의 설계가 필요하다.

작은 결혼식 준비 체크리스트

작은 결혼식 목록을 작성하고 평균금액을 적고 평균액에 맞출지 혹은 더 아낄지 나의 상황에 맞게 설계해 보자. 큰 항목들부터 정해 나가고 필요한 금액들이 정해지면 좀 더 계획적인 결혼 준비가 가능할 것이다.

목록	실행 여부와 내용	예상금액
신혼 집		
결혼식장		
신혼여행		
웨딩패키지		
합계		

4) 나만의 작은 결혼식 설계하기

(1) 예식장소 정하기

공공시설 예식장은 작은결혼정보센터(www.smallwedding.or.kr)에서 확인 가능하며 상하반기 또는 분기별로 미리 신청을 받는 장소도 있으므로 사전에 장소를 정하여 신청기간을 확인하는 것이 필요하다. 각 공공시설마다 제공하는 시설에 대해 미리 파악해야 한다.

(2) 예식 전 의례, 결혼예식, 예식 후 의례 중에서 생략할 단계를 결정하고 어떤 규모로 진행할 것인지도 결정한다(주례자, 축가, 하객의 규모 및 접대방법 등).

(3) 체크리스트를 통해 비용을 미리 설계한다.

(4) 나만의 결혼예식순서를 설계한다.

5) 지역별 공공시설 예식장

(1) 공공시설을 이용한 결혼식의 장점은 다음과 같다.

- 예식시간이 넉넉하여 아름다운 결혼의 의미를 담아낼 수 있다.

- 결혼하는 신랑, 신부만의 결혼 프로그램을 자유롭게 진행할 수 있다.
- 공공시설 예식장은 예식 당일 한 쌍의 결혼으로 혼잡함이 없다.
- 결혼을 직접 준비하여 예식 비용을 절감한다.
- 공공시설 예식에도 웨딩 플래너를 이용할 수 있어 도움을 받을 수도 있다.

(2) 현재 작은 결혼정보센터를 통해 제공되고 있는 지역별 공공시설 예식장의 수는 표 7-4와 같다.

표 7-4 지역별 공공시설 예식장

지역	서울	인천	대전	광주	울산	부산	대구	강원	경기
시설	47	6	1	2	5	32	11	29	11
지역	충남	충북	경남	경북	전남	전북	제주	세종	합계
시설	4	8	21	6	3	12	3	0	201

작은 결혼식 형식으로 청와대 사랑채에서 결혼한 부부를 대상으로 조사한 결과 결혼식 비용으로 1000만 원 미만을 사용했다는 응답이 다수였다. 이렇듯 공공시설을 이용할 경우 비용 절감의 효과가 매우 크다.

생각해 볼 문제

- 결혼의 의의를 이해하여 결혼에 대한 올바른 가치관을 확립한다.
- 결혼준비 과정에 대하여 생각해본다.
- 내가 원하는 결혼식 계획을 세워본다.

08
CHAPTER

가 족

1. 가족의 의의
2. 가족의 기능과 변화

1. 가족의 의의

1) 가족의 정의

가족은 대부분의 사회에서 보편적으로 발견되는 가장 기본적인 단위로 개인과 사회의 중간에 위치하면서 사회에 있어서는 가장 기본적인 사회집단이며 개인에 있어서는 개인의 발달과 성장에 필수부분인 환경이며 체계이다.

즉, 가족은 인류역사가 시작될 때부터 있어 온 가장 작은 사회집단으로 사회구성의 최소단위이면서 가장 긴 역사를 지니고 있다. 가족은 국가나 민족 사이에 구조와 형태 또는 생성 과정 면에서 차이가 있는 다양성을 지니고 있을 뿐만 아니라 한 국가 속에서도 사회가 발전하고 변천함에 따라 변화하며, 종교, 계급 그리고 직업과 같은 사회경제적 요인에 따라 다양하게 나타난다.

가족에 대한 정의는 학자에 따라 다르고 시대나 문화에 따라 다르게 정의되기도 하고, 또한 개인이 경험하는 가족은 역사와 민족, 시대적 변천에 따라 다양하므로 가족이란 무엇인가를 한마디로 정의하기는 쉽지 않다. 보편적으로 학자들의 정의를 보면 가족이 어떤 관계의 사람들로 구성된 것이냐 하는 형태적인 의미와 그것이 개인에게나 사회에 수행하는 역할이 무엇이냐 하는 기능적인 의미의 두 가지 측면에서 접근하고 있다.

즉, 가족이란 "일반적으로 영속적인 결합에 의한 부부와 거기에서 태어난 자녀로서 형성된 생활공동체"라든가, 혹은 "가계를 공동으로 하는 친족집단"으로 또는 "혼인, 혈연, 입양 이외에도 구성원의 필요에 따라서 기타 관계된 사람들이 지속적인 연대의식으로 생활을 함께 영위하는 집단"이라고 주로 형태적인 측면에서 정의되기도 한다.

그런가 하면 가족은 "부부와 그들의 자녀로 구성되는 기본적인 사회집단으로서 이익관계를 떠난 애정적인 혈연집단이며, 같은 장소에서 기거하고 취사하며 동거하는 집단이고, 그 가족만의 고유한 가풍을 갖는 문화집단이며, 또한 가족생활을 통하여 인간의 기본적 인성이 형성되므로 '인간발달의 근원집단'이라고 하여 기능적인 측면에서 가족이 정의되기도 한다(고수현 외, 2002).

2) 가족 정의의 접근방향

(1) 가족 정의의 다양성

가족에 대한 정의는 오늘날 매우 다양한 형태로 공존하고 있는 가족의 다양성을 포괄하지 못하고 있다. 현대에는 주말가족, 동거가족, 미혼모가족, 노인단독가족, 동성애가족, 무자녀가족, 공동체가족 등의 다양한 가족들이 출현하고 있다.

이에 따라 보편적인 가족의 정의에서 벗어나 가족의 다양성에 주목하여, 좀 더 포괄적인 정의에 따라 현대가족은 친밀, 헌신의 관계에 있는 사람들이 하나의 집단에 속해 있다는 정체성을 의식하고 그 집단의 고유한 정체성을 수립하여 성적으로 표현적이나 부모-자녀관계를 유지하는 것으로 보고 있다.

또한 최근 미국사회사업협회(NASW)는 "자신들 스스로가 가족으로 생각하면서 전형적인 가족임무를 수행하는 2인 이상의 사람들"이라고 광의의 의미로 가족을 정의하고 있다.

앞으로 사람들의 다면화된 욕구에 따라 더욱 다양한 가족형태가 등장할 것이고 어떤 특정한 가족형태가 보편적인 가족이 될 수 없을 것이므로 모든 가족유형이 가족복지의 대상이 될 수 있도록 가족에 대한 정의는 포괄적이어야 할 것이다. 그러나 최근에 와서는 가족의 구조적 접근, 즉 가족의 크기는 매우 다양해지고 있다.

표 8-1 학자별 가족의 정의

학자	가족 정의의 내용
최재석 (1982)	가족은 가계를 공동으로 하는 친족집단을 가족으로 간주하고, 거주와 가계를 같이하는 자나 독신으로서 주거를 가지고 단독생활을 영위하는 자를 가구로 간주한다.
유영주 외 (2003)	가족의 기능적인 측면을 포함하여 가족은 "부부와 그들의 자녀로 구성되는 기본적인 사회집단으로서, 이들은 이익관계를 떠난 애정적인 혈연집단이며, 같은 장소에서 기거하고 취사하는 동거동재집단이고, 그 가족만의 고유한 기풍을 갖는 문화집단이며, 양육과 사회화를 통하여 인격형성이 이루어지는 인간발달의 근원적 집단"이라고 정의한다.
이효재 (1978)	형태적인 측면에서 가족을 혼인, 혈연, 입양 이외에도 구성원의 필요에 따라서 기타 관계의 사람들이 지속적인 연대의식으로 일상생활을 함께 영위하는 집단 또는 사회조직의 원초적 집단으로서, 개인이 태어나서 자라며, 그의 인격이 형성되는 보금자리이며, 자아 중심적 어린이가 사회적 인간으로 만들어지는 훈련장이라고 정의한다.
옥선화, 정민자 (1994)	옥선화, 정민자는 "가족이란 결혼관계와 혈연관계가 있는 구성원들의 생활공동체인데 생활공동체란 의식주생활을 함께하며, 공동의 생활목표와 가치를 가지는 집단이다.

Murdock (1949)	핵가족적 정의로 가족은 "공동 거주, 경제적 협동, 재생산이라는 특징을 갖는 집단이다. 가족은 사회적으로 인정받는 성적인 관계를 유지하고 있는 최소한 두 명의 남녀 성인과 한 명 이상의 자녀를 포함한다"라고 한다. 이는 현대 산업사회의 가족을 정의한 것으로는 적절하다고 볼 수 있고 구조기능론의 입장에서 공동생활을 하는 거주단위와 일치하는 동거집단임을 가장 중요한 요소로 보았다.
Leslie & Korman (1985)	두 명 이상의 동거하고 있는 사람들이 혈연, 결혼 또는 입양의 관계를 가진 경우를 가족이라고 한다.
Terkelsen (1995)	가족은 상호 간의 강한 애정과 충성으로 맺어진 개인들이 이루어진 소규모의 사회체계이며, 수년 혹은 수십 년 지속되는 영구적인 가구를 구성하는 소규모의 사회체계라고 정의하였다.

출처: 박상훈(2019). 재인용

이러한 여러 가지 정의를 종합해 보면 가족이란 부부와 직계혈족 및 형제자매 및 기타 형태로 구성된 구성원들이 신체적 및 심리적·사회문화적·경제적 관계를 유지하면서 생활하는 사회의 기본적인 단위라 할 수 있다.

민법상 가족의 범위

제779조(가족의 범위) ① 다음의 자는 가족으로 한다.
1. 배우자, 직계혈족 및 형제자매
2. 직계혈족의 배우자, 배우자의 직계혈족 및 배우자의 형제자매

② 제1항 제2호의 경우에는 생계를 같이 하는 경우에 한한다.

가족은 고정불변의 개념이 아니라 시대와 장소에 따라 변화되는 개념이다. 다양한 삶의 방식이 등장함에 따라 가족의 개념도 이에 맞춰 변화하게 되었다. 전통적 가족의 개념은 '혼인, 혈연 및 입양을 통해서 이루어진 관계자들의 집단으로 의식주 해결을 공동으로 하고 정서적 및 정신적 유대와 공동체적 생활방식을 갖는 집단'이라 하여 결혼과 혈연을 토대로 하는 협의의 집단이라 할 수 있다(최경석 외, 2001).

이러한 가족에 대한 전통적인 개념은 현대사회의 다양한 비전통적인 가족생활을 포괄하지 못하여, 새로운 가족유형을 비정상적인 가족으로 취급할 수 있는 문제점이 있다. 이에 따라 다양한 가족유형을 포괄할 수 있는 가족에 대한 새로운 개념 정의가 필요하다.

현대가족은 '일상적인 생활을 공동으로 영위하는 부부와 자녀들, 그들의 친척,

입양이나 기타 관계로 연대의식을 지닌 공동체집단'이라 하여 비혈연적인 관계라도 연대의식을 갖고 지속적인 관계를 유지하는 집단을 가족으로 볼 수 있다고 했다.

그리고 미국사회복지사협회는 가족을 '자신들 스스로가 가족으로 생각하면서 전형적인 가족 임무를 수행하는 2인 이상의 사람들'이라고 규정하였다. 이와 같은 맥락에서 하트만과 라이트(Hartman & Laird)는 '둘 이상의 사람들이 친숙한 가족이라 여기고, 밀접한 감정적 유대와 가정이라는 생활공간, 그리고 생물학적 · 사회적 · 심리학적 요구의 충족에 필요한 역할과 과제를 공유할 때 가족이다'고 했다. 한편 한 가지 형태의 가족을 의미하는 'the family'보다는 다양한 가족현실을 반영할 수 있는 'families'를 사용해야 한다는 주장도 나오고 있다(Elliot, 1986).

이상에서 보듯이 현대적 가족의 개념은 사회 변화에 따라 대두되고 있는 다양한 형태의 가족을 포괄하고자 강화되고 있다.

(2) 가족과 가정

가족과 가정에 대한 개념적 차이는 애매하다. 일반적으로 가정이란 공간적 의미를 강조하고 있지만, 이런 단순한 공간적 개념을 포함하여 가족구성원들의 심리적 공간도 개념에 포함한다고 볼 수 있다. 가족은 일정한 가정이 없다면 정상적인 가족을 구성할 수 없을 것이다.

이러한 측면은 현대사회에서 가족이더라도 공간적으로 함께하지 못한다면 가족기능을 제대로 기능하지 못하는 것과 맥락을 같이 한다. 그리하여 현대사회의 주말부부, 기러기가족, 장기적으로 헤어져 있는 가족들이 이러한 범위에 포함된다. 건강가정기본법에서의 개념정리를 살펴보면 다음과 같다.

건강가정기본법에서의 가족과 가정(건강가정기본법 제3조)

① "가족"이라 함은 혼인 · 혈연 · 입양으로 이루어진 사회의 기본단위를 말한다.
② "가정"은 가족구성원이 생계 또는 주거를 함께하는 생활공동체로서 구성원의 일상적인 부양 · 양육 · 보호 · 교육 등이 이루어지는 생활단위를 말한다.

가정과 가족의 정의

웹스터 사전에 따르면 다음과 같다.

• **가정의 개념**
① 한 개인이나 가족이 생활하는 장소(거주지)
② 인간이 태어났거나 양육된 장소(고향, 본국)
③ 집(가정)으로 생각되는 장소
④ 하나의 단위로서의 가족구성원과 그 내부에서 발생하는 사건(이혼 등)
⑤ 고아나 노인을 보호하는 시설

• **가족의 개념**
① 어떠한 신념, 종교, 철학 등으로 연결된 사람
② 동일한 집에서 생활하는 사람
③ 부모와 그들이 양육하는 자녀로 구성되는 하나의 사회적 지위
④ 조상이나 결혼에 의해 관계를 갖게 되는 사람들의 집단(친족)

(3) 기타 용어

① 친족

가족과 관련된 용어 중에서 친족의 정의는 배우자, 혈족 및 인척을 의미한다. 그리고 혈족은 자기의 직계존속과 직계비속을 직계혈족이라 하고 자기의 형제자매와 형제자매의 직계비속, 직계존속의 형제자매 및 그 형제자매의 직계비속을 방계혈족이라 한다. 또한 혈족의 배우자, 배우자의 혈족, 배우자 혈족의 배우자를 인척으로 부른다.

또한 친족의 범위는 친족관계로 인한 법률상 효력은 이 법 또는 다른 법률에 특별한 규정이 없는 한 8촌 이내의 혈족, 4촌 이내의 인척, 배우자를 의미한다. 현대사회에서 이러한 친족의 범위는 축소되어 가는 경향이 강하며, 주로 핵가족에서의 가족관계가 중요한 부분을 차지하고 있다.

② 가구와 세대 및 세대 과정

가구와 세대는 유사한 개념을 지니고 있다. 현대사회에서 사회정책적인 측면에서의 가족정책은 주로 가구와 세대로 접근하고 있다. 가족이더라도 가족과 같이 주거와 가계를 같이 하지 않는 가족은 가구에 포함되지 않는다.

더욱더 엄밀히 말하자면 가구는 결혼이나 혈연관계가 아니고 공간적인 측면에서 동거하는 집단을 말한다. 그리고 세대는 가족의 크기를 말한다. 주로 빈곤정책에서 빈곤가족의 복지정책은 세대단위의 원칙에서 실시되고 있다. 또한 세대는 과정이라기보다는 가족 상호작용을 위한 기본적인 틀이고 구조이다. 그리고 세대 과정을 통해 전통이나 감정, 가치관 및 그 가족의 생활방식과 사고방식 등이 한 세대에서 다음 세대로 전달된다.

가족과 가족관계에 관련된 용어

- 가정: 결혼과 공간적 성격이 강함
- 가구: 행정적 의미가 강함
- 가문: 동거가족의 범위를 넘어선 혈연관계에 기반을 둔 집단
- 친족: 배우자, 혈족, 인척
- 혈족: 직계혈족, 직계비속, 방계혈족
- 인척
  - 혈족의 배우자: 종조모, 숙모, 형수, 제수, 고모부, 이모부, 외숙모 등
  - 배우자의 혈족: 장인, 장모, 처남, 처형, 처제, 시부모, 시동생, 시누이 등
  - 배우자의 혈족의 배우자: 처남댁, 동서(처형이나 처제의 남편), 시매부, 시이모부, 시고모부 등
- 직계혈족: 자기의 직계존속과 직계비속
- 직계비속: 자기의 형제자매와 형제자매
- 방계혈족: 직계존속의 형제자매 및 그 형제자매의 직계존속

※ 고모와 고종사촌은 혈족이나 고모부는 인척이고, 이모와 이종사촌은 혈족이나 이모부는 인척이며, 외삼촌과 외사촌은 혈족이나 외숙모는 인척이고, 형님과 조카는 혈족이나 형수는 인척이다.

건강가정기본법 제정 시 가족개념에 대한 논란

이미 가족, 가정 등 용어의 명료화에 대한 국가인권위원회의 권고도 있었던 바, 가족의 개념에 대한 다각도의 접근을 시도하였다. 따라서 가족의 개념을 두 가지로 나누어 살펴보았다.
하나는 변화하는 가족의 실체를 파악하고자 하는 가족의 특성에 대한 정의이고 다른 하나는 정책의 대상이 되는 가족의 범위이다.

이렇게 볼 때, 본 개정 법률(안)에서는 변화하는 사회에서의 다양한 가족의 형태를 인정하여야 한다는 의미와 더불어 변화하는 가족의 의미에 대한 직시와 더불어 성격을 규명하는 것이 필요하다는 판단하에서, 가족의 특성에 있어서는 '어떠한 형태의 가족이라도 생활의 단위를 함께하는 가족'의 개념이 포함되어야 하며, 가족의 범위에 있어서는 민법에서 의미하는 가족의 범위보다는 광의의 개념을 다루어야 한다고 보았다.

특히 미래사회에서 새로운 가족유형의 대두는 필연적이므로 개정법은 이들 다양한 가족의 형태에서 어떠한 점을 인정하고, 사회에 통합될 수 있는가를 대비할 수 있는 미래지향적인 측면도 고려하였다.

현재에도 사실혼, 위탁가정, 동거가족 등 다양한 가족이 존재하고 있으며 이들이 사회적 낙인으로부터 벗어나고 필요할 경우 국가의 지원이 이뤄질 수 있도록 해야 한다.

또한 본 법은 가족 간의 권리의무를 규정하는 법이 아니므로, 굳이 민법 등에서와 같이 혼인, 혈연, 입양 등의 관계로 가족을 한정할 필요는 없다.

본 법의 목적이 혈연 중심의 기존 가족의 유지가 아니라, 생활단위인 '가족'에 대한 지원을 목적으로 하고 있는 만큼 현실에 존재하는 다양한 가족형태가 모두 반영될 수 있도록 포괄적으로 정의하는 것이 적절하다고 보았다.

생활단위로서의 개념을 '가정'으로 정의할 것인지, '가족'으로 정의할 것인지에 대해서는 학문분야 간에 이견이 있고, 자문이나 간담회에서도 유사한 현상을 보였다.

그러나 생활단위로서의 정책 대상을 명확히 하는 차원에서, '가족'과 '가정'의 개념을 분리해서 용어를 혼용하기보다는 한가지로 하는 것이 필요하다는 판단하에, '가족'의 개념규정에 '생활단위'와 '공동체'의 개념을 포괄하도록 하였다.

이에 본 개정 법률(안)에서는 가족을 '생계 또는 주거를 함께하는 생활공동체로서 구성원의 일상적인 부양 · 양육 · 보호 · 교육 등이 이루어지는 생활단위'로 정의하고, 이외에도 '혼인 · 혈연 · 입양 등으로 이루어진 공동체, 사실혼에 기초한 공동체, 아동을 위탁받아 양육하는 공동체, 그 밖에 대통령령으로 정하는 공동체'로 정의하였다(여성가족부, 2005).

2. 가족의 기능과 변화

현대사회에서 가족의 기능은 매우 다양하다. 그리고 시대와 국가에 따라 달라질 수 있다. 그렇지만 가족을 유지하기 위한 기본적 기능을 살펴보면 다음과 같다. 가족은 구성원들을 위해서나 더 큰 사회를 위해서 다양한 기능을 수행한다.

가족은 구성원들을 보호하고 그들 상호 간에 친밀한 정서적 관계를 유지하며, 구성원들을 경제적으로 부양한다. 또한 가족은 자녀를 양육하고 사회화시키며, 성행위를 대외적으로 통제하고 종족을 보존한다. 가족은 새로운 사회적 역할을 부여하며, 자녀를 교육시키고 종교적 활동을 수행해야 한다. 구체적인 가족의 기능을 살펴보면 다음과 같다.

1) 보호와 애정의 기능 및 정서적 연대

가족은 가족구성원의 생명이나 재산을 보호하는 기능을 수행한다. 또한 가족은 아동, 노인, 장애인, 환자 등과 같이 특별한 보호가 필요한 사람들은 물론 가족구성원 모두의 안전과 복지를 제공하는 기능을 수행한다. 최근 이러한 기능이 국가기관을 비롯한 다양한 기관에서 분담하여 수행되고 있지만, 가족의 보호는 무엇보다도 중요하다.

그리고 가족은 구성원들 간에 친밀한 관계를 유지하고 사랑과 애정을 공유해야 하는 집단이다. 즉, 가족은 부부간의 친밀한 관계를 바탕으로 자녀들을 사랑으로 양육하고, 부모를 부양하는 기능을 수행한다. 최근 가족의 애정적 기능이 약화되어 이혼, 별거, 가출, 학대 등과 같은 다양한 문제들이 발생하므로, 가족의 애정적 기능이 강화될 필요가 있다. 이러한 애정기능을 통한 정서적 연대를 강화할 수 있다.

2) 경제적 기능

가족은 경제의 기본단위로서 생산활동과 소비활동을 동시에 수행하고 있으며, 경제활동을 통해서 구성원의 생계를 유지하고 재산을 소유한다. 현대사회에서는 농업이나 가사를 제외하고는 대부분의 생산활동이 가족 이외의 직장에서 이루어지고 있기 때문에, 가족은 전형적인 소비기능을 수행하는 단위가 되었다.

현대사회에서 가족은 소비기능을 통하여 구성원의 다양한 욕구를 충족시키고 있다. 한편 전통적인 사회에서는 경제적 부양이 대부분 남성의 역할이었으나, 현대사회에서는 남녀 간의 공동의 역할로 변화되고 있다.

3) 자녀의 양육과 사회화 및 문제해결기능

가족은 자녀가 독립적이고 책임감 있는 성인으로 성장할 수 있도록 양육한다. 가족은 자녀의 신체적·인지적·사회적 발달을 촉진하고 훌륭한 사회인으로 성장할 수 있도록 지도하고 원조한다. 또한 가족은 자녀가 사회에 잘 적응하면서 인간답게 살아갈 수 있도록 하는 데 기여하는 각종 기술을 습득할 수 있게 한다.

그리하여 사회생활에 필요한 기술을 익히는 일차집단이며, 인간의 성격형성에 가장 중요한 구실을 하며, 문화를 학습시키는 사회화의 장인 것이다. 그리고 이러한 사회화 과정을 통하여 가족구성원들이 문제해결을 할 수 있는 능력을 갖추어야 한다.

4) 종족보존과 성행위의 규제

가족은 자녀를 출산하여 종족을 보존하는 기능을 수행한다. 이것은 가족이 갖고 있는 고유하고도 가장 중요한 기능으로서, 자녀의 출산을 통하여 노인세대의 사망 이후에 사회가 계속적으로 유지될 수 있도록 한다.

최근 자신의 후손에 대한 관념이 점점 약화되어 자녀의 출산율이 계속적으로 낮아지고 있다. 또한 가족은 성적 욕구를 충족시키는 역할을 수행하면서 가족 외부에서의 성행위를 규제하여 정상적인 가족관계를 유지하도록 하는 역할을 수행한다.

5) 가족구성원 간의 역할인정 및 의사소통망의 형성

가족기능에서 중요한 것은 가족구성원들 간의 역할을 인정하고 가족구성원들이 자신을 역할을 수행하는 일이다. 가족역할은 시대적으로 변화하기 때문에 구체적으로 나열할 수는 없지만 나름대로의 기준에 의하여 가족역할이 구성되어야 한다. 그리고 이런 가족역할은 원활한 의사소통을 통해 이루어져야 한다.

6) 교육적 · 종교적 기능

가족은 자녀에게 도덕교육을 비롯한 다양한 교육을 실시하는 기능을 수행한다. 자녀에 대한 교육은 전통적 사회에서는 가정에서 주로 담당하였으나, 현대사회에서는 대부분 전문적인 교육기관에서 담당하고 있다. 앞으로 점점 약화되고 있는 가정에서의 자녀교육을 더욱 강화할 필요가 있다.

또한 가족은 제사나 기도 등을 통하여 종교적 기능을 수행하고 있다. 종교적 기능은 현대사회에서는 주로 교회, 성당, 사찰 등의 종교단체에서 이루어지는 경우가 많다.

학자별 가족의 기능

1. W. J. Goode: (1) 생식의 기능, (2) 지위부여 기능, (3) 사회화 기능
2. E. M. Duvall: (1) 가족 간의 애정도모, (2) 안정감 부여와 수용, (3) 만족감과 목적의식 부여, (4) 지속적인 동료감, (5) 사회적 지위 부여와 사회화, (6) 통제력과 정의감과 확립
3. T. Parsons: (1) 자녀의 사회화, (2) 성인의 인성 안정
4. P. Murdock: (1) 생식, (2) 사회화, (3) 경제적 협동, (4) 성관계의 기능
5. Reiss: 새로 출생한 아이를 양육하는 사회화의 기능
6. B. N. Adams: (1) 애정적 기능, (2) 경제적 소비자, (3) 무보수노동, (4) 사회화
7. 山根常男: (1) 개인에 대한 기능(성적 충족, 자녀출산, 고용의 충족, 수입의 획득, 기본적, 문화적 욕구의 충족, 의존자의 부양, 사회화, 정서적 안정), (2) 사회에 대한 기능(성적 통제, 사회성원의 보충, 사회적 분업에 참가, 경제적 질서의 유지, 문화의 전달, 사회의 안정화)
8. 최재석: (1) 경제적 기능, 교육의 기능, (2) 보호의 기능, (3) 휴식 및 오락의 기능, (4) 종교적 기능
9. 한남제: (1) 자녀 출산 및 양육기능, (2) 경제적 기능, (3) 우애적 기능
10. 유영주: (1) 성 및 애정적 기능, (2) 친척관계 유지기능, (3) 자녀의 사회화 및 교육기능, (4) 정서적 지지 및 안식처 기능, (5) 경제적 협력기능, (6) 종교 · 도덕적 기능

생각해 볼 문제

- 가족과 가정의 변화는 어떻게 될 것인가?
- 우리나라 가족의 특징은 무엇인가?
- 가족의 기능은 앞으로 어떻게 변화할 것인가?

09
CHAPTER

가족의 다양화

1. 가족의 변화
2. 가족의 특징과 유형
3. 가족의 구체적 유형의 변화

1. 가족의 변화

가족의 변화는 시대와 역사적 흐름, 시대적 가치관 등에 따라 다양하게 변화하고 있다. 이러한 변화는 가족관계의 변화뿐만 아니라 결혼에도 많은 영향을 미치고 있다. 그러므로 결혼과 가족에 대한 이해를 하기 위해서 가족의 변화에 대한 내용을 고찰해 보아야 한다.

1) 가족형태의 변화

근대사회에 있어서 사회변동의 주요한 추진력을 공업화에서 구하는 것은 이론이 없는 것이며, 또한 근대에 있어서의 가족형태상의 추세적 변화가 핵가족에 있다는 것도 경험적인 사실이다. 이점에 관하여 기술의 변화가 경제 시스템의 변화를 야기하며, 이것이 '가족형태의 변화=핵가족의 우월'을 초래하였다.

그 후 이와 같은 기술·경제적 요인 외에 핵가족제 이념이나 이데올로기, 그리고 인구학적 요인 등이 가족의 변화와 깊이 관련되어 있다는 관점이 덧붙여져 오고 있다. 그런데 가족의 변동은 그 형태상의 변화만으로 파악되는 것은 아니다. 그것 이외에 권위구조, 역할구조, 가족주기, 정서구조, 가족기능, 가족의식, 생활구조 등 가족의 구조변동을 파악하는 측면은 다양하다.

2) 가족기능의 변화

가족형태의 변화는 이전에 가족이 수행해 온 기능의 변화를 초래한다. 특히 가족규모의 축소는 다양한 능력을 갖는 활동주체를 가족의 내부로부터 배출해 가는 것을 의미하며, 그 활동주체·능력의 상실은 가족기능의 축소·약체화, 위기대응 능력의 저하 등에 이어진다. 가족이 상실한 기능은 외부의 기관(행정, 기업, 지역사회 등)이 가족을 대신하여 유상·무상으로 인수하게 된다. 이런 의미에 있어 그와 같은 것을 가족기능의 외부화(사회화)라고 일컫는다.

공업화의 진전은 먼저 가족이 보유해 온 경제기능 중에서 생산기능을 분리시켜

가정과 직장의 분리가 진행되었다. 외부화된 기능은 이와 같은 경제기능 · 생산기능에 그치지 않는다.

영유아의 보육, 자녀의 교육, 환자와 신체장애자의 보호, 고령자의 부양 등 이전에는 가족의 내부에서 가족의 직접적 접촉과 협업을 통해 행해졌던 것이 각각 전문적인 서비스 기관(영리적 · 비영리적임을 불문하고)에 위양되는 경향이 강해지게 되었다. 그밖에 종교, 오락이나 교제기능의 일부도 외부화되고 있다.

요컨대 핵가족화의 원인으로는 사회구조 전체의 근대화 · 도시화를 들 수 있다. 이 중에서도 중요한 구체적인 요인으로 자본주의 경제가 발달하여 노동자가 증가하며 도시에 집중했기 때문에 핵가족이 증가하고 있다. 이러한 원인으로 근대적(민주주의적 · 개인적)인 결혼관 · 가족관이 보급되고 있다는 것 등을 지적할 수가 있다.

3) 가족해체

현대 핵가족의 특징은 출산율의 저하와 수명의 연장에 의한 가족규모의 축소와 자녀들의 독립 후 중고령기 부부만의 기간 연장, 가족의 생활보장기능의 실질적 평등화, 맞벌이에 의한 부부의 역할교체, 부부관계의 실질적 평등화, 가족해체의 진전, 이혼과 재혼의 증가, 이와 같은 여러 문제의 사회적 해결을 위한 사회보장 · 사회복지에 대한 욕구의 증대 등이다.

현대사회에 있어 산업화 · 도시화 · 핵가족화가 전통적인 가족을 민주적 가족으로 바꾸는 데 크게 기여한 것은 사실이다. 그러나 그 반면 이전에는 없었던 많은 문제들을 야기하고 있다.

유아학대 · 유기, 가정 내 폭력, 가출, 부모로서의 역할포기, 세대 간의 단절, 이혼 등 가족의 병리 · 해체라고 하는 현상이 곳곳에 나타나고 있다. 그러나 그중에서도 특히 중요한 것은 노후의 가정생활의 문제, 이혼율의 증가, 주부의 맞벌이에 따른 문제, 자녀의 가정 내 폭력, 자살, 비행문제 등으로 요약될 수가 있다.

2. 가족의 특징과 유형

1) 가족의 특징

(1) 시간적 특징

가족관계는 대부분의 다른 사회관계보다 상당히 장기간 동안 존재한다. 물론 가족관계가 지속적으로 이루어지지 않는 경우도 많다. 이혼이나 사망 등의 다양한 가족해체를 통하여 관계가 단절되는 경우도 있다.

그러나 우리는 보통 전체 일생을 통하여 일정한 형태로 자신의 가족이 존속되는 것으로 간주한다. 시간적으로 가족형태가 변화더라도 지속적으로 가족이라는 매개체를 통하여 존속하게 된다.

(2) 구조적인 특징

가족관계의 첫 번째의 특징은 가족구조이다. 일정한 가족구조가 전제되어야만이 가족관계가 유지된다. 즉, 가족관계는 구성원들 간의 생물학적이고 사회적인 다양한 구조적 · 구성적인 특징을 지니고 있다. 그리고 생물학적으로 출산행위는 근본적인 가족관계의 결속을 유지하게 하고, 이러한 행위는 우리가 출생을 통하여 우리에게 직접 간접적으로 관계되는 최소한 어느 정도의 유전적 특성이나 혹은 특징적인 기질을 공유하고 있다.

또한 인간을 창출해 내는 이러한 과정에는 사회적 측면이 있는데, 어떤 사회도 출산의 생물학적 행위나 아동의 양육을 우연한 일로 방치하지는 않는다. 가족관계의 특성도 일정한 사회화 과정을 통해서 얻어진다.

(3) 규범적인 특징

가족관계에서 가족구성원도 일정한 권리와 의무를 가지게 되는데, 이것은 법적인 측면도 있고, 비공식적인 측면도 지니고 있다. 그리고 널리 행해지지는 않더라도 법에 의해 합법화되는 입양을 제외하고는 법적인 내용과 관련된 가족에 관한 주요 법적 대책은 결혼에 의한 것이다. 즉, 결혼 그 자체가 법에 의한 권리와 의무를 포함하고, 그리고 법적으로 가족관계를 구성하게 되는 것이다.[1)]

2) 가족의 유형

(1) 핵가족

핵가족(nuclear family)은 부부 중심의 가족관계로서 부부와 미혼자녀로 구성된 가족이다. 핵가족은 전통적인 농경사회에서 산업사회로 전환되면서 가족구성원이 이동하거나 주거를 결정하는 데 편리함을 제공하게 되어 지배적인 가족유형이 되었다.

핵가족은 가족구성원들 간에 친밀감을 증대시킬 수 있으며, 구성원들이 독립성을 가지고 생활할 수 있고, 그들의 생활 수준을 향상시킬 수 있다. 또한 핵가족은 일반적으로 구성원들의 상호작용을 촉진할 수 있으며, 구성원들 간에 민주적인 관계가 수립될 수 있게 한다.

그러나 핵가족은 가족의 보호기능을 약화시키고 구성원들의 갈등을 초래하여 이혼, 별거, 가출, 학대 등의 문제를 발생시킬 수 있게 한다. 핵가족은 또한 인간소외, 부양의식의 약화, 자녀에 대한 교육기능의 약화, 인간경시풍조 등을 갖게 하여 노인문제가 나타날 수 있게 하며, 자녀의 정서적 불안과 사회부적응을 일으키게 하여 각종 사회문제가 발생할 수 있게 한다.

(2) 수정 핵가족

다세대 주택과 같이 외형상으로는 한 울타리 안에 거주하지만 실제로는 안채, 바깥채, 혹은 위층, 아래층 또는 같은 집에 살아도 한 끼는 다 같이, 아침식사는 각각 등 어느 정도 피차간에 사생활을 유지하며 동거하는 방식이다.

---

1) 결혼에 대한 법적 측면은 각국의 문화에 따라 다양하게 나타나고 있다. 우리나라도 젊은 세대를 중심으로 법적으로 혼인신고를 하지 않고 동거하는 형태의 결혼이 늘어나고 있다.

(3) 확대가족

확대가족(extended family)은 가계 중심의 가족관계로서 3세대 이상이 함께 거주하는 가족이다. 즉, 확대가족은 자녀가 결혼한 이후에도 부모와 같이 동거하는 가족으로서, 전통적인 사회에서 이상적인 가족유형이었다. 경제적으로 자급자족하기가 어렵고 다른 사람들로부터 가족을 보호해야 하는 과거에는 가족구성원이 많을수록 유리했기 때문에 확대가족이 지배적이었다.

확대가족은 부자간의 권위적 주종관계가 형성되어 있기 때문에 자녀에 대한 교육기능이 강화되어 자녀가 정서적으로 안정되고 사회에 잘 적응할 수 있으며, 노인부양을 하나의 의무로 생각하여 노인문제가 발생할 가능성이 적다.

또한 확대가족은 인간을 존중하는 경향을 갖게 하여 부부 및 부모-자녀 사이의 여러 가지 문제를 감소시킬 수 있게 한다. 그러나 일반적으로 확대가족은 산업사회에서 가족구성원의 이동과 주거문제의 해결을 어렵게 하며, 가부장적 사고로 인하여 민주적인 가족관계가 성립되기 어렵게 한다.

표 9-1 확대가족의 유형

유형	정의
직계가족 (stem family)	가족이 종적으로 확대된 가족으로서 원칙적으로 맏아들만이 본가에 남아서 부모를 모시고 가계를 계승하며 그 이외의 아들은 분가하게 된다(한국, 일본).
방계가족 (collateral family)	가족이 횡적으로 확대되어서 다른 세대뿐만 아니라 세대의 형제들이 결혼한 후에도 그들의 부모와 동거하는 가족이라 한다(중국의 전통가족, 인도의 힌두족).
복합가족 (joint family)	한 변형으로서 확대가족의 제일 윗세대가 사망하여도 그의 아들들이 계속하여 한 가족을 이루고 사는 경우이다(인도 북방 히말라야 산맥지대의 칼라퍼 촌락).

(4) 수정 확대가족

부모, 자녀 가족이 각기 별개의 가구를 마련하지만, 근거리에서 살면서 실제로는 한집에 사는 것과 같이 왕래와 협조를 하며 사는 가족형태이다. 이 방식은 절충적인 방법으로써, 양측이 비교적 사생활을 방해받지 않고 자녀가 큰 부담을 느끼지 않으면서 친밀한 유대 관계를 유지한다.

3. 가족의 구체적 유형의 변화

1) 다양한 가족 유형

(1) 한부모가족

한부모가족이란 보통 부부 중 어느 한 편이나 또는 쌍방이 사망, 이혼, 유기, 별거 등의 원인으로 인해 일반가족에 비해 물질적·정신적 안정을 상실하였거나 가족의 기본적 기능의 상실을 초래하는 가족이라고 말하고 있다.

① 모자가족

배우자가 사별, 이별, 행방불명 등의 이유로 동거하지 않는 18세 이상 60세 미만의 여자와 18세 미만의 자녀만으로 구성된 가족을 말한다. 모친이 생업에 종사하는 경우가 많으며, 수입은 적고, 취업은 불안정하며, 노동조건도 좋지 않아 생활수준이 낮다. 더욱이 부친의 결손, 모친 부재는 가족의 교육기능을 저해하고 아동들의 사회화 기능이 저하되어 부랑, 비행 등에 빠지기 쉽다.

② 부자가족

부자가족의 경우는 경제적 곤란이 모자가족보다 적지만, 가족원의 정서적 안정의 기둥인 모친이 없으므로 아동의 정서적 불안정은 더 심하다.

(2) 입양가족

입양가족은 출산이 아닌 법적, 사회적 관계를 통해 부모 자녀 관계가 성립되며, 입양아는 자녀로서의 모든 혜택과 권리를 부여받게 된다.

(3) 미혼모가족

미혼부모란 법적으로 혼인하지 않은 남녀가 성관계를 맺어 아기를 낳아 부모가 된 사람을 말한다. 미혼모의 개념은 미혼으로서 아기를 낳은 여자와 기혼녀가 별거하거나 이혼하였거나 과부로서 혼외의 아기를 낳은 여자를 모두 포함한다.

(4) 무자녀 가족

무자녀 가족은 자녀 없이 부부만으로 이루어진 가족으로 결혼하기 전 부모의 역할을 하지 않겠다고 하는 경우가 있고, 자녀를 가지는 것을 일시적으로 연기하거나 자녀를 갖지 못해 무자녀 가족으로 남게 되는 경우가 있다.

(5) 조손가족

조손가족은 조부모가 18세 이하의 손자녀들과 한 건물에서 동거하고 의식주를 책임지고 양육하는 조부・모 가족이라고 할 수 있다.

(6) 노인 가족

노인 가족이란 65세 이상의 노인으로 이루어진 가족으로, 노부부 또는 독거노인들로 이루어진 가족이다. 진 가족 공동체 등이 있다. 65세 이상의 노인으로만 구성된 가족이다.

(7) 장애가족

장애는 누구에게도 발생할 수 있으며 우리 모두를 잠재적 장애인이라 표현할 수 있다. 그러나 우리 사회에서는 전통적 가치관과 그릇된 편견으로 인해 장애인들은 소외의 대상이 되었으며, 사회적 낙오자로 모든 분야에서 멸시와 차별의 대상이 되었다.

(8) 다문화가족

국내에서 살고 있는 국제결혼 가정을 의미하며 한국인 배우자와 결혼한 결혼이민자 가정을 포함한다. 유형으로는 국제결혼가정, 이주근로자 가정, 새터민 가정이 있다.

(9) 이혼가족

이혼한 부모의 어느 한쪽과 그 자녀로 구성된 가족이다.

(10) 재혼가족

재혼가족이란 두 가족이 결혼으로 결합되는 가족이다.

2) 현대적 가족

(1) 맞벌이 부부가족

맞벌이 부부가족은 구조적으로 기존의 확대 가족이나 핵가족의 형태를 취하지만, 부부가 함께 경제 활동을 하는 가족으로서 가족의 경제적인 측면, 기능적인 측면, 가족관계측면에서 새로운 가족 형태로 간주할 수 있다.

(2) 주말 부부 가족

부부가 서로 다른 지역에 사는 가족을 말한다. 주말 부부는 지역적인 거리가 있음에도 맞벌이 부부와 같이 직장과 가정생활을 병립해야 하는 어려움이 있다. 가족 간에 떨어져 있는 시간이 많은 것이 문제될 수 있으므로 최대한 가족과 많은 시간을 갖도록 노력해야 된다.

(3) 기러기가족

최근 우리나라에서는 엄마와 자녀학업을 위해 외국에서 생활하고 아빠는 한국에 남아 혼자 벌며 학비와 생활비를 조달하는 신종 이산가족인 기러기가족이 증가하고 있고 가족문제로 나타나고 있다.

우리 사회의 기러기가족은 1990년대부터 시작된 조기 유학 열풍과 우리나라의 교육환경의 문제점으로 인하여 늘어나고 있다. 기러기가족에 대한 찬반논란이 일어나고 있지만, 기러기가족문제를 해결하기 위해서 사회 전반적 문제인 대학입시 문제가 해결되어야 할 것이다.

(4) 동거가족

동거가족이란 법적으로 혼인신고를 하지 않고 생활하는 부부 또는 가족이다. 현대사회에서는 계약부부 등으로 부린다. 최근에는 젊은 계층을 중심으로 확대되어 가고 있다. 동거의 원인으로는 경제적인 문제도 있지만 서로 속박당하지 않으려는 경향에서 시작하는 경우가 많다.

(5) 동성애가족

동성애자는 호모, 게이, 레즈비언, 트랜스젠더 등으로 불리는데 우리나라에서도 증가하고 있는 추세이다. 동성애가족에 대한 법적 지원문제도 각국에서 중요한 문제로 대두되고 있다. 동성애는 특정한 시대, 사회, 문화를 막론하고 존재해 왔고 현대사회에도 여전히 지속되고 있는 현상이다.

동성애의 원인으로는 성욕이 충만한 젊은이들의 일탈행동, 이성 간의 성행위에 싫증을 느낀 사람들의 변태적 욕구의 출구, 정신질환자 이거나 비정상적인 사람, 도덕적으로 타락한 사람, 비주류로 인식되어 왔다.

또한 우리의 경우 동성애가족을 이해하기 위한 토론이나 세미나가 원활하게 이루어지지 못했던 이유도 동성애에 대한 정확한 인식의 틀이 없었고 올바른 개념이 제대로 전달되지 못했기 때문인 것으로 생각된다.

그래서 동성애에 대한 입장정리나 논란에만 그칠 것이 아니라 심도 깊은 접근과 이해를 위해서 sex, sexuality, gender에 대한 개념정리를 통하여 동성애가족에 대한 새로운 접근이 이루어져야 할 것이다.

생각해 볼 문제

- 가족의 정의는 앞으로 어떻게 변화할 것인가?
- 앞으로 새롭게 발생할 수 있는 가족의 유형은 어떠한 것이 있는가?
- 앞으로 새롭게 발생할 수 있는 가족문제는 어떠한 것이 있는가?

10
CHAPTER

가족관계의 이해

1. 가족관계의 접근방향
2. 가족생활주기와 가족관계의 발달 과정
3. 가족관계의 체계적 접근방법

1. 가족관계의 접근방향

1) 개념과 분야

(1) 개념

일반적으로 가족관계란 가족구성원 간의 다양한 인간관계로서 모든 인간은 출생과 더불어 가족관계가 시작된다. 인간은 사회화 과정으로 가족관계는 인간관계의 출발인 동시에 인격형성의 중요한 관계망이다. 그러므로 가족관계를 어떻게 구성하고 유지하느냐는 가족문제의 예방과 치료에 많은 영향을 미친다.

즉, 가족관계란 가족에서의 가족 간의 인간관계를 기초로 하여 나타나는 가족권력, 가족구조, 가족기능과 같은 사회구조적 관계를 포함한 가족의 신체적 · 심리적 · 정서적 모든 관계를 의미한다. 또한 이러한 관계는 일시적인 관계부터 반복적이고 역동적이며 지속적인 상호과정을 통하여 형성된다.

이러한 측면에서 가족관계를 보다 구체적으로 접근해 보면 결혼으로 결합된 부부관계, 혈연으로 연결된 부모-자녀관계, 혈연을 서로 공유하는 형제자매관계로 구성된다. 즉, 부부관계, 부모-자녀관계, 형제자매관계가 가족관계의 가장 기본적인 관계이다. 여기에다 부모-자녀관계로서의 고부관계 및 장모-사위관계 등이 중요한 부분을 차지하고 있다.

또한 가족관계는 그 나라의 역사적 · 문화적 차이에 따라 다르게 접근할 수 있고 개념도 달라진다. 그러므로 현대사회에서 가족문제를 체계적으로 접근하여 해결하기 위해서는 다양한 가족관계를 이해하고, 지속적으로 연구해야 할 것이다.

(2) 가족관계에서 필수적으로 다루어져야 할 가족관계 지표

가족관계는 가족형태와 구조에 따라 매우 다양하게 나타난다. 그리고 가족관계는 그 나라의 사회문화적 배경, 가족의 변천 과정에 따라 가족구조는 특징, 종교, 가치관 등 다양한 요인에 따라 달라진다. 그러므로 가족관계를 획일적으로 접근하기에는 문제점이 많다. 그러나 이러한 가족관계의 다양성에도 불구하고 공통적으로 다루어야 할 가족관계의 지표는 다음과 같다.

부모태도지표	:	아동과의 갈등
어머니에 대한 아동의 태도	:	어머니와의 갈등
아버지에 대한 아동의 태도	:	아버지와의 갈등
형제관계지표	:	형제와의 갈등
자매관계지표	:	자매와의 갈등
가족관계지표	:	가족 내 스트레스
아동행동척도	:	행동장애

(3) 가족관계의 법적 변화

2008년부터 호주제가 폐지됨에 따라 출생, 혼인, 입양 등 개인의 신분에 대한 증명서 발급 내용 및 절차가 크게 달라졌다. 예전에 호적등본에는 본인의 인적사항뿐 아니라 가족 모두의 인적사항이 나타났지만 이후 발급되는 개인별 가족관계 증명서에는 본인의 부모, 배우자, 자녀 등 3대에 한해서 이름과 생년월일 등 가족관계 특정에 꼭 필요한 사항만 기재된다. 아버지의 성을 따를 필요가 없고 본적 개념이 없어짐에 따라 아버지를 중심으로 이뤄지던 가족관계의 개념에도 변화가 예상된다.

(4) 현대가족관계의 특징

현대사회 가족변화의 특징을 살펴보면 다음과 같다.

① 가족개념의 변화

가족개념은 역사적이고 전통적인 사상에 기반을 둔 가족개념에서 새로운 사상의 가족개념으로 변화하고 있다. 그래서 선진국에서는 레즈비언, 게이 등을 가족개념에 포함시키는 경향이 늘고 있다. 즉, 자연과 문화적인 가족 질서에서 현실적인 가족 질서의 개념을 강조하기 시작하였다.

② 이성역할의 변화

가족해체와 핵가족화가 되면서 이성역할이 변화하여 가족기능 및 구조에 많은 영향을 미치기 시작하였다. 이러한 이성역할의 변화에 의해 새로운 가족문화가 발생하고 있다.

③ 결혼의 변화

결혼의 개념과 형태가 변화하여, 이혼과 재혼이 증가하고, 한부모가족 및 미혼모가족의 증가로 인하여 새로운 결혼문화가 발생하고 있다. 그리하여 계약결혼, 동거 등의 새로운 형태의 가족이 발생하기 시작하였다.

④ 부모-자녀관계의 변화

과거의 부모-자녀관계의 변화로 인하여 각국의 문화에 따라 새로운 부모-자녀관계가 형성되고 있다.

⑤ 사회와 가족관계의 변화

사회와 가족은 공통적인 역할이 있는데, 그 역할이 변화하고 있다. 그리하여 결혼 후 자녀를 출생하지 않아 사회적으로 인구문제가 발생하고 있다.

⑥ 가족연령과 구성원의 변화

평균수명의 연장으로 가족에서의 노인세대가 많이 늘어나고, 산업화와 공업화과 환경오염 등으로 인하여 장애가족이 늘어나고 있다.

2) 가족관계의 구성요소와 접근성

(1) 가족관계의 구성요소

가족은 두 명 이상이 모인 집합체로서 공통의 가족문화를 가지고 있다. 또한 가족은 전체로서의 가족으로 인식하며, 다른 가족과 구분되는 특징을 지니고 가족구성원들이 상호작용을 하면서 각자의 행동에 영향을 미친다는 특성을 가지고 있다. 이러한 가족의 특성은 가족관계를 구성하는 데 중요한 요소이다. 구체적으로 가족관계를 구성하는 주요요소를 살펴보면 다음과 같다.

① 가족규모

가족규모의 크기가 최대한 어느 정도인가에 대해서는 한정되어 있지 않지만, 최소한 두 명 이상의 구성원으로 이루어진다. 그렇지 않으면 가족관계를 구성하지 못한다. 그러나 가족의 범위가 확대되면서 단독가족세대 등의 1인가구의 가족형태가 늘어나면서 가족규모의 중요성이 약해지고 있다.

그러나 가족관계의 유지를 위해서는 최소한의 가족규모를 구성해야 할 것이다. 그러나 핵가족화의 진행으로 가족구성원들 간의 상호작용에 의해 제한을 받으며, 대부분 가족규모가 작아지고 있어 가족관계의 저하를 가져오고 있다.

그리고 기족구성원들 간에 직접적인 상호작용이 줄어들기 시작하면 가족관계의 활성화는 기대할 수 없을 것이다. 그러므로 적절한 가족관계의 유지를 위해서는 적절한 가족규모를 유지해야 한다.

② 공통목표

가족은 구성원들 간의 역할 차이가 최소화되어 있으며, 직접적인 가족구성원 간의 상호작용을 통해서 전체적인 성격에 따라 움직인다. 그러므로 가족은 최소한의 공통적인 목표를 가지고 있으며, 목표는 명백하기보다는 오히려 암시적이다. 또한 가족의 목표는 집단구성원들의 소속감이나 사랑과 같은 욕구로부터 나타나며, 비공식적이고 개인적인 관계의 본질에서 유래한다. 이러한 공동목표가 있어야 만이 가족관계의 필요성이 증가할 것이다.

③ 가족의 정체성의 강화와 배타성의 저하

가족구성원들은 공통의 집단 정체성을 공유하며, 전체적으로 가족문화를 인식해야 한다. 가족에 대한 정체성은 가족생활을 통해서 가족의식이 나타날 때 더욱 명백해진다. 가족구성원들이 상대적으로 구별되지 않으며 서로 인간적인 측면에 의해 관련되어 있기 때문에, 가족이 유지되고 발달하며 자기본위 의식의 증진에 기여한다.

또한 가족은 모든 사회체계 중에서 가장 배타적인 성격이 약하다. 배타성의 관념은 가족구성원들의 자기본위 의식에 의해 나타나지만 가족관계의 강화를 위해서는 가족 내의 배타성을 줄여야 한다. 가족구성원들의 관계가 개인적인 차원에서 이루어지는 것이 아니며, 가족의 내부에서 우러나오는 감정에 의해 이루어지기 때문에 배타성을 줄여야 한다.

④ 가족사회화의 기능

가족은 가족구성원들에게 사회화와 사회통제의 기능을 수행한다. 모든 가족은 독특한 가족문화를 소유하며, 이것은 가족구성원들의 행동에 영향을 미치는 규범을 포함하고 있다. 이러한 가족규범은 부분적으로 가족구성원들에 의해 내면화의 형태로 채택되며, 개인의 가치체계의 일부분이 된다. 그러므로 가족 내의 사회화 기능이 강화될 때 가족관계의 필요성이 증가할 것이다.

(2) 가족관계와 접근성

① 가족의 공유의식

Jung은 모든 인류에게 공통적으로 유전되어 온 집단무의식이 정신의 심층에 존재한다고 믿었다. 집단무의식은 인간 정신의 가장 깊은 곳에 자리 잡고 있는 것으로 생리적 에너지와 원형으로 구성되어 있다. 여기에서 원형(archetypes)이란 오랫동안 반복되어 온 경험이 마음속에 축적되어 나타난 무의식적인 이미지이다.

원형은 직접적으로 알 수 없으나, 세계 여러 민족들의 신화, 예술, 꿈, 환상 등에서 발견되는 원형적 이미지를 통하여 알아볼 수 있다. 이러한 원형적 이미지를 통해 사람들은 내부 심층의 열망과 무의식적 경향을 표현하려 한다.

집단무의식은 개인의 행동 결정에 직접적인 계기가 된다(Engler, 1991). 즉, 가족관계에서 가족의 공유의식 및 가치관은 모든 가족구성원들에게 영향을 미친다.

또한 집단무의식은 인간의 보편적 경험과 행동양식을 반영하고 있는 원천이라고 설명하고 있다. 그래서 집단무의식은 종(種)의 진화사에서 겪은 어떤 경험이 유전이라는 기제를 통해 한 세대에서 다음 세대로 계승된다고 본다.

이런 관점에서 보면 부모의 신경증적 증상은 자녀의 문제로 이어질 수 있는 위험성이 충분히 있다고 할 수 있다.

융이 집단무의식을 발견하게 된 계기는 정신분열증 환자를 치료하는 경험을 통해서였다. 환자가 표현하는 내용의 이미지는 본인이 개인적 역사에서 경험한 적이 거의 없는 신화(神話)나 옛날이야기와 관련성이 있는 내용을 담고 있었다.

그는 이 사실을 통해 집단무의식은 개인의 세계를 반영하는 개인적 무의식과 달리, 인간의 보편적 경험과 종의 역사를 반영하고 있다고 보았던 것이다. 그러므로 가족관계에서 가족가치관은 가족관계를 형성하는 데 매우 중요한 영향을 미친다. 이런 형상은 최근의 가족치료와 가족상담에 많은 영향을 미치고 있다.

② 가족관계와 가족응집력

가족응집력은 가족구성원이 가족에 대해 긍정적인 사고를 갖으며 가족구성원들끼리 상호 간에 매력을 느끼는 힘을 말한다. 또한 가족응집력은 가족의 목적달성에 중요한 요소이며, 가족응집력이 강할 때 가족구성원은 집단의 구조와 규범을 받아들인다.

이것은 가족구성원들이 가족에 대해 긍정적인 면을 부정적인 면보다 더 많이 가지고 있을 때 생긴다.

가족응집력은 가족구성원의 특성, 가족의 활동내용, 가족의 목적, 가족의 분위기, 가족협동의 필요성 등과 같은 다양한 요소들에 의해 결정되는 복합적인 현상이다. 이것은 가족생활에 광범위하게 영향을 미치며, 가족기능을 유지하는 결정적인 영향요소가 된다.

가족응집력을 높이기 위해서는 가족구성원들의 상호작용, 집단의 생산성, 만족도 등을 향상시키는 것이 필요하다. 그밖에도 가족의 역동성에 영향을 미치는 요소들로는 가족의 크기, 분위기, 참여도, 지도력, 갈등, 역할, 동질성과 이질성 등이 있다.

2. 가족생활주기와 가족관계의 발달 과정

1) 가족생활주기

(1) 개념

개인이 자신의 생활주기가 있는 것과 같이 가족단위에서도 가족생활주기가 존재한다. 개인들의 개성과 같이 가족들도 다양한 특성을 지니고 있다. 그리고 가족생활주기는 가족구조, 기족기능, 가족형태 등의 요소에 의해 달라진다.

그러나 개인의 생활주기에 나름대로의 단계가 있듯이 가족생활주기도 일정한 단계를 지니고 있다. 즉, 새로운 가족구성원의 탄생, 결혼, 이별, 죽음 등을 통하여 가족생활주기의 단계를 구분할 수 있다.

(2) 가족생활주기의 단계

가족생활주기의 단계에 관한 유형은 시대와 학자에 따라 매우 다양하게 분류할 수 있다. 가족규모의 변화에 따른 분류로서 가족확대기와 가족축소기 등으로 접근할 수 있고, 가족구성원의 변화에 따라 분류할 수도 있다.

또한 자녀의 성장발달과 교육제도를 중심으로 분류하는 경우도 많다. 이런 다양한 가족생활주기의 유형은 가족관계와 밀접한 관련을 가진다. 가족생활주기의 유형에 따라 가족관계가 달라지기 때문이다.

일반적인 가족생활주기와 가족관계의 변화를 살펴보면, 가장 보편적으로 영유아기의 가족관계(0~6세), 아동기의 가족관계(7~12세), 청소년기의 가족관계(13~24세), 중장년기의 가족관계(25~64세), 노년기의 가족관계(65세 이상)로 분류하여 고찰하고 있다.

표 10-1 가족생활주기별 가족관계의 변화 과정

가족생활주기단계	정서적 과정과 주요원리	발달 과정에 따른 2차적 변화
1. 가족과의 이별	정서적·재정적 책임의 수용	• 원가족에 대한 자아의 분화 • 새로운 관계의 개발 • 직업과 재정적 독립
2. 결혼	새로운 체계에 대한 적응	• 부부체계의 형성 • 확대가족, 배우자를 포함한 새로운 가족관계 재조정 • 결혼에 따른 심리적 변화의 적응
3. 아동이 있는 가족	새로운 성원을 체계 내에 수용하기	• 부부체계를 아동을 위한 공간을 확보하는 데 적응 • 아동양육, 재정, 가사적인 과제수행을 함께하기 • 새로운 구성원에 대한 배려
4. 청소년이 있는 가족	아동의 독립과 조부모의 취약성 등의 가족의 경계상의 융통성 증진	• 청소년이 체계 내부와 외부로 이동할 수 있도록 부모관계의 전환 • 부부의 직업상의 문제에 재초점 • 청소년의 변화에 따른 가족체계의 변화
5. 생활후기가족 (노인)	세대 간 역할변화의수용	• 신체·심리사회적 변화에 적응 • 새로운 가족과 사회적 역할선택의 탐색 • 노년기에 적당한 공간체계의 재구성과 생의 마무리의 준비 • 배우자, 형제, 그리고 동료들의 죽음에 대한 상실의 준비

출처: Betty Carter & Monica McGoldrick(1989)에서 재구성

학자별 가족생활주기의 단계

- 확대기와 축소기
  ① 확대기: 가족의 확립으로부터 자녀의 성장까지
  ② 축소기: 자녀들이 가족을 떠나 자녀들 자신의 가족을 갖게 되며, 그 후 부모세대의 배우자 중 하나 또는 양쪽이 사망하여 가족이 축소되는 시기
- Sorokin(1931): 가족구성원 수의 변천에 따라 구분
  ① 자립적인 경제생활을 시작한 신혼부부단계
  ② 하나 또는 그 이상의 자녀를 낳아 기르는 단계
  ③ 1~2명의 자녀가 자립하여 부모를 떠나는 단계
  ④ 노인부부만 살아가는 단계
- Kirkpatrick et al.(1934): 교육제도를 기준으로 자녀의 위치에 따라 구분
  ① 학동전기 가족(preschool family) ② 학동기 가족(grade school family)
  ③ 고등교육기 가족(high school family) ④ 성인기 가족(all adult family)

- Bigelow(1936): 가족주기를 통해서 일어나는 수입과 지출의 재정적 유형의 변화를 계획하면서 자녀들의 교육상황에 따라 생활주기를 구분
  ① 가족형성기(establishment) ② 자녀출산 및 미취학 아동기(child bearing and preschool period) ③ 초등교육기(elementary school period) ④ 고등교육기(high school period) ⑤ 대학교육기(college period) ⑥ 회복기(period of recovery) ⑦ 은퇴기(period of retirement)
- Duvall(1957): ① 신혼부부 가족(부부확립기, 무자녀) ② 자녀출산 및 영아기 가족(첫아이 출산~30개월) ③ 유아기 가족(첫 아이 2.5세~6세) ④ 아동기 가족(첫아이 6세~13세) ⑤ 청년기 가족(첫아이 13세~20세) ⑥ 독립기 가족(첫아이가 독립할 때부터 마지막 아이가 독립할 때까지) ⑦ 중년기 가족(부부만이 남은 가족~은퇴기까지) ⑧ 노년기 가족(은퇴 후~사망)
- 유영주의 우리나라 가족의 특성에 맞추어 가족생활주기를 6단계로 제시
  ① 형성기: 결혼으로부터 첫 자녀 출산 전까지 약 1년간(23~24세)
  ② 자녀출산 및 양육기: 첫자녀 출산으로부터 자녀가 초등학교에 입학할 때까지(24~30세)
  ③ 자녀교육기: 첫 자녀의 초등학교, 중학교, 고등학교 교육기(30~42세)
  ④ 자녀성년기: 첫 자녀가 대학에 다니거나 취업, 군복무 중이며, 가사를 협조하는 시기(42~48세)
  ⑤ 자녀결혼기: 첫 자녀의 결혼으로부터 막내 자녀 결혼까지(48~57세)
  ⑥ 노년기: 막내 자녀 결혼으로부터 배우자가 사망하고 본인이 사망할 때까지(57세 이후)
- 이광규의 우리나라 가족주기를 8단계로 구분
  - 1단계: 부부의 결혼
  - 2단계: 자녀의 출산(1~2단계는 부부가족)
  - 3단계: 자녀가 결혼하여 처자를 갖는 단계(미혼자녀 동반 직계가족)
  - 4단계: 차남이 결혼하여 분가하기까지 부모와 동거하는 단계(기혼 중(衆)자녀 동반 직계가족)
  - 5단계: 완형(完型) 4대 직계가족)
  - 6단계: 3세대 자녀가 결혼(미혼자녀 동반 4대 직계가족)
  - 7단계: 기혼 중자녀가 동반 4대 직계가족
  - 8단계: 기혼 중자녀가 분가(완형 4대 직계가족)

2) 가족관계의 발달 과정

(1) 영유아기의 가족관계

① 영아기

영아기(嬰兒期)는 0~2세 사이의 시기로서 제1성장급등기라고 할 만큼 출생하면서부터 급격한 신체발달이 이루어지며, 보행을 학습하게 되고, 감각발달이 이루어진다. 인지발달로 인하여 목적지향행동과 대상영속성이 확립되며, 언어발달이 활발하게 진행되는 시기이다.

이 시기에는 성격발달의 기초가 되는 정서발달이 이루어져 성인에게서 볼 수 있는 대부분의 정서가 나타나게 된다. 또한 사회성 발달 과정에서 표현행동과 애착행동을 보이며 격리불안이 나타나게 된다.

② 유아기

유아기(幼兒期)는 3~6세 사이의 시기로서 신체가 전체적으로 균형을 잡아가면서 운동기술이 발달하여 독립된 개체로 활동하게 되며, 대소변 가리기 훈련이 가능해진다.

유아가 최초로 맺게 되는 사회적 관계는 부모와의 관계이다. 유아는 부모와의 관계에서 성격과 사회성 발달에 중요한 영향을 받게 되며, 이러한 부모-자녀관계에 중심이 되는 것은 자녀에 대한 부모의 양육태도와 유아의 성격형성과의 관계이다.

부모의 양육태도가 수용적이면서도 권위 있는 태도를 가질 경우에는 유아가 자신을 수용할 수 있고 자신감을 갖게 되며, 자신의 감정을 보다 자유롭게 표현할 수 있고, 다른 사람과의 관계에서 개방적이다. 또한 유아는 다른 사람을 사랑할 수 있는 능력을 갖게 되며, 사회적으로 책임감이 있고 독립적이며, 성취지향적이고 다른 사람들과 협조적이 된다(최경숙, 2001).

(2) 아동기의 가족관계

아동기(兒童期)는 7~12세 사이의 시기로서 학교교육을 통하여 필요한 지식과 기술을 습득하게 된다. 인지발달이 이루어져 보존개념, 분류화, 서열화, 탈중심화 등이 발달하며, 기억전략과 변형기억이 현저하게 발달하는 시기이다.

이 시기에는 분노, 질투, 애정, 불안, 좌절감 등의 감정을 조절할 수 있게 되며, 또래집단과의 대인관계가 발달하고 적절한 성역할을 학습한다. 또한 자기의 존재를 자각하고 독자성을 가지게 되면서 자아개념, 자존심, 근면성, 도덕성 등이 더욱 발달하게 된다.

아동기에는 학교생활을 하면서부터 부모에 대한 의존이 줄어들고 교사 및 또래집단과의 관계가 빈번해지기 때문에, 부모는 아동의 행동을 보다 잘 이해하고 너무 간섭하거나 금지하는 태도를 지양해야 한다.

또한 부모는 아동의 자유시간과 의사를 존중하고 아동의 행동에 적응할 필요가 있다. 그리고 아동기부터는 점차 가족관계를 떠나 사회활동을 통하여 인간관계를 확대해 나간다.

(3) 청소년기의 가족관계

청소년은 자기 자신과 친구에게 의존하기 시작하면서 부모와 가족으로부터 점차 멀어지기 시작한다. 부모는 청소년의 성장하는 모습을 보면서 자신의 역할을 다하고 있다는 기쁨과 함께 자녀들로부터 거부당하는 느낌을 동시에 갖게 된다. 특히 아버지보다는 어머니가 그에게서 멀어져 가는 자녀의 행동을 수용하지 못한다.

청소년은 독립된 인격체로서 부모에게 대우받기를 원하며, 자율성을 추구하고자 하는 욕구가 강해진다. 그와 더불어 청소년이 신체적으로 성장하면서 부모의 물리적인 처벌이나 통제가 어려워지며, 인지발달로 인하여 부모가 제시하는 규칙이나 가치관에 대해 의문을 제기하기도 한다. 따라서 청소년을 가진 부모는 아동기와는 달리 보호자로서의 역할을 재정립할 필요가 있다.

(4) 장중년기의 가족관계

① 장년기

장년기(壯年期)는 25~39세 사이의 시기로서 신체적·심리적·사회적으로 성숙해지며, 일생에서 가장 활력이 넘치고 활동적인 시기이다. 이 시기에는 배우자를 선택하여 가정을 이루고, 배우자와 원만한 인간관계를 맺으며, 자녀를 양육하고 부모로서의 역할을 수행하면서 가정생활을 관리해 나간다.

또한 경제적으로 독립의 필요성을 느끼고 직업생활을 시작하며, 직장에서 자기 일을 만족스럽게 수행하고, 사회인으로서의 책임과 의무를 다하는 시기이다.

② 중년기

중년기(中年期)는 40~64세 사이의 시기로서 인생의 목표를 성취해 가는 인생의 절정기이다. 이 시기에는 노화가 시작되는 자신의 신체적·생리적 변화를 인정하고 적응하며, 사회에 공헌하고 생산성을 획득해 나가면서 중년의 위기에 대처한다.

성숙한 부모의 태도를 소유하고 자녀를 지도하며, 부부간의 동반자의식을 신장시키고, 노부모를 부양한다. 또한 직업안정을 통하여 경제적 안정을 누리고, 여가를 활용하며, 은퇴에 대비해 나간다.

㉠ 부부관계

중년기는 부부간에 적응 과정의 어려움을 극복하고 진정한 동반자로서의 의식을 강화시켜 나가는 시기이다. 중년기가 되어 자녀들이 어느 정도 자율적으로 생활하게 되면서 부부가 전보다 더욱 밀착된 관계로 발전해 간다.

이 시기에 부부간 서로 노력하게 되면 참다운 동반자로서 인생의 새로운 만족을 경험할 수 있다. 그러나 상대방에 대한 지식과 이해의 부족, 친밀감의 부족, 의사소통의 결여 등은 서로 간에 만족하지 못하고 인생의 무의미함을 느낄 수 있는 요소가 될 수 있다.

㉡ 자녀와의 관계

부모가 중년기가 되면 자녀들이 청소년기나 장년기가 되기 때문에 이들에 대한 지원과 지도가 필요하다. 부모는 청소년 자녀가 신체적 성장과 성적 성숙에 적응할 수 있도록 그들에게 적절한 교육과 지도를 해야 하며, 그들과 효율적으로 의사소통을 해야 한다.

중년기의 부모는 청소년 자녀가 자아개념을 발달시키고 자아정체감을 확립할 수 있도록 지원해야 한다. 부모는 청소년들이 자율적이면서 독립적으로 행동할 수 있도록 지지하고 안내하며 지원할 책임이 있다(조복희 · 정옥분 · 유가효, 1997).

③ 노부모의 부양

최근 가족구조의 변화, 평균가구원 수의 축소, 자녀세대의 노부모 부양의식의 약화, 노인세대의 증가, 여성의 사회참여 증대 등으로 인하여 노부모들이 자녀의 부양을 제대로 받지 못하고 있다.

자녀의 부양을 받는 경우에도 자녀들이 신체적 · 정신적 · 경제적으로 상당한 부양부담을 느끼고 있기 때문에 부모–자녀관계는 물론 가족의 분위기를 해치고 부부관계의 불화를 일으킬 수 있어서 노부모에 대한 부양은 더욱 어려워지고 있다.

노인부양문제는 앞으로 가족구성원의 보호를 기반으로 다양하고 체계적인 사회복지정책과 사회복지실천의 접근을 통하여 해결해 나가야 할 것이다.

중년기에 부모를 부양한다는 것이 어려운 과제이지만, 노부모의 부양에 따른 긍정적인 면도 존재한다. 노부모의 부양을 통하여 자신의 노후 문제와 죽음에 대한 인식을 새롭게 하면서 인간적으로 더욱 성숙해질 수 있으며, 중년기에 노부모를 잘 보살펴 드린 자녀는 자신이 노부모가 되었을 때 자녀의 보살핌을 제공받을 가능성도 커질 수 있다.

④ 중년기의 위기

중년기의 위기와 관련하여 성인기(17~60세)의 발달모델을 제시한 Gould(1972)의 이론을 소개하면 다음과 같다. 그는 성인기를 7개의 발달단계로 나누고, 각 단계에는 각각 독자적인 자기에 대한 사고가 있다고 보았는데, <표 10−2>와 같이 각 연령대의 역할이나 발달내용을 제시하고 있다.

이 발달모델을 보면 1~3단계는 인생의 상승기로 기술하고 있지만, 4~5단계에는 큰 변화에 대한 위기적 상황, 즉 중년기의 위기적 상황이 반영되어 있다. 그러다가 자신의 모든 것을 수용하는 성숙단계로 이어지는 과정으로 그려지고 있다.

특히 여기서 주목해야 할 부분은 단계 4, 5의 중년기인데, 그는 이 시기를 불안정한 위기의 시기로 간주하면서 가치나 목표의 존재에 의문을 던진다고 보았다.

표 10-2 Gould의 성인생활의 7개의 단계

단계	추정연령	발달내용
1	16~18	부모로부터 독립하고자 한다.
2	18~22	동료나 친구와의 관계를 중요하게 생각한다.
3	22~28	자립을 추구한다: 직장을 갖고 자신의 가정을 만든다.
4	29~34	자신에 대한 의문을 갖는다: 역할갈등, 결혼생활, 직장에서의 불만으로 인해 스트레스를 받는다.
5	35~43	조급하게 목표에 도달하고자 한다: 시간이 얼마 남지 않은 것을 깨닫는다. 목표의 재정비
6	43~50	침착성과 여유: 자신의 인생을 수용한다.
7	50~60	관용성이 보임: 과거의 수용, 성숙한 모습을 보인다.

출처: Santrock(1983).

한편 Levinson(1978, 1980)은 중년기를 과도기와 안정기도 나누면서 각각에 있어 발달과제를 다음과 같이 제시하고 있다. 먼저 인생의 중반에 해당하는 과도기에는 ① 과거를 다시 돌아본다, ② 생활구조를 수정한다, ③ 젊음과 늙음, 파괴와 창조, 남자다움과 여자다움, ④ 애착과 분리의 네 가지 발달과제를 통합하는 것이 부여되어 있다고 보았다.

또한 이 시기에 자신의 내부에서의 갈등과 외부와의 갈등이 일어난다고 보았다. 갈등의 정도는 차이가 있지만, 그는 이것을 위기라고 보면서도 정상적인 발달의 과정으로 간주하고 있다.

과도기가 끝나면 새롭게 안정된 시기, 즉 중년에 접어들게 되는데 이 시기는 이미 모든 것을 재통합할 에너지가 없기 때문에 과거를 재수정할 수가 없다. 그래서 자신에게 적합한 일을 찾거나 자신의 마음에 드는 직장이나 주거환경을 찾아서 이를 통해 만족한 생활구조를 구축해 나가는 것이 과제가 된다.

(5) 노년기의 가족관계

노년기(老年期)는 65세 이상으로서 신체적 노화 현상이 나타나고 감각기능이 쇠퇴하는 시기이다. 이 시기에는 기억력이 감퇴하고 학습과 문제해결에 느린 반응으로 보이며, 성격이 다소 변화되어 노인들만의 어떤 독특한 성격특성을 보이기도 한다.

배우자, 부모-자녀, 친구 등과 친밀감을 나누고 유대관계를 강화해야 하며, 배우자의 죽음에 적응해야 한다. 또한 은퇴 이후의 생활에 적응해야 하며, 자아통합을 성취하고 죽음을 수용해야 하는 시기이다.

① 부부관계

노년기에는 가족생활의 관심이 자녀로부터 배우자에게로 이동하게 되어 부부관계가 더욱 중요하게 된다. 즉, 노년기가 되면 자녀들이 독립해 나갈 뿐만 아니라 친구들도 점차 세상을 떠나게 되므로 친밀감을 나눌 수 있는 유일한 대상이 배우자가 된다.

배우자는 인생의 반려자로서 더욱 소중한 사람으로 인식되며, 자신이 의지하고 대화하며 의논할 수 있는 훌륭한 대상이 된다.

노년기의 부부관계는 비교적 안정적이며, 결혼생활의 만족도가 중년기보다 더 높은 것으로 나타나고 있다. 이것은 노년기가 되어 부부간에 서로 친밀감을 나누고, 상호 의지하며, 서로에 대한 소속감을 갖기 때문인 것으로 보인다.

이러한 노년기의 부부관계가 더욱 성공적이기 위해서는 애정, 서로에 대한 존중, 공통 관심사의 증진, 동료의식, 성적 친밀감, 서로 간의 감정을 솔직히 표현할 수 있는 기회의 증진 등이 필요하다(정옥분, 2000).

② 부모-자녀관계

노년기가 되어 건강이 약화되고 경제적으로 어렵게 되면 자녀에게 의존하게 된다. 그러나 성인자녀의 도움을 원하는 노인들은 경제적 지원보다는 그들을 자주 방문하고 정서적으로 지지하기를 더 바라고 있다. 성인자녀가 노부모를 모시고 있는 경우에 부모-자녀관계에 갈등이 존재할 수 있다. 특히 고부간의 갈등은 전체 가족관계에도 영향을 미치기 때문에 적절히 해결해야 한다.

노년기에는 자녀에게 일방적으로 의존하기보다는 가능한 한 교환론적 입장에서 상호지원체계를 유지하는 것이 필요하다. 즉, 성인자녀가 노부모에게 정서적 지지와 경제적 도움을 주고 노부모는 손자녀를 양육하는 것이다. 노부모와 성인자녀의 관계는 의무감에서가 아니라 애정적인 유대감에서 비롯되어야 노년기의 생활만족도를 높일 수 있다.

③ 손자녀와의 관계

노년기가 되면 노인들이 조부모의 역할을 수행하게 되며, 이러한 역할은 노년기의 삶에 중요한 의미를 갖는다. 조부모는 손자녀를 자기 삶의 중요한 부분으로 인식하고 있으며, 조부모로서의 역할을 통해 자신의 존재가치를 확인하고, 상실감을 극복하며, 삶에 대해 보다 의욕적인 자세를 가질 수 있다(정옥분, 2000).

3. 가족관계의 체계적 접근방법

일반체계이론에서 가족관계를 접근해 보면 가족은 가족구성원이 상호작용을 하는 여러 부분들로 구성되어 있으며, 그리고 가족구성원들 간에 상호교류를 하고 정보와 에너지를 교환한다. 체계는 부분들의 총합으로서 지속성과 경계를 지닌 전체이며, 긴장을 가져오기도 하지만 변화와 안정상태를 유지한다.

(1) 가족관계에서의 경계

① 의의

가족관계에서 경계(boundary)란 가족관계의 내부와 외부를 구분하는 폐쇄된 테두리로서, 체계 내부로의 에너지의 흐름과 외부로의 에너지 유출을 규제한다. 경계의 기능은 그것의 환경으로부터 체계를 구분하는 것이며, 기능수행을 방해할 환경의 영향력으로부터 체계의 부분들을 보호하는 것이다. 체계의 경계는 환경 내에서 투입과 산출의 교환을 위해서 항상 투과성을 허락한다(Norlin & Chess, 1997).

경계는 체계의 부분들과 환경 사이의 상호작용을 관찰함으로써 규명될 수 있다. 그러므로 사회관계에서 경계의 위치와 성질을 구별하는 것이 중요하다. 어떤 경계는 그것들의 투과성 때문에 가시적이지만, 다른 경계들은 경계를 건너는 에너지의 교환이 빈번하고 강렬하기 때문에 찾아내기가 힘들다.

경계가 반드시 장벽을 의미하는 것만은 아니며, 일정한 경계를 가지면서도 경계를 건너는 에너지의 이전에 아주 개방적일 수 있다. 두 개의 체계가 그들의 경계를 넘어 에너지를 교환할 때 그들은 연결되어 있거나 서로 연결을 가질 수 있게 된다.

② 경계의 유형

㉠ 개방체계

가족관계에서의 개방체계(open system)는 일반체계이론에서의 주요한 개념으로서, 체계가 가족환경과 역동적으로 연결되어 있는 것을 말한다. 즉, 이것은 체계가 체계 내에서나 다른 체계들과 빈번하게 상호작용을 하는 것을 말한다.

개방체계는 가족환경으로부터 투입(input)을 받아들이며, 환경에서 산출(output)을 생산한다. 가족관계의 계속성과 변화는 환경 내에서 부분들 간의 상호교환에 의해 이루어진다. 이러한 가족환경과의 상호교류 및 가족환경 내에서의 상호교류가 체계의 생존에 기초가 된다. 가족관계가 성장하고 발전하는 것은 다양한 질서와 복잡성을 극복할 수 있는 개방성을 갖고 있기 때문이다.

㉡ **폐쇄체계**

가족관계에서의 폐쇄체계(closed system)는 체계들이 다른 체계들과 상호작용을 하지 않는 것을 말한다. 즉, 가족관계가 다른 체계들로부터 투입을 받아들이지 않을 뿐만 아니라 다른 체계에 산출을 생산하지도 않는다.

이러한 체계들은 엔트로피(entropy)라고 불리는 특성을 가지고 있다. 이것은 가족관계의 요소들의 분화가 적어지고 조직과 기능이 상실되는 경향을 의미한다 (Compton & Galaway, 1984).

(2) 가족관계에서의 안정상태

① 개념

가족관계에서의 안정상태(steady state)는 가족관계의 내부 또는 외부로부터 정보와 자원의 흐름으로 인하여 체계가 제대로 기능할 수 있는 상태를 말한다. 즉, 이것은 가족구성원들이 부분들 간의 관계를 유지하고 에너지가 계속적으로 체계를 위해 활용되고 있는 상태를 의미한다.

안정상태는 전체 가족관계가 평형상태를 유지하는 것이며, 가족관계가 가족환경과 성숙한 관계를 유지하고, 가족관계의 기능들이 가족의 유지를 위해서 역동적으로 수행되고 있는 것을 말한다. 안정상태는 고도의 조직성, 복잡성 및 가족환경에 대한 개방성의 특성을 지니고 있다.

② 가족관계의 균형과 항상성

가족관계의 안정상태와 유사한 개념으로 균형과 항상성이 있다. 그러나 이러한 개념들은 안정상태와 중요한 차이가 있다. 균형(equilibrium)은 가족관계가 고정된 구조를 가지고 부분들 간의 수평적인 상호작용을 하면서 환경으로부터 투입이 없이도 가족관계를 유지할 수 있는 능력을 말한다.

항상성(homeostasis)은 가족관계가 균형을 유지하고 있으며, 균형이 위협을 받을 때 회복하고자 하는 역동성을 지닌 경향을 말한다. 그러므로 가족관계의 균형과 항상성은 고정된 평형을 유지하며 가족관계의 구조에 큰 변화가 없는 것이지만 안정상태는 고정된 평형이 아닌 새로운 평형과 종전의 구조와 다른 새로운 구조를 포함한다(Anderson & Carter, 1986).

(3) 가족관계에서의 적응과 평형

① 적응

가족관계에서의 적응(adaptation)은 유기체가 자신의 주위 환경조건을 조정하는 능력을 말한다. 즉, 이것은 유기체가 주위환경과 조화를 이루면서 생존을 위해 변화하는 과정이다(Zastrow & Kirst-Ashman, 1997). 유기체의 환경에 대한 적응은 동화와 조절의 상호작용에 의해서 일어난다.

동화(assimilation)는 자신이 이미 가지고 있는 도식에 맞게 새로운 대상들을 받아들이는 인지과정이다. 즉, 이것은 외부환경을 기존의 구조에 맞게 변형시킴으로써 새로운 자극을 이해하는 것이다.

조절(accommodation)은 자신이 가지고 있는 기존의 도식이 새로운 대상을 동화하는 데 적합하지 않을 때, 새로운 대상에 맞게 이미 있는 도식을 바꾸어 가는 인지적 과정을 의미한다. 즉, 동화로서 외부환경에 적응하지 못할 때 자신의 도식을 변형시킴으로써 적응해 가는 과정이다.

예를 들면, 자신이 잡기에 너무 큰 물체가 주어져 잡을 수 없을 때 아동은 자신의 잡는 방식을 적절히 조절하여 그 물체를 잡을 수 있게 된다. 동화와 조절의 과정은 보다 새로운 도식을 생성함으로써 인지발달을 이루는 주요 기능이 된다(송명자, 1996). 이와 같이 인지발달은 동화와 조절의 과정을 거치면서 일어나기 때문에, 인지발달 과정에서 두 가지 측면이 서로 분리될 수 없다.

② 평형

가족관계에서의 평형(equilibration)은 동화와 조절의 상호작용을 통한 조화를 통해서 유기체가 자신과 환경 간의 균형상태를 이루는 것을 의미한다. 이와 같이 평형은 사고의 균형을 의미하며, 유기체는 그의 환경과의 상호작용을 통해서 균형을 추구하면서 발전해 나간다. 여기에서 균형은 정지된 상태가 아니라 계속적으로 움직이는 동적인 상태이다.

Piaget가 지적하고 있는 것과 같이 가족관계에서도 가족구성원의 인지발달이 동화와 조절이라는 적응 과정을 통하여 가족관계가 내면적인 평형이 이루어지면서 가능하다는 것이다. 이러한 평형은 새로운 사태에 접할 때 균형이 깨지게 되며, 따라서 평형상태를 다시 회복하기 위해 적응 과정이 되풀이됨으로써 보다 높은 수준의 인지발달이 이루어지게 된다고 하였다. 한편 동화와 조절이 이루어지는 과정은 모든 연령과 인지발달단계에서 동일하며, 평형은 모든 연령단계에서의 인지발달을 설명해 줄 수 있는 보편적인 원리가 된다.

생각해 볼 문제

- 나의 출생에서 지금까지의 가족관계의 변화는 어떠한가?
- 앞으로의 가족관계의 변화는 어떠한 것이 있는가?
- 나는 가족관계의 변화를 위해 어떠한 노력을 하고 있는가?

11
CHAPTER

부부관계

1. 부부관계의 이해
2. 부부관계의 만족도
3. 부부권력
4. 법률상의 부부관계

1. 부부관계의 이해

1) 부부관계의 의의

부부관계란 서로 다른 가정에서 성장한 성인이 만나서 결혼이라는 사회적 의식을 통하여 형성되는 가족관계다. 부부관계는 부자관계나 형제관계와 달리 비혈연적인 관계로서 그 형태나 구조는 국가의 문화적 차이나 따라 다소 차이가 나고 있다. 그리고 부부는 단순히 육체적인 결합이 아니라 정서적 · 심리적 결합의 새로운 관계의 성립이다.

또한 부부관계는 시대에 따라 그 개념이 변화하고, 부부관계와 관련된 여러 가지 관련 요인들도 변화하고 있다. 특히 가족관계에서 부부관계의 유형이 그 가족관계를 구축하는 데 중요한 영향을 미친다.

배우자와 사별한 노인은 배우자와 같이 사는 노인에 비하여 우울증과 정신장애를 가질 확률이 높다. 남성은 아내와 사별한 후 6개월 이내에 사망할 가능성이 많으며, 여성은 남편과 사별한 후 만성질환이 더욱 진전되기 쉽다(Zastrow & Kirst-Ashman, 1997). 배우자와의 사별은 평생의 반려자에 대한 상실감으로 심리적 충격이 크기 때문에 사별에 대한 심리적 준비가 필요하며, 취미활동이나 사회적 관계를 통해서 적응해 나가야 한다. 이처럼 부부관계는 가족관계에서 차지하는 비중은 매우 높다.

2) 부부의 기능

(1) 보호와 애정의 기능 및 정서적 연대

결혼은 부부의 생명이나 재산을 보호하는 기능을 수행한다. 부부의 안전과 복지를 제공하는 기능을 수행한다. 최근 이러한 기능이 국가기관을 비롯한 다양한 기관에서 분담하여 수행되고 있지만, 부부의 보호는 무엇보다도 중요하다.

가족은 친밀한 관계를 유지하고 사랑과 애정을 공유해야 하는 집단이다. 부부간의 친밀한 관계를 바탕으로 자녀들을 사랑으로 양육하고, 부모를 부양하는 기능을 수행한다. 최근 가족의 애정적 기능이 약화되어 이혼, 별거, 가출, 학대 등과 같은 다양한 문제들이 발생하므로, 부부의 애정적 기능이 강화될 필요가 있다. 즉, 이러한 애정기능을 통한 정서적 연대를 강화할 수 있다.

(2) 경제적 기능

부부는 경제의 기본단위로서 생산활동과 소비활동을 동시에 수행하고 있으며, 경제활동을 통해서 구성원의 생계를 유지하고 재산을 소유한다. 현대사회에서는 농업이나 가사를 제외하고는 대부분의 생산 활동이 가족 이외의 직장에서 이루어지고 있기 때문에, 가족은 전형적인 소비기능을 수행하는 단위가 되었다. 부부는 소비기능을 통하여 구성원의 다양한 욕구를 충족시키고 있다. 한편 전통적인 사회에서는 경제적 부양이 대부분 남성의 역할이었으나, 현대사회에서는 남녀 간의 공동의 역할로 변화되고 있다.

(3) 자녀의 양육과 사회화 및 문제해결기능

부부는 자녀가 독립적이고 책임감 있는 성인으로 성장할 수 있도록 양육한다. 자녀의 신체적·인지적·사회적 발달을 촉진하고 훌륭한 사회인으로 성장할 수 있도록 지도하고 원조한다.

또한 건강가족은 자녀가 사회에 잘 적응하면서 인간답게 살아갈 수 있도록 하는 데 기여하는 각종 기술을 습득할 수 있게 한다. 즉, 사회생활에 필요한 기술을 익히는 일차집단이며, 인간의 성격형성에 가장 중요한 구실을 하며, 문화를 학습시키는 사회화의 장인 것이다. 그리고 이러한 사회화 과정을 통하여 가족구성원들이 문제해결을 할 수 있는 능력을 갖추어야 한다.

(4) 종족보존과 성행위의 규제

부부는 자녀를 출산하여 종족을 보존하는 기능을 수행한다. 이것은 부부가 갖고 있는 고유하고도 가장 중요한 기능으로서, 자녀의 출산을 통하여 노인세대의 사망 이후에 사회가 계속적으로 유지될 수 있도록 한다.

최근 자신의 후손에 대한 관념이 점점 약화되어 자녀의 출산율이 계속적으로 낮아지고 있다. 또한 건강가족은 성적 욕구를 충족시키는 역할을 수행하면서 가족

외부에서의 성행위를 규제하여 정상적인 가족관계를 유지하도록 하는 역할을 수행한다.

2. 부부관계의 만족도

결혼생활의 만족도는 결혼 초기에 높게 나타나다가 자녀를 양육하는 시기에 낮아지며, 자녀가 독립하는 시기에 다시 높아지게 된다. 특히 청소년기의 자녀를 둔 부부에게 만족도가 낮으며, 이 시기의 결혼생활의 만족도는 부모가 동성의 청소년 자녀와 얼마나 친밀한 관계를 유지하는가와 관련되어 있다는 것이다.

중년기의 결혼생활의 만족도에는 성별로 차이가 있으며, 남성이 여성보다 만족도가 높게 나타나고 있다. 이 시기에 여성의 주된 불만은 남편이 너무 의존적이라는 것이다. 또한 중년기의 여성들은 친구나 성장한 자녀를 주된 의논상대로 여기는 반면에 남성들은 연령이 증가하면서 배우자를 더욱 중요하게 인식한다(정옥분, 2000).

자녀들이 독립하게 되면서 중년기의 부부는 부모의 의무로부터 해방되어 부부간에 많은 시간을 갖게 되면서 결혼생활의 만족도가 높아지게 된다. 이 시기에 부부간에 서로에 대해 더 잘 알게 되고 즐거움과 슬픔을 함께 나누면서 동반자의식이 더욱 강화된다.

중년기 부부에게 이러한 동반자의식이 신장되지 못하면 별거나 이혼과 같은 문제가 발생할 수 있다. 따라서 중년기에 부부간에 동반자의식을 가지고 결혼생활의 만족을 느끼면서 살아가기 위해서는 서로 간에 충분한 의사소통을 하며, 서로의 인격을 존중하고, 친구나 동료와 같은 친밀감은 물론 성적 친밀감을 느낄 수 있도록 해야 한다.

부부관계 만족도에 대한 설문지

사용설명: 이 설문지는 부부관계에서 당신이 얼마나 만족하고 있는가에 대한 설문지입니다. 당신의 대답은 당신과 가족의 스트레스와 문제의 원인을 사정하는 데 도움이 됩니다. 각 항목에 대하 당신의 만족도가 가장 적합한 항목에 표시해주시기 바랍니다.

내용	매우 만족	약간 만족	보통	약간 불만족	매우 불만족
의사결정의 방식					
아동양육책임의 분배방식					
돈과 가계재정의 분류방식					
수입 정도					
부부갈등의 해결방식					
가사노동의 분담방식					
아이들과 지내는 방식					
아이들의 훈육방식					
친척(부모)들과의 교류방식					
여가를 보내는 방식					
대화의 방식					
함께 지내는 시간의 정도					
술을 마시는 정도					
서르 간의 정서적 지지방식					
사생활의 만족 정도					
피임방식					
부부관계의 성적인 부분					
미래를 설계하는 방식					
이웃과 지내는 방식					
종교 관심사를 다루는 방식					
분노와 좌절을 다루는 방식					

* 당신의 부부관계에서 다른 중요한 관심사가 있으면 적어주세요.
( )
* 당신의 부부관계에서 중요한 강점은 무엇이라 생각합니까?
( )
* 당신의 부부관계에서 가장 중요한 두 가지 문제는 무엇이라 생각합니까?
( )

출처: 박상훈(2019). 재인용

3. 부부권력

1) 부부권력의 이해

(1) 의의

부부권력이란 부부간의 행동에 누가 더 영향을 주느냐의 상대적인 능력을 의미하는 것으로 역사와 시대적 상황에 따라 다양하게 접근할 수 있다. 우리의 경우에도 가부장적인 시기에는 남편의 권력이 절대적이었으나, 차츰 부인에게로 권력이 이양되고 있는 실정이다. 그러나 부부권력은 상대적인 요소가 많기 때문에 단편적으로 접근하기 어렵다.

(2) 부부권력에 영향을 미치는 요인

부부권력에 영향을 미치는 요인은 매우 다양하다. 또한 여러 가지 상황에 따라 달라진다. 보편적으로 부부권력은 시대적 상황에 영향을 많이 받고 있다. 구체적으로 학자별로 부부권력에 영향을 미치는 요인을 살펴보면 다음과 같다.

① 권력의 원천(McDonald)

㉠ 경제적 지원: 수입, 부인의 직업

㉡ 규범적 지원: 연령

㉢ 감정적 지원: 부부생활 만족도

㉣ 개인적 자원: 신체적 매력, 성격, 역할수행능력, 개성

㉤ 인지적 자원: 부부의 교육 수준(전문성)

② 권력의 접근유형(French와 Raven)

㉠ 보상적 권력: 어떤 행위를 하고 난 뒤 그 행위에 대해 보상을 할 수 있는 능력

㉡ 위압적 권력: 어떤 행위를 하고 난 뒤 그 행위에 대해 처벌을 할 수 있는 능력

㉢ 합법적 권력: 규범적으로 정해진 합법적 권리에 바탕을 둔 권력

㉣ **준거적 권력:** 타인에 대한 매력이나 동일시에 바탕을 둔 권력

㉤ **전문가적 권력:** 특정 분야에서 상대방보다 우월한 지식과 기술을 바탕으로 한 권력

(3) 부부권력의 소재

어떤 가정에서 부부권력이 어떻게 분포되어 있는가를 알 수 있는 방법은 매우 다양하다. 구체적으로 부부권력의 소재를 알 수 있는 방법을 가족 내 의사소통방식을 통하여 살펴보면 다음과 같다.

① 가족 내에서 의사결정이 선택될 수 있는지를 결정하는 데 중요한 역할을 하는 상황에 대한 결정을 누가 내리는가?

② 가족 내에서 어떤 의사결정은 적합하며 어떤 것은 적합하지 않은지에 대한 결정을 누가 하는가?

③ 권위가 위임되는 경우 최종적인 의사결정을 할 사람을 누가 지정하는가?

2) 부부간의 권력유형

부부간의 권력유형은 앞에서 지적한 바와 같이 권력에 영향을 미치는 요인, 권력의 소재 등에 따라 다양하게 분류해 볼 수 있다. 가장 보편적으로 분류하고 있는 부부간의 권력유형을 살펴보면 다음과 같다.

(1) Saflios Rothschild의 분류유형

① 관습이나 사회적인 규정에 의하여 인정되는 권력인(권위)

② 강압적인 위협이나 폭력에 의해 굴복시켜 획득하는 권력인(지배력)

③ 돈이나 명성 등 필요한 자원을 공급해 줌으로써 부여받는 권력인(자원력)

④ 전문적인 지식이나 고도의 기술, 경험 등을 근거로 하여 부여받는 권력인(전문적 권력)

⑤ 압력을 행사할 수 있는 권력인(영향력)

⑥ 온화함이나 성적 매력에 의하여 배우자를 다루는 능력인(애정적 권력)

⑦ 눈물이나 잔소리 등으로 조정하는 권력인(긴장관리력)

⑧ 도덕적 · 종교적 기준에 비추어 타당한 규범에 의하여 부여되는 권력인(도덕적 권력)

(2) Herbst의 분류유형

① **부부자율형**: ①형, ②형

- 남편이나 부인 혼자 결정하고 행동하는 역할 분야가 있음
- 부부간에 제각기 자율적으로 행동할 수 있음

② **남편지배형**: ③형, ⑤형

- 남편의 지배하에 결정되고 행동하는 부부관계

③ **부인지배형**: ④형, ⑥형

- 부인의 결정에 따라 남편이 행동하거나 부부가 함께 행동하는 것

④ **부부공동형 또는 협동형**: ⑦형, ⑧형, ⑨형

- 부부가 대등한 인간관계를 가지고 협동적 분업을 하는 것

표 11-1 부부권력의 유형

결정 \ 행동		결정		
		남편	부인	공동
행동	남편	①형	⑥형	⑧형
	부인	⑤형	②형	⑨형
	공동	③형	④형	⑦형

4. 법률상의 부부관계

1) 의무관계

(1) 부부간의 의무

원칙적으로 부부는 동거하며 서로 부양하고 협조하여야 한다. 그러나 정당한 이유로 일시적으로 동거하지 아니하는 경우에는 서로 인용하여야 한다. 부부의 동거장소는 부부의 협의에 따라 정한다.

(2) 부양과 협조의 의무

부부는 서로 동거하면서 부양하고 협조하여야 한다. 그리고 부부의 공동생활에 필요한 비용의 부담은 당사자 사이에 특별한 약정이 없으면 부부가 공동으로 부담해야 한다. 그러니 이러한 규정은 부부관계에서 부양의무의 기준에 불과하고 부부 중 부양능력이 없으면 부양능력이 있는 사람이 부양하는 것이 일반적이다.

(3) 정조의무

부부는 서로 정조를 지킬 의무가 있다. 민법은 부정한 행위를 이혼원인으로 규정하고 있다.

2) 부부재산

(1) 부부재산의 계약

① 체결과 변경

부부재산의 계약이란 부부가 혼인이 성립되기 전에 혼인 중의 재산에 관하여 자유롭게 약정하는 것이다. 이러한 부부재산의 계약은 다음과 같이 특별한 경우를 제외하고는 변경하지 못한다.

① 적당한 사유가 있어서 가정법원의 허가를 얻은 경우

② 부적당한 관리로 인하여 재산관리자의 변경이나 공유재산의 분할을 가정법원에 청구하는 경우로 부부의 일방이 다른 일방의 재산을 관리하는 경우에 부적당한 관리로 인하여 그 재산을 위태롭게 한 때에 다른 일방의 청구에 의하여 법원이 관리권을 일방에서 다른 일방으로 옮기라는 판결이 있는 경우

③ 부부재산 계약에 의한 관리자의 변경이나 공유재산의 분할을 가정법원에 청구하는 경우 등

그리고 부부재산의 계약방식은 그 효력을 발휘하기 위해서는 혼인신고를 할 때까지 등기를 하여야 하고, 계약의 변경이 있을 경우에도 등기를 하여야 한다.

② 계약의 내용

부부재산의 계약내용에는 부부생활에서 필요한 비용이 포함되지만, 그 밖의 부담에 대해서는 자유롭게 약정할 수 있다.

(2) 법정재산제

① 의의

법정재산제란 부부가 혼인신고 전에 부부생활 중의 재산문제에 관하여 약정하지 않을 경우에 적용되는 재산제도이다. 한국의 법정부부재산제에서는 부부의 독립성이 강조되어, 별산제를 취하고 있다.

② 부부별산제

부부별산제란 부부의 한쪽이 혼인 전부터 가진 고유재산과 혼인 중에 자기의 이름으로 취득한 재산은 각자의 고유재산으로 하고, 그 특유재산은 부부가 각자 관리하고 사용하는 것이다. 그리고 부부의 누구에게도 속한 것이 분명하지 않는 것은 부부의 공유재산으로 한다.

(3) 채무의 연대책임

부부의 일방이 일상의 가사에 관하여 제삼자와 법률행위를 한 때에는 다른 일

방은 이로 인한 채무에 대하여 연대책임이 있다. 그러나 이미 제삼자에 대하여 다른 일방의 책임 없음을 명시한 때에는 그러하지 아니하다.

부부관계의 법적 내용(민법)

여러 가지 법률조건을 충족하고 부부관계를 완성하면 부부는 다음과 같은 법조항을 지켜야 한다. 구체적으로 민법에서 규정하고 있는 법률상의 부부관계를 살펴보면 다음과 같다.

제812조(혼인의 성립) ① 혼인은 가족관계의 등록 등에 관한 법률에 정한 바에 의하여 신고함으로써 그 효력이 생긴다. 〈개정 2007.5.17.〉

② 전항의 신고는 당사자 쌍방과 성년자인 증인 2인의 연서한 서면으로 하여야 한다.

민법 제826조(부부간의 의무) ① 부부는 동거하며 서로 부양하고 협조하여야 한다. 그러나 정당한 이유로 일시적으로 동거하지 아니하는 경우에는 서로 인용하여야 한다.

② 부부의 동거장소는 부부의 협의에 따라 정한다. 그러나 협의가 이루어지지 아니하는 경우에는 당사자의 청구에 의하여 가정법원이 이를 정한다. 〈개정 1990.1.13〉

제829조(부부재산의 약정과 그 변경) ① 부부가 혼인성립 전에 그 재산에 관하여 따로 약정을 하지 아니한 때에는 그 재산관계는 본관 중 다음 각조에 정하는 바에 의한다.

② 부부가 혼인성립 전에 그 재산에 관하여 약정한 때에는 혼인중 이를 변경하지 못한다. 그러나 정당한 사유가 있는 때에는 법원의 허가를 얻어 변경할 수 있다.

③ 전항의 약정에 의하여 부부의 일방이 다른 일방의 재산을 관리하는 경우에 부적당한 관리로 인하여 그 재산을 위태하게 한 때에는 다른 일방은 자기가 관리할 것을 법원에 청구할 수 있고 그 재산이 부부의 공유인 때에는 그 분할을 청구할 수 있다.

④ 부부가 그 재산에 관하여 따로 약정을 한 때에는 혼인성립까지에 그 등기를 하지 아니하면 이로써 부부의 승계인 또는 제삼자에게 대항하지 못한다.

⑤ 제2항, 제3항의 규정이나 약정에 의하여 관리자를 변경하거나 공유재산을 분할하였을 때에는 그 등기를 하지 아니하면 이로써 부부의 승계인 또는 제삼자에게 대항하지 못한다.

제830조(특유재산과 귀속부명재산) ① 부부의 일방이 혼인 전부터 가진 고유재산과 혼인 중 자기의 명의로 취득한 재산은 그 특유재산으로 한다.

② 부부의 누구에게 속한 것인지 분명하지 아니한 재산은 부부의 공유로 추정한다. 〈개정 1977.12.31〉

제831조(특유재산의 관리 등) 부부는 그 특유재산을 각자관리 · 사용 · 수익한다.

제832조(가사로 인한 채무의 연대책임) 부부의 일방이 일상의 가사에 관하여 제삼자와 법률행위를 한 때에는 다른 일방은 이로 인한 채무에 대하여 연대책임이 있다. 그러나 이미 제삼자에 대하여 다른 일방의 책임 없음을 명시한 때에는 그러하지 아니하다.

제833조(생활비용) 부부의 공동생활에 필요한 비용은 당사자 간에 특별한 약정이 없으면 부부가 공동으로 부담한다. [전문개정 1990.1.13]

생각해 볼 문제

- 내가 결혼한다면 부부관계는 어떻게 할 것인가?
- 가장 합리적인 부부관계의 유지방법은 무엇인가?
- 앞으로 부부권력은 어떻게 변화할 것인가?

12
CHAPTER

부부문화

1. 부부의 의사소통
2. 부부스트레스와 갈등
3. 부부역할과 규범 및 권위
4. 부부문화

1. 부부의 의사소통

1) 부부 의사소통의 의의

부부관계에서 부부간의 의사소통이라는 것은 단순히 대면에 의한 만남이나 교류가 아니다. 부부의 의사소통은 실질적인 내용을 구성하고, 그 매체가 되는 것은 부부관계에서 행해지는 의사소통이다.

부부는 만남의 시작에서부터 헤어질 때까지 끊임없는 의사소통으로 이루어진다. 그러므로 부부 사이에 효율적인 의사소통망을 구성한다는 것은 부부관계를 위해서 매우 중요한 문제이다.

현대사회에서 발생하는 많은 부부문제는 부부간의 의사소통 과정에서 기인하는 경우가 많다. 따라서 부부는 관계를 지속적으로 유지하기 위해 끊임없는 부부 의사소통을 개발하고 발전해 나가야 할 것이다.

2) 부부 의사소통의 유형

부부간 의사소통의 유형은 다양하다. 이런 다양한 의사소통의 유형은 부부의 특성에 따라 달라진다. 부부문화와 윤리적인 측면이 부부 의사소통에 영향을 미친다. 이러한 부부간의 의사소통의 유형을 구체적으로 살펴보면 다음과 같다.

① 누구에게 자주 말을 하며, 먼저 시작하는가
② 말을 했을 때 누가 반응을 하고 경청하는가
③ 부부 중에서 가장 말을 적게 하는가
④ 부부간 의사소통의 순서는 어떻게 이루어지는가
⑤ 부부간 의사소통의 빈도 차이는 어떠한가

3) 부부 의사소통의 문제점

부부 의사소통이란 부부가 무엇을 어떠한 방법으로 누구에게 말했고, 결과적으로 어떠한 변화를 가져왔는가? 하는 것을 순차적으로 살펴보는 것이다.

기본적으로 의사소통이란 한 개인이 다른 사람에게 의도적 또는 비의도적으로 정보를 전달하는 과정으로 일상생활 및 전문영역에서 사용되는 중요한 요소이다. 의사소통은 언어적·비언어적 의사소통을 포함하며, 다양한 방법으로 이루어진다.

또한 부부의 의사소통에 내재된 한계와 복잡성을 인정해야 한다. 각 부부는 독특한 특성과 경험을 가지고 있음으로 의사를 전달하고 수신되는 방법에 영향을 미치는 사고구조와 전달과정이 다르다. 부부간에 의사소통이 명확하게 이루어지지 않으면, 부부문제가 발생하는 데 중요한 영향을 미친다. 부부간 의사소통의 문제의 유형은 다음과 같다.

① 부부 사이에 의사소통을 하는데 편견이나 선입감을 가지고 있는 경우
② 부부간에 말을 경청하지 않거나 시간을 가지지 않을 경우
③ 자신의 문제나 상황을 상대방에게 말하지 않을 경우
④ 상대방이 나의 이야기를 듣지 않을 것을 미리 생각할 경우
⑤ 부부 사이에 적절한 의사소통망이 형성되어 있지 않을 경우

4) 부부 의사소통과 의사결정

현대사회에서 부부 의사결정방식은 부부가 공동으로 한다는 비율이 꾸준히 증가하고 있다. 이러한 현상은 여성의 사회적 지위의 향상과 관계를 가지고 있다. 어떻게 보면 여성이 오히려 가족 내 의사결정에 있어 더 많은 비중을 차지하고 있다고도 볼 수 있을 것이다.

그러나 재산권 같이 중요한 의사결정사안에는 남편의 최종의사결정권이 중요시된다고 볼 수 있다. 그리고 의사결정에서 부부간 의견충돌 시 부부권력관계는 남편 중심적인 것으로 나타나고 있다.

이러한 결과는 아직까지 우리 사회에서 여성의 권력이 강화되었다고 하나, 의사결정 과정에서 남편의 권력이 앞서 있다고 볼 수 있다. 하지만 이런 부부간의 의사소통과 의사결정방식과 유형은 가족에 따라 다양하게 나타나고 있으므로 일률적으로 접근하기는 어렵다.

2. 부부스트레스와 갈등

1) 스트레스

(1) 개념

스트레스(stress)란 말은 Latin어의 Strictus란 말과 프랑스의 고어(古語) etrace에서부터 나왔다. 스트레스를 17세기에는 곤란, 역경, 고뇌 등의 의미로 불렀으며, 18~19세기에는 강압, 압박, 긴장 또는 어떤 대상에 대한 분투를 나타냈었다.

Selye(1956)는 신체적 질병의 창출에서 스트레스 역할에 대하여 체계적으로 연구를 한 최초의 사람이다. Holmes와 Rahe(1969)는 스트레스를 개인의 계속적인 삶의 양식에 변화를 요구하는 일련의 환경으로 보고 있으며 Hill(1958)은 가족이 거의 혹은 전혀 준비도 되어 있지 않은 상태에서 위기를 불러일으킬 수 있는 사건이나 상황이라고 정의하고 있다.

즉, 모든 인간은 환경에 적응하기 위해 요구되는 잠재적이고 위협적이며 도전적인 상황들에 접하게 됨으로써 스트레스를 경험하게 된다. 일반적으로 스트레스는 자극으로서의 스트레스, 반응으로서의 스트레스, 자극과 반응의 상호작용으로서의 스트레스로 나누어 볼 수 있다.

결국 스트레스란 개인의 신체적 · 심리적 안정 상태를 위태롭게 하는 환경적 자극조건인 동시에 개인의 정서체계, 개인의 정서체계, 행동체계, 생리체계에 변화를 가져오게 하는 것으로서 개인 자신에게 특유 반응을 야기하는 모든 것을 총칭한 개념이다(이현정, 1996).

(2) 유형

일반인들이 스트레스라는 말을 익숙하게 느끼고 일상적으로 사용하는 것에 비해 그 개념은 통일되어 있지 않은 상태이다. 스트레스란 환경적 요구나 내적 · 정서적 갈등의 상호 역동적 작용으로 개인의 신체적 · 심리적 · 사회적 적응능력을 능가하는 요구를 인지하는 상태를 말한다.

그리고 인간은 나름대로의 신체적 · 정서적 · 사회적 적응자원을 능가하는 부정적 스트레스를 바로 임상사회사업에서 다루어야 할 문제의 근원으로 본다.

세 가지 의미로 쓰여지고 있는 스트레스의 개념으로 첫째, 반응으로서의 스트레스, 둘째, 자극으로서의 스트레스, 셋째, 상호역동 작용으로서의 스트레스로 나누어 볼 수 있다(유수현, 1994).

첫째, 반응으로서의 스트레스는 생물학이나 의학에서 사용되는 것으로 초기의 스트레스에 대한 정의는 주로 이 입장을 취하였다. Eisdorfer(1981). Selye(1985)의 "어떤 상황적 요구에 대한 신체의 비특징적 반응(nonspecific response of the body to any demand made upon it)"으로 정의된다. 그에 따르면 적응을 요구하는 모든 자극에 대한 반응이 스트레스이다.

둘째, 자극으로서의 스트레스는 심리학자들이 내린 가장 보편적인 정의로 스트레스는 하나의 "자극"이라는 것이다. 외적인 환경적 조건으로부터 내적인 생리적 현상까지 다양한 자극들이 포함되는데, Selye는 이를 반응으로서의 스트레스와 구별하기 위하여 긴장원(stressor)이라고 정의하고 있다(이숙자, 1993).

Lazarus와 Cohen(1977)은 스트레스 자극을 세 가지 유형으로 나누었다. ① 다수인에게 격변을 일으키거나 영향을 주는 중대한 변화 ② 한두 사람 정도의 소수인에게 영향을 주는 중대한 변화 ③ 일상적인 문젯거리로서 사람을 짜증 나게 하고 고민하게 할 수 있는 사소한 일들을 말한다.

셋째, 개인과 환경 간의 상호작용으로서의 스트레스이다. "개인이 가진 자원을 청구하거나 그 한계를 초과하며, 개인의 안녕을 위협한다고 평가되는 인간과 환경 간의 특정한 관계이다"라고 규정하는데 이것은 특성을 설명하고 다른 한편으로는 환경적 사건의 본질을 설명하려는 것이다(김일수, 2000).

이와 같이 스트레스는 사람과 환경 사이에 나타나는 것으로 스트레스 요인(Strssor)이라 불리는 환경적 사건이 유기체의 존재와 안녕을 위협하는 과정이며 개인, 가족, 집안 등의 체계가 생활에서 안전상태를 유지하려 하나 적응요구에 미치지 못해 나타나는 것으로 긴장감을 생산하는 강하면서도 불유쾌한 정서적 힘이나 압력이며 적응 과정을 위협하는 어떤 조건이나 상태를 의미한다(문정희, 1994).

(3) 부부스트레스

부부관계에서 부부의 스트레스는 건전한 부부관계를 유지하는 데 많은 영향을 미친다. 그러므로 건강한 부부관계를 유지하기 위해서는 부부간의 스트레스를 방지하고 감소시켜야 한다.

ABCX모델은 원래 Hill(1945, 1958)이 2차 대전에 의한 가족의 별거와 재결합에 대한 연구에서 가족들 간에 그들의 당면 상황에 대한 능력 면에서 왜 차이가 나는지를 설명하기 위하여 제시한 것이며 후에 Burr, Hansen, Johnson에 의하여 몇 가지 개념이 첨가되었다(Burr, 1973).

표 12-1 Hill의 ABCX모델

A(사건 및 어려움) → B(위기에 대처하는 가족자원) → C(사건에 대한 가족원의 지각 및 판단) → X(위기)

긴장사건의 특성과 그에 따른 고통, 위기에 대한 가족의 극복자원, 사건에 대한 가족의 지각 여부에 따라 가족의 위기를 예방 또는 감소시킬 수 있으며 또는 위기로 몰고 갈 수도 있다는 것이다.

특히 이 모델에서 중요한 개념은 A, B, C요인들이 서로 상호작용하여 X요인의 출현 여부와 성격을 결정한다는 것이다. 그 후 Burr, Hansen, Johnson은 Hill의 개념 외에 가족의 취약성과 재생력이란 개념을 첨가했는데 여기에서 취약성이란 가족자원의 마비 또는 결핍을 의미하며 재생력이란 긴장적 사건이 초래하는 붕괴나 혼란으로부터 회복할 수 있는 가족의 능력을 의미한다.

Burr 등에 의하면 가족의 위기(X)의 정도는 긴장적 사건, 그에 따른 고통, 가정의 취약성과 재생력의 상호작용에 달려 있다는 것이다(McCubbin et al., 1980).

McCubbin과 Patterson의 Double ABCX모델은 Hill의 ABCX모델을 기초로 하여 4요소를 첨가한 것이다. 4요소란 누적된 스트레스(Stress Pile-up:aA), 가족 내・외에서 새로운 개발하려는 노력(bB), 상황에 대한 가족의 재정의(cC), 가족구조를 변화시키려는 긍정적인 대처노력(xX), 즉 적절한 적응부터 부적응까지를 말한다(문정희, 1994).

2) 부부갈등

(1) 개념

부부관계에서의 갈등은 부부의 이익이나 의사결정의 불일치, 충돌, 부조화로 나타나는 현상이다. 현대사회에서의 부부간의 갈등을 포함하여 갈등은 다양하게 나타난다. 목표에 대한 부모-자식 간의 갈등의 구체적인 예는 외부 관찰자에게는 쉽게 관찰되지 않고 숨은 갈등으로 나타난다.

인간은 갈등을 해결하면서 인격형성에 영향을 미친다고 주장해 온 Freud는 인간정신 분석에서는 이상의 원자아(id), 자아(ego), 초자아(super ego) 세 가지 요소의 역학관계에 의해 인간의 행동이 구체적으로 결정된다고 보고 있다. 인간행동의 기초에는 충동이 존재하며, 이것을 자극하는 것이 원자아, 억제하거나 수정하는 것이 자아와 초자아라고 본다. 그래서 원자아가 강하면 충동적·감정적 행동, 자아가 강하면 현실적·합리적 행동, 초자아가 강하면 도덕적·양심적 행동이 생성되기 쉽다.

(2) 중요성

부부관계에서 부부간의 갈등은 중요한 분야이다. Adler는 유아는 어른에게 복종하거나 의존함으로써 생성되는 열등감을 보상하기 위해 권력을 향한 의지(예를 들어, 완고하게 자기의지를 굽히지 않거나, 경쟁심을 갖는다)를 불태우게 된다고 보았으며, 여성이 남성에 대해 신체적·사회적으로 열등감에 사로잡혀 있기 때문에 소위 「남성적 항의(masculine protest)」를 몸에 익히게 된다고 보았다. 이러한 갈등 과정을 통해 인격형성 과정을 진행하게 된다.

또한 Erikson의 자아발달이론에서는 인간의 발달단계는 생리적 성숙과 그 단계에 있는 개인에게 부과된 사회적 요구로부터 유발된 심리사회적 위기가 수반되며, 각각의 심리사회적 위기는 긍정적 요소와 부정적 요소를 모두 포함하고 있다.

즉, 심리사회적 발달단계는 사회적 환경에 적응하려는 개인의 욕구와 욕구충족 과정에서 야기되는 갈등에 의해 구별되며, 각 단계는 대립되는 두 개념으로 설정되어 있다.

이러한 갈등이 처음부터 만족스럽게 해결되면 긍정적 요소는 점차 성장·발달하는 자아 속에 스며들어 보다 건전한 발달이 이루어지지만, 즉 부부갈등이 계속되거나 처음부터 불만스럽게 해결되면 자아발달은 손상을 받고 부정적 요소가 자아 속에 통합된다. 따라서 개인이 다음 발달단계에 잘 적응하고 건전한 발달이 이루어지기 위해서는 각각의 부부위기를 적절하게 해결해 나가야 한다.

(3) 갈등과 부부관계

부부관계에서 부부들이 갈등해결을 어떻게 하느냐는 부부문제의 해결과 부부관계의 유지와 밀접한 관계를 가진다. 그리고 갈등해결을 위해서는 부부간의 정서적 유대가 필수적이다. 부부가 생활하면서 서로에게 매력이나 반감을 갖게 되므로, 이러한 정서적 유대에 대해 관심을 가져야 한다. 부부간에 의사소통을 통해서 정보와 의견이 전달되기도 하지만, 긍정적·부정적 감정이 교환되기도 한다.

부부관계에서 매력과 같은 긍정적인 정서적 유대는 부부간의 상호작용을 증진시키지만, 반감과 같은 부정적인 유대는 부부간의 결속과 상호작용을 감소시킨다.

정서적 유대는 부부에게 소속감을 갖게 한다. 정서적 유대가 높은 부부는 갈등과 긴장을 잘 극복하며, 구성원의 욕구를 충족시킬 수 있고, 가족의 목적을 실현시키는 효과를 가져올 수 있다. 그러나 정서적 유대는 부부에게 동일하게 작용하는 것은 아니며, 부부들은 긍정적 또는 부정적인 유대를 갖기도 하며, 이러한 과정에서 부부간에 하위집단이 생성된다.

3. 부부역할과 규범 및 권위

1) 부부역할

(1) 개념

우리 사회에서는 지위에 따른 일정한 역할이 부여된다. 지위란 집단 내에서 구성원 각자가 차지하고 있는 위치를 말한다. 이것은 집단 내에서의 평가 과정을 통해서 개인에게 부여되며, 고정적이지 않고 유동적이다.

지위는 집단구성원 각자의 전문적 지식, 집단에 대한 책임, 개인적 매력 등에 따라 달라지며, 구성원들의 행동, 책임, 통제 등에 영향을 미친다.

역할은 집단 내에서 개인의 위치에 맞는 행동유형을 말한다. 이것은 집단 내에서 개인의 행동을 이해하고 예측할 수 있게 하며, 기대된 역할, 지각된 역할 및 실행된 역할로 구분할 수 있다.

기대된 역할은 집단 내에서 일정한 위치를 차지하고 있는 사람으로서 기대에 부응하는 행동이며, 지각된 역할은 지위를 차지하고 있는 사람이 그가 반드시 해야 한다고 믿는 행동이며, 실행된 역할은 지위를 차지하고 있는 사람이 실제로 수행한 역할을 말한다.

집단에서 구성원 각자가 자신의 역할을 잘 수행할 수 있도록 하기 위해서는 각자의 역할에 대해 토의하며, 현재의 역할에 따르는 책임과 권리를 명료화하고, 구성원의 역할을 적절하게 변화시켜야 한다(이근홍, 2003). 즉, 부부간에도 부부역할을 어떻게 개념화하고 유지하느냐는 매우 중요한 문제이다.

(2) 부부관계와 역할긴장

역할긴장은 역할에 있어 중요한 부분이다. 역할긴장은 행위자가 역할을 수행하기 위한 충분한 자원을 가지고 있지 않은 것이다. 즉, 다양한 역할이 있을 때, 기대가 지나치면 역할의 과다나 긴장을 초래할 수 있다.

역할긴장에 따르는 필연적인 결과는 한 역할에 대한 기대가 다른 역할의 기대와 모순되거나 갈등하게 되는 특수한 사례로 이어진다는 점이다. 이 역할갈등은 보통 행위자가 동시에 반대의 역할을 수행할 수 없기 때문에 역할긴장이 발생하게 된다. 즉, 부부관계에서 어느 정도의 역할긴장을 유지하느냐는 지속적인 부부관계를 유지하는데 매우 중요하다.

2) 부부규범

(1) 개념

규범은 집단구성원들이 지켜야 할 규칙이나 기준을 말한다. 이것은 집단 속에서 허용되는 행동상의 범위를 규정하고 있으며, 집단의 주요한 통제수단이 된다. 규범은 집단구성원들의 상호작용 과정을 통해서 형성되며, 구성원 전체에게 동일한 구속력을 가지게 되고, 공식적일 수 있으며 비공식적일 수도 있다.

규범은 집단구성원의 행동을 규제하기 때문에 규범의 발달과 수용은 집단의 생존에 영향을 미치며, 구성원들을 집단에 순응하도록 압력을 가한다. 집단이 규범을 적용하는 절차와 형식에 너무 치우치게 되면 중요한 문제를 해결하는 일에 소홀할 수 있으며, 구성원들에게 갈등을 불러일으킬 수 있다. 이와 같이 규범의 성격, 시행방식, 구성원과 집단에 대한 영향 등은 집단발달에 중요한 결정요인이 된다.

(2) 부부규범의 구분

부부규범은 집단과 개인의 행동을 통제하는 사회적 규칙을 말한다. 그리고 부부규범은 개인이 부부발달의 다양한 관계와 연령에 따라 성취해야 하는 것들의 방법에 대한 규칙이다. 따라서 많은 부부규범들은 연령과 부부발달단계에 따라 구분된다. 즉, 결혼 초기에서의 부부규범과 자식이 있는 부부규범은 차이가 날 수밖에 없다. 그러므로 부부발달단계에 따라 적절한 부부규범이 유지되어야 한다.

3) 부부권위

(1) 개념

권위는 힘을 사회적 상황에 도입시키는 능력으로서 조직의 질서를 유지하는 데 필요하다. 즉, 권위가 없으면 조직이 있을 수 없으며, 질서도 있을 수 없다. 조직이 다른 사회체계들과 다른 특성 중의 하나는 권위를 명시한다는 것이다. 조직은 권위를 가시적으로 나타내고 제도화시킨다.

부부라는 조직에서도 조직을 성공적으로 이끌기 위해서는 구성원들에 대한 통제가 유지되어야 한다. 부부관계는 어떻게 보면 다른 사회체계들보다 자율적인 통제를 포함하여 일정한 질서유지가 있어야 한다. 그리고 권위에 따른 부부통제에는 신체적 통제, 물질적 통제 및 상징적 통제가 있다.

그리고 이런 권위는 지도력과 연결되어야 한다. 지도력은 조직의 목적을 달성하기 위해서 구성원들을 조정하여 활동하게 하는 기술이나 영향력을 말한다. 이것은 조직의 목표를 달성하고 수단을 효과적으로 활용하기 위해서 사용되는 권위와 통제를 포함하는 개념으로, 조직의 목적을 달성하기 위해서 부부간에 활동에 영향을 미치는 과정인 것이다.

(2) 부부의 권위구조

가족의 권위구조 내지 부부의 세력구조에 있어 E. R. Mower가 현대 미국의 도시 중산계급의 특징 중 하나로 부의 우위성이 명목화하여 현실의 가사 수행 분야에 있어서는 처가 실권을 쥐고 있다는 점을 지적하고 있듯이 부부관계에 있어 부의 권위의 명목화 및 부부간 세력의 평등화의 경향은 현대가족의 일반적 특색이라 볼 수 있다(신섭중, 2001). 이러한 현상은 우리의 경우도 유사하게 접근하고 있다.

또 부부의 세력구조가 자녀들의 행동에 미치는 영향과 정서구조 등과 관련된 고찰에서 자기 가정에 대한 귀속의식이 가장 높고, 현재의 가정에 만족하고 있는 자녀의 비율이 큰 것은 도시와 농촌에 있어서 어느 정도 차이가 나고 있다. 그리고 가족의 권위 및 권력구조는 가족형태와 기능의 변화에 의한 새로운 가족문화의 형성과 관련하여 변화하게 될 것이다.

4. 부부문화

1) 문화의 개념

문화는 일반적으로 사회구성원들 간에 공유되며, 생득적이라기보다는 인간이 사회 속에서 성장하면서 학습을 통해 습득되며, 한 세대에서 다음 세대로 전승되어 누적적으로 나타난다. 문화는 모든 영역에 걸쳐 전체적으로 영향을 미치며, 정체적인 것이 아니라 계속적으로 변화되고 있다(한상복 · 이문웅 · 김광억, 1997).

문화는 사회의 생활방식으로서 인간의 행동에 영향을 미치는 상위체계이다. 인간은 특정한 사회 속에서 태어나 그 사회가 가지고 있는 문화를 배우면서 사회의 구성원으로 사회화되며, 사회의 문화에 영향을 미친다.

인간은 독특하게 문화를 지니고 있는 사회적 존재로서 문화에 적응하면서 살아가며, 문화를 변화시킨다. 따라서 문화란 인간의 생활양식으로서, 특정한 민족이나 사회가 지속적으로 간직해 온 다양한 분야의 생활 모습이며, 인간의 생존에 필수적인 요소로서 사회구성원들에게 내면화되어 인간행동에 영향을 미치는 사회체계라고 할 수 있다.

2) 부부문화의 특징

부부문화는 일반적인 문화의 특성과 비슷하지만, 부부관계에서 발생하는 여러 가지 요인에 의해 다소 차이가 있다. 구체적인 부부문화의 특성을 살펴보면 다음과 같다.

(1) 부부의 공유성

부부문화란 부부 개개인의 독특한 취향이나 습관이 다른 구성원들과 구별되는 공통적인 경향이다. 우리가 일반적으로 어떤 부부 하면 생각나는 그러한 특징을 말한다.

부부의 많은 부분은 그가 소속해 있는 부부의 행동양식을 따르는 것이며, 이러한 행동양식은 부부간에 서로가 공유하고 있다. 이러한 공유의식에 잘 따르지 못하는 부부들은 그 부부문화에 적응하기 어렵다. 그리하여 부부간에 소외감 등이 발생한다.

(2) 부부문화의 학습성과 계속성

부부문화는 부부생활을 통해 성장하면서 학습되는 것이다. 개인은 특정의 문화를 갖고 태어나는 것이 아니라, 성장 과정에서 학습을 통해 문화를 습득하는데, 가장 1차적인 집단인 부부의 영향을 가장 많이 받는다.

이런 부부문화는 가족구성원이 결혼 등을 통하여 독립하더라도 계속 반복된다. 우리 사회에서 결혼 상대방을 결정할 때 그 집안의 가족문화를 중요시하는 이유도 부부문화의 중요성에 있다.

그리고 부부문화는 상징적인 수단인 언어를 통해서 부부간에 전달되며, 축적되어 나간다. 그리고 부부문화는 한 세대에 이루어진 것도 있지만 다음 세대로 전해져 내려가고, 시간이 지남에 따라 각 세대에서 이루어진 것들이 추가되면서 부부문화에서 가족전통으로 연결된다.

(3) 부부문화의 전체성과 가변성

부부문화란 부부가 가지고 있는 수많은 부분들이 각기 독립적으로 존재하는 것이 아니라 상호 긴밀한 관계를 유지하면서 하나의 전체를 이룬 통합체로서 하나의 영역이 고립된 현상을 보이지 않고 거의 모든 영역에 부수적인 영향을 미치고 있다.

부부문화를 구성하고 있는 부분들은 상호 밀접한 관련을 맺고 있어서 한 영역에서의 변화는 그 영역은 물론 다른 영역들에 변화를 초래한다.

또한 부부문화는 시간적인 차원에서 볼 때 정체되어 있지 않고 항상 변하고 있다. 부부문화는 계속적으로 가족 내에서 누적되는 성격을 가지고 있지만, 장기간에 걸쳐 항상 똑같은 형태를 지니고 있지 않고 점진적으로 변화되어 간다.

그러므로 부부는 나름대로 좋은 부부문화를 형성하기 위해서 노력하여야 한다. 부부는 부부생활 과정에서 부부가 직면하고 있는 문제들을 새로운 방법으로 해결하려고 하며, 이러한 과정에서 새로운 방법이 효과적이면 상대방에게 학습되고 점차로 전체 부부에로 확산되어 부부문화의 한 부분이 된다.

3) 부부문화와 가족관계

부부문화는 여러 가지 측면에서 직간접적으로 부부들의 행동에 영향을 미친다. 심리학자나 사회학자들은 부부들에 대한 부부문화의 영향력을 강조하고 있다. 사실 부부문화는 부부의 느낌과 일상생활의 행동 및 의식주 언어 등 많은 부분에 있어 영향을 준다. 그리고 이런 다양한 요인들이 부부행동에 영향을 주고 있기 때문에 부부 자신도 모르게 부부문화의 영향을 받으면서 행동하고 있는 것이다.

또한 부부문화는 부부들이 공통적으로 갖고 있는 가치, 신념, 관습 등을 의미한다. 그리고 이러한 부부문화는 부부간의 의사소통과 상호작용에 의해 용해되어 있기 때문에 쉽게 나타나지 않는다. 그리고 부부문화는 다른 문화와는 달리 의도적으로 부부경험을 얻기 위해 부부문화를 만드는 경우가 많다. 이러한 부부문화는 부부상담과 치료에도 많이 사용되고 있다.

생각해 볼 문제

- 내가 결혼한다면 나의 부부문화는 어떻게 만들 것인가?
- 나의 결혼생활 중 부부갈등이 발생한다면 어떻게 해결할 것인가?
- 부부 사이에서 가장 효과적인 의사소통방법은 무엇이 있는가?

CHAPTER 13

부부상담

1. 부부상담
2. 부부관계 향상 프로그램

1. 부부상담

1) 접수 및 계약과 준비

(1) 접수

이 단계의 주된 목표는 도움을 구하러 온 부부의 욕구가 기관의 목적과 서비스 내용에 적합한지 아닌지를 판단하여 접수하고 부부가 긍정적인 원조관계를 맺어 앞으로의 개입 과정에 가족의 참여를 유도하는 것이다.

접수단계에서의 구체적인 활동은 부부의 문제와 욕구 그리고 원조의 목적을 명확히 밝히고 원조 과정에서 기대되는 바를 명확히 하여 부부의 욕구가 기관의 자원과 정책에 부합되는지의 여부를 판단하는 것이다.

(2) 계약

부부들에게 부부상담을 전개하기 위한 전제조건은 다음과 같은 것들이 있다(이화여자대학교 사회복지연구회, 2001).

① **부부의 동의:** 부부가 특별한 문제에 대해 외부에서 개입하는 것에 동의해야 한다. 그리고 부부 모두와 계약을 해야 한다.

② **기관과의 연계와 결정:** 부부문제를 해결하기 위한 기관과 연계해야 한다. 그리고 기관은 그 부부문제가 적합한지를 결정해야 한다. 즉, 부부문제를 가진 부부의 욕구와 기관의 부부문제 해결능력이 일치해야 한다.

(3) 계약내용

계약서를 문서로 작성할 때에는 구체적으로 서술해야 한다. 계약서에 포함될 내용을 살펴보면 다음과 같다.

① 인적사항

② 상담 및 치료시간과 장소

③ 상담 및 치료과정 참여동의(부부참여, 작업참여, 부부교육 등)

④ 새로운 문제해결을 위한 동의

이상의 내용 이외에도 부부특성과 문제해결을 위해 필요한 사항들을 계약해야 한다.

(4) 자료준비와 수집

자료수집이란 상담사가 부부의 문제에 개입하기 위해 그의 상황에 대한 사실을 수집, 관찰하여 이를 기초로 그에 대한 이해를 하는 과정으로서 문제해결을 위해 필수 불가결한 과정이다.

자료준비와 수집은 원조 과정 전체를 통해 지속되지만 이 단계에서 가장 집중적으로 이루어진다. 우리의 경우 선진국과 같이 부부 전반에 관한 구체적인 부부 자료가 부족하므로 부부에 관한 자료준비는 어려움이 많다. 그러므로 다양한 방법을 이용하여 부부에 대한 자료준비를 해야 할 것이다. 주로 다음과 같은 자료를 통해 자료를 수집하게 된다.

① 부부가 말하는 자기 부부력

② 부부가 작성한 각종 서류

③ 부부가 말하는 부부문제

④ 부부의 기분, 의견

⑤ 부부의 비언어적 행동에 대한 상담사의 관찰

⑥ 부부나 가정구성원의 상호작용에 대한 상담사의 관찰

⑦ 친척, 친구 등 부부구성원에게 중요한 사람들에게서 수집되는 정보

⑧ 각종 검사결과(심리검사, 신체검사)와 기록(학교생활기록부, 병원의 의료기록 등)

⑨ 부부에 대한 상담사의 개인적 경험 등

2) 부부사정

(1) 부부사정의 의의

부부상담에서 사정은 매우 중요하다. 부부문제를 정확히 사정해야만이 적절한

개입을 할 수 있기 때문이다.[1] 부부사정은 부부를 하나의 단위로 보면서 부부와 관련된 내·외부 요인의 상호작용을 파악하기 위해 자료를 수집하고 분석하여 부부에 대한 개입을 계획하는 것이다.

그리고 부부사정을 정확히 하기 위해서는 다양한 방법을 통하여 접근해야 한다. 그리고 부부사정은 부부를 둘러싸고 있는 객관적 사실을 포함하여 주관적 사실까지도 잘 활용하여야 한다(김익균, 2018).

(2) 부부사정의 방법

자료수집과 사정이 끝나면 문제해결을 위한 사전준비가 완료된 것이며, 그 다음 단계로서 실질적인 문제해결 과정의 시작인 계획단계로 이어진다. 이 단계에서 상담사와 부부가 개입목표를 설정하고 이를 달성하기 위한 계획을 수립하여야 한다.

부부를 사정하는 것은 고도의 기술과 지식이 요구되는 것이다. 또한, 이론이나 모델에 따라 달라질 수 있다. 그리고 부부를 사정하기 위한 방법은 다양한 방법에서 접근해야 한다. 부부사정도 일반사정과 같이 양적인 접근과 질적인 접근으로 나누어 볼 수 있다. 부부사정을 위한 양적인 방법으로는 표준화된 척도나 목록을 사용하고, 질적인 방법으로는 면접방법이나 그래픽을 사용하는 방법, 그리고 부부를 관찰하는 방법 등이 있다.

(3) 부부사정의 내용

부부문제 사정 시 다음과 같은 질문에 대한 해답을 찾으려는 것이다. 그러므로 다음과 같은 내용이 포함되어 있어야 한다.

① 부부는 어떤 유형인가?
② 부부는 자기 문제를 무엇이라고 생각하는가?
③ 부부문제는 얼마나 오래 지속되어 왔는가?
④ 부부는 그간 문제해결을 위해 어떤 노력들을 해 왔으며, 효과가 있었는가?

---

1) 과거의 진단 대신에 사정이라는 용어를 사용하게 된 배경에는 문제를 너무 병리적으로 보지 않고 환경을 비롯한 잠재능력에 초점을 두면서 사정이라는 용어를 보편적으로 사용하게 되었다.

⑤ 부부문제에 어떤 사람들이 관련되어 있으며 어떤 집단이나 사람들이 영향을 받는가?
⑥ 부부에게 영향을 줄 수 있는 주요타자들은 누구인가?
⑦ 부부는 문제를 해결하고자 동기화되어 있는가?
⑧ 부부의 강점과 약점은 무엇인가?

3) 부부사정의 유형

부부사정의 유형으로 면접방법, 그림 그리기, 관찰, 목록 등으로 나누어 살펴보면 다음과 같다.

(1) 면접

면접은 부부사정을 위한 가장 기본적이고 중요한 방법이다. 면접은 생태도나 가계도를 활용할 수도 있고, 부부뿐만 아니라 부부에 대해 잘 알고 있는 자를 대상으로도 정보를 알 수 있다.

(2) 그림 그리기

그림 그리기는 면접을 통해 알아낸 자료를 보다 알기 쉽게 표현하기 위하여 그림 등으로 나타내는 방법이다. 구체적으로는 생태도와 가계도 및 사회적 관계망 등이 있다.

① 생태도

생태도는 부부와 가정의 생활공간 내에 있는 사람 및 기관 간의 연계를 그림으로 나타내는 것이다. 이런 연계는 그림으로 상호 영향, 자원관계 등을 포함하여 다양한 관계를 알 수 있다. 그림을 그릴 때에는 자기 나름대로 특정 기호를 사용하여 나름대로 표현할 수 있다.

② 가계도

생태도가 부부체계와 환경체계 간의 관계를 보여 주는 것이고, 가계도는 특정

기간 동안의 부부의 역사와 그 과정에서의 주된 사건을 볼 수 있게 해 주는 사정 도구이다.

③ 사회적 관계망 도표

사회적 관계망 도표는 그림이나 표로 보여 주는 것을 사회적 관계망을 통해 더욱더 자세하게 설명할 수 있다. 사회적 관계망 도표는 내용에 따라 적절하게 작성해야 한다.

(3) 관찰

면접과 더불어 부부를 관찰하는 것은 가정기능을 사정하는 데 매우 유용하다. 관찰을 통하여 부부의 관계, 부부상황, 부부환경 등의 부부문제를 사정할 수 있다.

4) 부부상담

부부상담은 개인을 대상으로 하는 상담이 아니라 부부를 대상으로 상담하기 때문에 다른 상담과는 차이를 지니고 있다. 개인상담이 아니고 집단 상담이기 때문에 개별상담보다 많은 어려움을 가지고 있다.

부부상담 목표의 달성은 가정의 이해와 자각을 통하여 주체적인 활동을 함으로써 가능한 것이다. 그리고 이러한 목적을 달성하기 위해서는 부부욕구를 발견하고 부부문제의 공유화를 통하여 계획을 세워서 해결에 필요한 사회자원과의 조정 등을 자원하는 전문적 지식・기술을 필요로 한다.

(1) 부부상담의 접근

부부상담이란 부부가 안고 있는 문제나 지향하고 있는 과제의 해결을 주로 심리적인 적응 과정을 통해서 해결하고자 하는 활동이다. 즉, 부부상담에 관련된 전문기관・단체 및 전문인력, 전문지식・기술로서 욕구를 가진 가정에 대한 상담, 조언, 정보제공, 지도 등을 원조하는 과정이다.

부부상담 원조활동의 대상은 사회사업이나 심리요법 등에 있어서 대상의 초점이 특정 개인으로부터 가정이나 소집단, 지역사회로 확대되었고 문제해결이나 치료, 성장이라는 목표개념이 더욱 확대・통합되어 교육적이고 생산적인 실존적 개념으로 변천하면서 부부상담에서의 상담원조활동의 중요한 분야로 등장하고 있다.

(2) 부부상담의 특징

부부상담의 특징을 살펴보면 다음과 같다.

① 상담의 대상은 부부가 대상이고, 부부문제의 해결이나 부부활동 그 자체가 대상이라는 것이다.

② 상담의 진행방향에서는 부부의 주체성에 입각하여 부부의 합의를 배경으로 부부의 주체적인 활동을 존중하면서 활동을 전개하는 것이다.

③ 지역사회에서 동원 가능한 자원은 물론 활용 가능한 사회자원을 모두 동원・조정하여 활동한다는 것이다.

④ 부부에 존재하거나 잠재되어 있는 불특정한 부부의 복지욕구를 어떻게 현재화할 수 있는가로서 부부욕구의 배경은 부부들의 다양한 인간관계나 복잡한 사회활동 등에 의해 발생하므로 욕구를 명확화한다는 것은 고도의 전문성과 노력을 요한다.

(3) 부부상담의 원칙

부부상담에서 기본적으로 유의해야 하는 것은 가족복지활동의 원칙과 밀접한 관련성을 가지고 있다고 볼 수 있는데, 구체적인 내용은 다음과 같다.

① 정상화(normalization)의 원칙

부부상담은 부부의 선택, 결정에 의한 상호 참가와 자기실현을 가능하게 하고 지역사회 내의 가정에서 일상적인 생활을 할 수 있도록 모두 노력해야 한다.

지금까지의 부부상담은 주로 상담기관에서 이루어져 왔기 때문에 체계적인 상담을 실시하는 데 문제점이 많았다. 그러므로 실질적인 부부 상담을 실시하려면 부부가 거주하고 있는 가정에서 실시하는 것이 가장 바람직할 것이다.

② 욕구존중과 참가 · 협동의 원칙

부부상담은 부부의 생활실태, 생활요구 등의 파악에 노력해야 하며, 가족 · 지역사회의 욕구를 기본으로 활동을 진행해야 한다. 부부의 합의를 형성하여 광범위한 부부의 이해를 통하여 활동을 진행하여야 한다. 특히 부부상담은 집단 상담이기 때문에 가족의 참가와 협동은 다른 상담보다 중요하게 취급해야 한다.

③ 종합화의 원칙

부부상담은 부부의 복지 · 보건 · 의료 · 교육 · 노동 등이 밀접한 관련성을 유지하면서 총합적인 서비스의 제공을 도모해야 한다. 부부문제와 욕구는 통합적인 요소가 강하기 때문에 가족복지를 포함한 다양한 분야에서 접근해야 한다.

④ 부부 특성의 존중과 부부자원의 유효한 활동의 원칙

부부 특성에 입각해서 가정 내의 자원을 유효하게 활용하는 동시에 부부의 특성에 의한 활동의 내용과 방법을 존중해야 한다. 개인상담에서 개별화의 원리가 중요한 것처럼 부부상담에서는 부부 특성을 존중해야 한다. 그리고 문제해결도 가능하면 가족 내에서 해결하는 것이 가장 바람직할 것이다.

⑤ 계획성 · 전문성에 의한 원조의 원칙

부부상담의 추진계획 또는 상담계획에 기초하여 계획적 조직구성과 전문적 기술을 사용하는 활동을 해야 한다. 부부상담은 가정 전체가 참여하여 진행되는 상담이므로 상담계획을 잘 조정해야 하고, 전문적인 부부상담이 실시되도록 해야 한다.

(4) 부부상담의 전개과정

① **부부욕구의 다양한 파악**: 부부욕구의 정확한 파악은 상담창구에 찾아온 사람들의 욕구도 중요하겠지만 제도나 서비스를 이용할 수 없는 잠재적 부부의 욕구파악에도 관심을 가져야 한다.

② **부부문제의 명확화**: 부부문제의 명확화를 위해서는 가정뿐만 아니라 친구나 이웃의 실정을 충분히 조사하여 해결해야 할 문제를 명확히 해야 한다.

③ **원조계획의 책정:** 부부의 의향을 감안하여 달성 가능한 목표를 설정하고 어떠한 서비스가 가장 효과적인 원조인가를 종합적으로 판단하여 원조계획을 세운다.

④ **계획의 실시:** 부부 상담계획에 따라 부부의 문제해결의 의지를 개발하면서 동원할 수 있는 사회자원의 조직망을 구성하면서 자립을 원조하는 것이다.

⑤ **서비스의 효과에 대한 평가:** 서비스의 효과에 대한 평가와 욕구변화의 대응은 부부가 진전된 복지서비스의 이용이 자립생활에 효과적으로 설정한 목표를 달성했는지 평가하는 것이다.

(5) 부부상담의 유의점

부부상담은 다른 상담과 다른 특징을 지니고 있기 때문에 다음과 같은 점을 유의하여야 한다.

① 공간적 요소

부부상담은 집단상담이기 때문에 다른 상담보다 공간적 요소가 중요한 부분을 차지하고 있다. 그리고 공간적 요인에 따라 상담결과가 달라지기 때문에 건강가정사는 상담장소에 신경을 써야 한다. 부부의 특성상 가정에서 실시하는 것이 좋지만, 비밀보장의 문제점이 발생할 수 있으므로 잘 선택해야 한다.

면접의 물리적 환경은 모든 잠재 가능성을 결정한다. 어느 정도의 비밀성과 안락하고 이완된 분위기를 가지는 것이 중요하다. 기관에서는 면접이 주로 이루어지는 장소가 기관의 사무실이다. 그러나 부부상담의 면접은 가정, 병원, 입원실, 사회복지시설 등에서도 이루어진다.

사회복지기관은 사무실에서 이루어지는 면접을 위하여 바람직한 조건을 갖춘 물리적 환경을 구비할 수 있다는 이점이 있다. 이것은 면접을 같은 장소에서 계속할 수 있기 때문에 업무에 도움이 되는 기록양식이나 기록된 자료 등의 준비물을 비치할 수 있어서 유익하다.

② 시간(일정)

부부상담은 여러 번 지적한 바와 같이 가정 전체의 집단 상담이므로 상담일정을 잘 조정해야 한다. 그리고 부부상담을 가정에서 실시할 경우에는 비밀보장과 사생활을 존중하는 의미에서 상담일정을 합리적으로 조절해야 한다.

면접은 일반적으로 가족이 기관에 찾아와서 상담사를 만나면서부터 시작한다. 첫 면접 이후의 면접시간은 가족과 의논을 하여 약속하는 것이 바람직하다.

면접시간의 약속은 부부의 일정표에 따라 일방적으로 면접시간을 결정할 수 있으나 이보다는 부부가 이용하기에 편리한 시간을 선택할 수 있게 하는 것이 중요하다. 즉, 상담사가 면접을 위해 할애할 수 있는 시간을 제시하여 그중에서 부부가 이용하기에 보다 편리하거나 적절하다고 생각되는 시간을 선택하는 것이 더 바람직하다.

③ 상담자의 태도와 부부개별성의 존중

부부를 만나러 나갈 때에는 부부상담의 유형에 따라 의상이나 태도를 달리해야 한다. 즉, 상담의 유형에 따라 복장의 종류를 정하고 상담속도 등을 조절해야 한다. 그리고 가정구조는 다양하고 가정문제도 여러 가지 형태에서 발생한다. 그러므로 이러한 가정의 개별성을 존중하여 부부상담을 진행해야 한다.

2. 부부관계 향상 프로그램

1) 개념

가족관계 및 가족주기 등에서 부부관계가 차지하는 비중과 중요성은 매우 높다. 그러므로 가족 내에서 부부관계를 어떻게 유지하느냐는 가족 전체의 가족관계에 영향을 미친다. 이러한 영향 때문에 다양한 부부관계 향상교육과 프로그램을 통하여 부부관계를 향상시켜야 할 것이다.

그러나 우리의 경우 부부관계는 예방이라는 차원보다는 부부관계가 악화되었을 때, 또는 부부관계의 문제를 해결할 수 없을 경우가 되었을 때, 부부관계를 심각성을 인정하는 경우가 많다. 이런 경우에는 부부관계를 회복하기 어려운 경우가 많다. 최근 우리 사회에서 이혼율이 급증하는 것도 이와 같은 현상과 밀접한 관계를 가질 것이다.

2) 부부관계 향상 프로그램의 내용

(1) 접근방향

한국가족관계학회(1998)에서 제시하고 있는 부부관계 향상의 전제조건은 다음과 같다.

① 건강한 부부관계는 문제가 전혀 없는 상태가 아니라 문제해결능력을 가지고 있다.

② 기능적인 부부관계는 우연히 이루어지는 것이 아니라 부부의 성장 잠재력을 개발함으로써 부부가 함께 성장할 수 있다.

③ 대부분의 부부가 부부관계 향상에 대한 강화방법을 잘 모르고 있으며, 건강하고 기능적인 부부생활을 위한 기술과 정보의 필요성을 인정하고 있다.

④ 건강하고 기능적인 부부관계의 향상과 유지는 한 가지 방법만으로는 불가능하다.

(2) 부부관계 향상 프로그램의 현황

미국의 부부관계 프로그램 대부분이 부부간 의사소통능력의 향상에 초점을 맞추고 있다. Guermey(1977)의 Conjugal Relationship Enhancement에서는 부부의 의사소통 패턴을 개선하여 만족스러운 부부관계를 유지하기 위하여 다양한 치료기법을 쓰고 있는데, 감정이입, 공감형성, 정당한 싸움, 상호교육과 수용 등을 이용하여 부부관계를 향상하고 있다.

우리나라에서도 Gordon의 PAIRS(Practical Application of Intimate Relation Skill)를 현재 실시하고 있다. 이 프로그램에서도 부부간의 친밀감 향상을 위해 배우자에 대한 헌신, 개방성과 감정이입에 의한 효과적인 대화기술, 정당한 싸움과 같은 갈등해결기술, 의사유형 탐색 등을 통해 부부관계를 향상시키고 있다.

그러나 우리나라는 아직까지 체계적이고 전문적인 부부관계 향상 프로그램을 개발하지 못하고 있는 실정이다. 부부생활 세미나, 부부관계 향상 프로그램, 새생활가정 세미나, 부부관계 증진학습 프로그램 등이 대표적인 프로그램이다. 그리고 미국을 포함한 선진국의 프로그램은 우리나라의 사회문화적 배경과 차이가 많이 있음으로 그대로 적용하기에는 문제점이 많을 것이다. 현재 우리나라에서 실시하고 있는 부부관계 향상 프로그램은 <표 13-1>과 같다.

표 13-1 부부관계 향상 프로그램

프로그램	목표	내용
부부행복 세미나	• 긍정적인 자아상과 자존감 향상 • 부부역할 수행의 강화 • 체계적이고 효과적인 의사소통기술 • 사랑하는 기술과 표현하는 기술 습득성에 대한 긍정적인 사고와 아름다운 성생활 유지	• 건전한 자아상 • 결혼에 대한 기대와 결혼의 의미 • 부부연합과 부부일치 • 효과적인 의사소통과 배우자를 세워주는 기술 • 부부갈등 해결과 건강한 부부싸움 • 부부사랑 가꾸기 • 부부 성생활
부부관계 증진학습 프로그램	• 부부관계의 잠재력 확인 • 관계유지 증진 • 의사소통 • 문제해결기술 • 갈등해결기술 • 만족스럽고 기능적인 부부관계 형성	• 부부관계 이해 • 부부간 적극적 경청 • 배우자 마음 공간 • 부부간 건설적 감정표현 • 부부간 인정해 주기 • 부부간 갈등해결기술

출처: 박상훈(2019)에서 재인용

3) 부부관계 향상 프로그램의 실제

(1) 프로그램의 목표

부부관계 향상 프로그램의 구체적인 목표를 살펴보면 다음과 같다.

① 건강하고 기능적인 결혼생활을 유지하기 위하여 건전한 부부관계의 유지와 부부관계에서 숨겨져 있는 잠재력 개발을 지원하여 부부관계 향상의 기회를 제공한다.

② 부부의 원만한 적응을 위하여 부부 상호 간의 유사점을 인정하여 서로 문제점을 인식하고 해결하도록 한다.

③ 부부관계 향상의 장애요소를 감소・제거하여 부부관계의 심리사회적 독립성과 상호성을 증가시킨다. 여기에서는 부부관계에서 자아존중감과 의사소통 기술을 강화시킨다.

④ 부부관계 향상에 필요한 여러 가지 정보와 기술을 제공하고, 필요하다면 교

육을 통하여 습득시킨다.

⑤ 가족체계에서 중요한 구심점이 되는 부부관계를 강화시켜서 전체 가족구성원의 기능화를 촉진·강화시켜 준다.

(2) 프로그램의 단계별 내용

부부관계를 향상시키기 위한 구체적인 단계별 내용을 살펴보면 다음의 <표 13−2>와 같다.

표 13-2 부부관계 향상 프로그램의 단계별 내용

단계	목표와 내용
제1단계: 수용단계	• 프로그램참가에 대한 확신과 지지 • 부부간의 가치관과 생활방식 차이를 인정하고 이해 • 부부간의 개인적 차이와 가족문화의 수용
제2단계: 감정이입단계	• 부부간의 지지를 확대 • 감정이입적 의사소통과 경청 • 부부관계의 향상을 위한 부부체계의 구성
제3단계: 감정표현단계	• 부부관계의 다양한 역동성을 인정 • 다양한 감정표현기법의 개발과 실시 • 부부간의 갈등해결체계 인정 • 부부간의 역할기대와 지지 • 기능적인 부부관계의 형성
제4단계: 부부관계 향상단계	• 부부관계 향상을 위한 목표설정 및 실시 • 부부간의 욕구설정 및 해결방안 강구와 대안마련 • 부부의 강점과 잠재력 찾기
제5단계: 부부관계 확인단계	• 부부관계 향상을 위한 구체적 프로그램 실행 • 부부관계 향상에 대한 확인 및 재구성 • 부부간의 신뢰형성과 구체적 지지 보내기

생각해 볼 문제

• 나의 결혼생활에서 부부문제가 발생한다면 부부상담을 받을 것인가?
• 나의 결혼생활에서 부부문제 예방을 위해 어떠한 노력을 할 것인가?
• 효과적인 부부관계 향상 프로그램은 어떠한 것이 있는가?

14
CHAPTER

이혼과 재혼

1. 이혼
2. 이혼의 유형
3. 이혼상담과 숙려제도
4. 재혼

1. 이혼

1) 이혼의 이해

(1) 이혼의 의의

우리나라는 전통적으로 이혼에 대한 부정적인 관점으로 이혼문제를 사회적으로 큰 문제로 인식하고 있다. 그러나 최근에 이혼에 대한 가치관의 변화와 여성의 지위 향상과 경제력의 확보 등으로 이혼이 급증하고 있다.

또한 자녀 수의 감소로 자녀에 대한 부담이 감소하고 법적으로 이혼을 가능하도록 법적 장치를 다양화하고 있다. 과거에는 결혼생활에 문제가 있더라도 자녀문제, 경제력문제, 이혼부부에 대한 부정적인 시각 등으로 인해 이혼에 대한 부담이 많았으나, 이혼에 대한 시각의 변화와 남녀 성역할의 변화로 인하여 이혼은 증가하고 있다.

그리고 이혼 이유도 다양해지고 있다. 이혼은 양성의 문제에서 발생하고 있음으로 이혼문제에 대해서도 과학적으로 접근해야 한다.

(2) 이혼의 법적인 의의

이혼이라 함은 부부가 살아있는 동안에 그들의 법률상 부부관계를 해소하여 서로 갈라서는 것을 말하며, 이혼의 방법에는 "협의상 이혼"과 "재판상 이혼"의 두 가지가 있다.

협의이혼이라 함은 당사자 간 자유로운 의사의 합치에 의하여 혼인관계를 해소시키는 신분행위로, 가정법원의 확인을 받아 신고함으로써 그 효력이 발생한다(민법 제836조 제1항).

이혼원인에는 아무런 제한이 없다. 재판이혼은 부부간의 의사가 일치하지 않았을 때 이혼소송을 통해서 이루어지는 행위로, 우리나라의 경우 법에서 정해둔 몇몇 이유에 한해서만 소송을 청구할 수 있다. 조정이혼은 재판상 이혼에 속한다.

2) 이혼 증가의 배경

(1) 결혼과 이혼에 대한 접근방향의 변화

결혼과 이혼은 그 나라의 사회경제적 문화, 역사적 배경, 윤리의식 등에 따라 다양하게 달라진다. 그동안 우리의 경우 나름대로 이혼율이 낮은 이유는 이혼에 대한 사회적 불리와 이혼에 대한 좋지 않은 시각 등에 의한 부분이 많다.

그러나 최근에 와서는 결혼을 포함한 이혼을 보는 시각이 다양해지고, 법적 장치가 마련되기 시작하면서 이혼이 증가하고 있다. 그리고 이혼이 과거의 사회문제에서 사회현상으로 변화하면서 합리적이고 긍정적인 이혼에 대해서는 찬성하는 측면이 강해지고 있다.

그러므로 앞으로는 사회적인 압박, 자녀문제, 가족관계 등에서 벗어나 자기중심적인 이혼이 지속적으로 증가할 것으로 보인다.

그리고 결혼에 대한 의미가 다양하게 변화함으로써, 결혼이 영구적인 구속이 아니라 보다 행복한 인생이 있다면 새로운 삶을 시작할 수 있다는 의식이 강해짐으로 결혼의 의미가 변하고 있다. 이러한 변화로 인하여 과거보다는 결혼에 접근하는 방향이 달라지고 있다.

(2) 여성의 다양한 변화

과거에 비해 여성의 사회문화적 배경, 경제적 배경, 사회적 지위 등이 급속도로 변화고 있다. 특히 여성들의 사회참여로 경제적 자립이 높아져 이혼에 따른 경제적 문제가 감소함으로써 이혼이 증가하고 있다.

(3) 이혼 관련 법적 장치의 강화

가족과 여성 관련 법규가 새로 제정되고, 보완되면서 이혼과정에서 여성의 불리함이 감소되기 시작하면서 이혼을 고려하는 여성들이 증가하고 있는 실정이다. 그리고 이런 현상은 계속 증가할 것이다.

(4) 가족구조와 체계의 변화

가족구조가 과거에 비해 소규모화되어 가족구성원의 압력 또는 압박으로 인한 요인이 감소하고 있다. 특히 자녀수의 감소는 이혼 증가와 밀접한 관계를 가지고 있다.

그리고 가족체계도 개방적으로 변화하여 자신의 희생보다는 자신의 행복을 우선하는 방향으로 변화하면서 이혼을 증가시키고 있다.

특히 최근에 황혼이혼이 증가하고 있는 이유에서 그동안 여성들이 가족구성원의 관계에서 이혼을 보류하고 있었다는 사실을 알 수 있다.

2. 이혼의 유형

1) 협의이혼(민법 제836조)

(1) 협의이혼의 의의

부부는 이혼을 초래한 원인이 무엇이든 당사자가 서로 협의하여서 이혼할 수 있다(제834조). 부부관계가 불화하여 결혼생활을 계속한다는 것이 서로의 불행인 경우에 쌍방에 모두 이혼할 의사가 있어서 이혼의 합의를 한 후 이루어지는 것이므로, 어느 일방의 의사만으로는 이혼할 수 없으며 부부 이외의 다른 사람의 의사에 의해서도 이루어질 수 없다.

협의상 이혼은 가정법원의 확인을 받아 「가족관계의 등록 등에 관한 법률」에 정한 바에 의하여 신고함으로써 그 효력이 생긴다(제836조).

신고까지 완전히 마쳐 이혼이 성립된 후에라도, 부부의 어느 일방이 모르게 이혼신고가 되었거나 가장(假裝)이혼을 한 때에는 당연히 무효이다. 그리고 사기 또는 강박에 의해 이혼의 의사를 표시한 때에도 사기를 안 날 또는 강박을 면한 날로부터 3개월 이내에 이혼의 취소를 청구할 수 있다.

(2) 실질적 요건

① 당사자 사이에 이혼의 합의가 있을 것

이혼의 합의는 부부관계를 영구적으로 해소하려는 의사의 합치로서 자유롭고 무조건·무기한의 의사표시에 의하여 이루어져야 한다. 중혼인 경우에도 협의이혼 할 수 있다.

② 피성년후견인은 이혼동의를 얻을 것

피성년후견인은 부모 또는 성년후견인의 동의를 얻어서 협의이혼을 할 수 있다. 피성년후견인의 협의상 이혼에 관하여는 제808조 제2항을 준용한다.

(3) 형식적 요건

이혼신고의 경우에는 혼인신고의 경우와는 달리 축출이혼의 방지를 위하여 당사자 쌍방의 이혼의사에 대한 가정법원의 확인을 받아 관련법에 정한 바에 의하여 신고함으로써 성립한다.

따라서 가정법원의 확인이 있어야 비로소 신고서가 수리되며, 확인이 없는 신고는 수리되더라도 무효가 된다. 그리고 신고는 당사자 쌍방과 성년자인 증인 2인이 연서한 서면으로 하여야 한다.

(4) 협의이혼의사 확인절차

① 신청절차

본적지 또는 주소지를 관할하는 가정법원(지원)이나 시군 법원의 확인을 받아 신고하여야 한다. 부부 쌍방의 주소지가 서로 다른 경우에는 각 주소지를 관할하는 가정법원이 관할법원이 된다 할 것이며, 당사자 쌍방이 재외국민인 경우에는 그 확인은 서울가정법원의 관할로 한다.

② 신청인

협의이혼당사자인 부(夫)와 처(妻)이며, 대리인에 의한 신청은 허용되지 않는다. 또 협의이혼의사 확인신청은 부부 중 일방이 재외국민이거나 출석하기 어려운 경우를 제외하고는 부부가 함께 출석하여 하여야 한다.

이혼의사 확인신청은 부부가 함께 법원에 출석하여 협의이혼의사 확인신청서를 제출함으로써 한다. 다만, 부부 중 일방이 재외국민이거나 수감자로서 출석하기 어려운 경우에는 다른 일방이 출석하여 제출할 수 있다.

③ 신청방법

법원에 신고하기 전 협의이혼의 절차로는 먼저, 가정법원에 이혼을 신청하는 데 필요한 서류가 있다. 부부, 성년자를 인증해줄 수 있는 2명의 서명・날인이 기입되어있는 협의이혼의사 확인신청서와 부부 각자의 가족관계증명서, 부부 각자의 혼인관계증명서가 각각 1통씩 필요하다.

여기서 협의이혼의사확인이란 부부가 이혼을 하는 것은 법적으로 관계를 해소시키는 것이기 때문에 부부의 합의만으론 이혼이 되지 않기에, 법원에 부부 사이에 이혼의사가 일치하다는 것을 공식적으로 확인받아야 한다.

(5) 협의이혼의 변화 과정

① 2005년 2월 이전의 협의이혼절차는 협의이혼의사 확인신청 후 당일 이혼의사확인등본 발급

② 2005년 3월부터 2006년 3월까지는 협의이혼의사 확인신청 1주일 뒤 이혼의사확인등본발급(3개월 이내에 관할구청 등에 이혼신고)

③ 2006년 3월 이후는 협의이혼의사 확인신청 3주일 뒤에 이혼의사확인등본 발급

④ 2008년 6월부터 이혼숙려제도 실시

2) 조정이혼(가사소송법 제50조, 제52조, 제59조)

부부간에 이혼합의가 이루어지지 않은 경우나 재산상의 문제, 자녀문제를 해결할 수 없는 경우에는 소(訴)를 제기하기 전에 먼저 가정법원에 조정(調停)을 신청하여야 한다(가사소송법 제50조). 조정은 조정장(調停長) 1명과 2명 이상의 조정위원으로 구성되는 조정위원회에서 진행한다(가사소송법 제52조). 부부 쌍방으로부터 신청 취지

의 분쟁 또는 사안의 실정을 들은 뒤, 화해의 여지가 있다고 판단될 때는 이혼하지 않고 원만하게 해결하는 방향을 제안한다. 이때 부부의 어느 쪽이든 반대의견을 표시하면 조정은 성립되지 않는다. 부부 쌍방이 조정위원회에서 제시한 안을 수락하면 그 내용은 조정조서에 기입되고 조정은 성립된다. 그 조정조서는 재판상 화해와 같은 효력을 갖는다(가사소송법 제59조).

3) 재판이혼(민법 제840조)

부부의 일방은 법에 정한 이혼원인이 발생한 때에는 가정법원에 이혼의 조정 또는 심판을 청구할 수 있다(제840조). 이를 재판상 이혼이라고 한다. 재판상 이혼은 상대방에게 이혼의사가 있는가를 묻지 않고 일방적으로 부부관계를 소멸시키는 것이기 때문에 다음과 같은 법률상의 원인이 있는 때에만 인정된다.

- 배우자가 정조의무에 위반되는 부정행위를 한 때
- 정당한 이유 없이 동거 · 부양 · 협조의무를 게을리하여 상대방을 유기한 때
- 배우자 또는 그 직계존속으로부터 심히 부당한 대우를 받았을 때
- 자기의 직계존속이 배우자로부터 심히 부당한 대우를 받았을 때

배우자의 생사가 3년 이상 분명하지 않은 때에는 이혼할 수 있도록 구체적으로 예시해 주고 있다. 뿐만 아니라 법률에 예시된 이외의 사유로 인해서 부부관계가 파탄하여 도저히 혼인생활을 계속할 수 없는 때에도 이혼을 청구할 수 있다.

이혼의 청구는 배우자의 부정에 대해 미리 동의했거나 후에 용서한 때 또는 그 부정을 안 날로부터 6개월, 그 사유가 있은 날로부터 2년이 지나면 할 수 없다(제841조). 혼인을 계속하기 어려운 중대한 사유가 있을 때에도 마찬가지이다.

가정법원에 이혼을 청구할 경우에 조정을 할 수 없는 때를 제외하고는 우선 조정을 신청하여 양 당사자의 대화에 의한 해결을 도모한 후에야만 심판을 청구할 수 있다. 조정이 성립되지 않으면 당사자는 조서등본이 송달된 날로부터 2주일 이내 또는 조서 송달 전에 서면으로 심판을 청구할 수 있다.

가정법원의 심판에 대해서도 불만이 있으면 심판서가 송달된 날로부터 2주일 이내에 고등법원에 항소할 수 있고, 고등법원의 판결에도 불만이 있으면 판결서가 송달된 날로부터 2주일 이내에 대법원에 상고할 수 있다.

조정이 성립되거나 이혼판결이 확정되면 이혼이 성립되므로, 신고를 하지 않더라도 이미 이혼은 이루어진 것이다. 다만 청구를 한 사람은 조정 또는 재판이 확정된 날로부터 10일 이내에 재판의 등본과 그 확정증명서를 첨부하여 이혼 사실을 신고해야 한다.

4) 이혼의 효과

이혼을 하면 혼인을 함으로써 부부 사이에 생긴 신분상·재산상의 모든 권리·의무가 소멸된다. 즉, 부부 사이의 정조의무, 동거·부양·협조의 의무 그리고 부부재산관계가 소멸한다. 그리고 배우자의 혈족과의 인척관계도 소멸한다.

부모가 이혼한 후 그들의 자녀를 공동으로 양육할 수는 없으므로 구법에서는 양육에 관한 협의가 없는 때에는 부에게 양육권이 귀속되었으나 개정된 친족법에서는 당사자 간의 협의에 의하되 협의가 되지 않거나 불능인 때는 당사자의 청구로 가정법원이 자(子)의 연령, 부모의 재산 정도, 기타 사정을 참작하여 양육에 필요한 사항을 정하고 언제든지 그 사항을 변경 또는 다른 적당한 처분을 할 수 있도록 하고, 자를 직접 양육하지 아니하는 부모 중 일방에 대하여는 면접교섭권(面接交涉權)을 신설하였다(제837조의2).

또한 협의상 이혼에 대해서는 재산분할청구권(財産分割請求權)을 신설하여 과거의 여성의 불이익을 제거하였으며, 재판상 이혼은 부부 일방의 책임 있는 사유에 의한 것이므로 잘못 없는 배우자에게 그 타방에 대한 손해배상청구권(제806조)을 인정함은 물론 신설된 재산분할청구권도 인정하고 있다(제843조).

부모가 이혼하더라도 자녀의 신분에는 아무런 영향을 미치지 않으므로 그대로 적출자인 것이며(제844조 2항), 어머니와 자녀와의 친족관계도 소멸되지 않아 부모로서의 권리의무를 계속해서 지닌다. 따라서 친권·혼인동의권(제808조)·부양의무(제974조)·상속권(1000조) 등이 그대로 인정된다.

3. 이혼상담과 숙려제도

1) 이혼상담의 의의와 도입배경

(1) 의의

최근에 우리나라는 이혼율이 급증하고 있다. 이혼으로 인한 가족해체 현상으로 각종 사회문제가 발생하고 있다. 우리의 경우 아직 이혼에 대한 가족체계적인 접근방법이 부족하고, 이혼은 가족문제라는 측면이 강하여 국가적 개입이 적은 편이었다.

그리고 이혼율이 높아짐에 따라 결혼문제와 재혼문제가 가족생활주기에서 중요한 문제로 등장하고 있다. 이혼상담을 통해 이혼과 재혼으로 인하여 가족생활주기가 어떠한 영향을 받으며, 가족구성원들에게 어떠한 영향을 미치며, 앞으로 새로운 가족주기생활을 위해서 어떠한 방향으로 접근하느냐가 새로운 가족형성과 더불어 건강가족 구성에 영향을 미친다.

(2) 도입배경

이혼상담은 이혼으로 발생할 수 있는 가족문제를 예방하고 치료하기 위하여 도입된 제도이다. 이혼상담에 대해 찬반의 논란이 있지만, 시대사회적 배경으로 볼 때 도입해야 할 제도이다.

그리하여 서울가정법원은 2005년 3월부터 경솔한 이혼을 방지하기 위하여 1주일의 숙려기간을 실시하여, 협의이혼을 하는 경우 미성년자녀의 복지를 위하여 친권, 양육에 관한 사항을 미리 합의하도록 숙려제도를 시범적으로 실시하였다.

2) 이혼상담의 과정

(1) 이혼하기로 의사를 정한 경우

이혼을 하기로 의사를 결정한 경우에는 자녀문제를 해결하기 위하여 자녀양육에 대한 구체적 계획을 수립하여 부부간 교섭을 하도록 한다. 그리고 위자료 등

재산문제를 포함한 경제적 독립계획도 수립하도록 상담을 유도해야 한다. 그리고 자녀가 충격을 받지 않도록 부부간의 이혼에 대해 설명함으로써 자녀의 충격을 감소시켜야 한다.

(2) 이혼이 보류된 경우

이혼이 보류된 경우에는 지금까지 나타난 부부문제 및 가족문제를 다시 변화시키는 방향으로 이혼상담을 진행해야 할 것이다. 그리고 이혼을 다시 한번 고려할 수 있도록 부부관계 향상 프로그램을 실시하여 새로운 전략을 수립하여야 한다.

(3) 이혼이 법적으로 결정된 경우

이혼이 법적으로 결정되어 새로운 가족체계가 성립되면 이혼 후 발생되는 새로운 문제를 해결할 수 있도록 지원해야 한다. 그리고 새로운 가족에 접근방법과 자녀와 이별 후 만남에 대한 적절한 방법 등을 고려해서 상담을 지원해야 할 것이다.

3) 이혼숙려제도

(1) 이혼숙려제도의 의의

이혼숙려제도는 부부가 협의이혼을 신청한 뒤 일정 기간이 지나야 법원이 이혼을 허가해 주는 제도다. '홧김이혼'과 '경솔이혼'을 막자는 뜻으로 도입했다. 하지만 숙려기간 자체에 대한 반론이 아직은 많다.

이혼을 합의한 당사자에게는 숙려제도가 고통스런 기간의 연장일 수 있기 때문이다. 즉, 모든 이혼을 무조건 경솔하거나 홧김이혼이라고 보기 어렵다기 때문이다. 3개월의 숙려기간은 너무 길다는 지적도 있다. 숙려기간에 경제능력이 없는 당사자가 부양비나 교육비를 확보할 방안이 없기 때문이다.

상당수 법원에서 시행하고 있는 '이혼 전 상담'도 논란이다. 상담은 법원에서 위촉한 상담위원을 만나 부부가 이혼절차와 양육비 지급 등을 합의하는 절차다. 즉, 협의이혼 부부에게 무조건 상담을 권고하는 법원 추세가 문제라며 현재는 무료상담을 하고 있지만 유료상담제로 바뀔 가능성도 있다.

또한 법원이 규정한 상담이지만 법적 효력이 없는 점도 문제로 지적된다. 상담위원 앞에서 부부가 재산이나 양육권에 대해 합의한다고 해도 강제규정이 아니라 이행 여부를 알 수 없다. 양육비 지급을 합의하고서도 이행하지 않을 때, 따로 소송 등을 해야 하는 번거로움은 여전히 남아 있는 셈이다.

2006년도의 이혼부부는 하루 300여 쌍. 이 가운데 80%가량이 협의이혼이다. 당연히 상담전문인력을 확보하는 일이 과제다. 여건이 좋은 대도시는 100~130여 명의 상담위원들이 활동하고 있지만 지방은 상담인력 부족에 시달릴 것으로 예상된다.

상담위원의 전문성을 법원이 어떻게 판단하느냐에 따라 상담 수준이 지역에 따라 큰 차이가 날 수도 있는 셈이다. 더욱이 이혼을 금기시하는 종교인들의 상담은 논란거리다. 종교단체에서 임의로 법적 권한이 있는 것처럼 협박성 조정서를 보냈다며 상담해 온 사례가 있다(한겨레신문, 2006.11.30).

(2) 이혼숙려제도의 효과

이혼이 크게 늘면서 이를 줄여보자는 취지로 도입이 검토되는 이혼숙려제도는 과연 효과가 있을까? 부부가 깊이 생각하지 않고 갈라서는 이른바 '홧김이혼'을 막는 효과가 있다는 주장에 대해 대다수 여성단체를 중심으로 여성측에 불리할 뿐만 아니라 효과도 없는 제도라고 맞서고 있다.

이혼숙려제도는 법원의 최종 이혼 확인을 받기 전에 쌍방이 한 번 더 생각할 수 있는 시간을 두는 제도이다. 그러나 기존의 숙려기간이 너무 짧아 효과가 없다는 지적이 일자 국회와 법원을 중심으로 이혼숙려기간을 더 연장해야 한다는 주장이 강력히 제기되고 있다.

이혼을 청구한 부부들에게 3주 동안 이혼을 다시 생각해 보도록 하는 '이혼숙려제'를 실시한 결과 5쌍 중 1쌍 꼴로 이혼청구를 취소한 것으로 나타났다.

서울가정법원에서는 지난해 협의이혼을 신청한 7107쌍 중 1355쌍(19.1%)이 숙려기간을 거친 뒤 이혼청구를 취하했다. 숙려제도가 실시되기 전인 2005년 1~2월의 경우 협의이혼청구 취하율은 7~8% 수준이었다.

대구 가정지법 가정지원에서도 숙려제도가 도입된 지난해 9월~올 2월까지 협의이혼을 청구한 3,355쌍 중 761쌍(22.7%)이 이혼청구를 취소했다. 숙려제 도입 직전인 지난해 3월~8월까지 협의이혼을 청구했다 취하한 비율은 16% 정도였다(경향신문, 2006.5.7).

한국 이혼숙련제도의 시행 효과

서울가정법원은 협의이혼 신청 부부가 상담을 받지 않을 경우 현행 1주일에서 3주일로 숙려기간을 늘리고 상담받을 경우에도 1주일의 숙려기간을 두는 이혼숙려 및 상담 제도를 지난 3월부터 시행 중이다.

앞서 법원은 상담받지 않은 채 협의이혼을 신청한 부부에게 1주일의 숙려기간을 거치게 하고 상담받은 뒤 이혼할 수 있도록 하는 이혼숙려제도를 시범 도입했다. 법원 관계자는 "이혼숙려제 시범시행 후 협의이혼 취하율이 배 이상 높아졌다"면서 "당초 1주일이던 숙려기간을 3주로 확대한 것이 홧김이혼을 막는 효과가 있다"고 강조했다.

다른 관계자는 "종전에는 이혼합의서를 제출하면 당일이나 다음날 이혼확정 판결을 받을 수 있었지만 이혼숙려제가 도입된 이후 곧바로 이혼하기가 어려워져 이혼신청이 줄어드는 것 같다"고 지적했다.

선진국의 이혼숙려제

이혼숙려제도는 많은 국가들이 시행 중이지만 나라별로 차이가 있다. 이혼숙려기간이 짧게는 우리와 같이 몇 주에서 길게는 9개월에 달하기도 한다.

연방국가인 미국은 주마다 결혼서약 및 이혼절차 등이 다르다. 펜실베이니아, 앨라배마, 아칸소, 뉴저지, 뉴욕 등의 주는 별거기간을 두어 혼인 회복이 어렵다는 사실이 입증될 경우 이혼을 허용한다.

일부 주는 결혼면허 조건과 함께 이혼사유를 규정하는 입법화 움직임도 일고 있다. 콜로라도에서는 결혼 전에 일정 기간 교육 이수를 의무화한 결혼허가제를 채택했다.

이와 함께 이혼 시 자녀부양 및 교육 등의 후유증을 최소화하기 위해 이혼을 가능한 한 제한하자는 주장도 강력히 제기되고 있다. 특히 여성에게 자녀양육 생활비 등의 곤란이 발생하지 않도록 이혼 진행은 물론 이후에도 생활비 지급 등을 명문화하고 있다.

1996년 이혼법을 만든 영국은 이혼절차 개시 전 이혼 관련 정보제공 안내모임에 의무적으로 참가토록 하고 있다. 이어 3개월 후 법원 진술이 가능하며 이혼숙려기간은 무려 9개월에 이른다.

비교적 다른 선진국보다 혼인과 이혼의 자율성을 보장하는 프랑스는 이혼청구 후 최소 3개월의 숙려기간을 거친 뒤 이혼이 가능하다.

이혼 당사자는 물론 한부모 자녀의 이익을 보호하고 경솔한 이혼 결정을 사전에 예방하기 위한 숙려제도는 어느 정도 효과를 보고 있다는 분석이다.

독일은 1년 별거 후 이혼청구가 가능하다. 1998년 친자법을 개정해 상담조정기능을 강화했다. 특히 사회법에 자녀가 있을 경우 사회복지 차원에서 자녀 복리에 적합한 해결책을 모색할 수 있도록 상담 신청할 권리를 규정했다.

이 밖에 스위스는 2000년 이혼법을 통해 법원의 부부의견 청취 후 2개월의 숙려기간을 두었으며, 민간 상담기관의 상담조정기능을 강화했다.

4. 재혼

1) 재혼의 의의

재혼가족(remarried family)은 배우자 한쪽이나 양쪽 모두가 재혼 이상의 결혼으로 자녀가 있거나 없으면서, 하나의 가구를 유지하는 남편과 아내로 구성된 가정으로 정의된다.

특히 계부모가족(step family)이란 최소한 한쪽의 배우자가 과거에 결혼한 경험이 있고 거기서 한 명 이상의 자녀를 가진 상태에서 재혼한 가족을 말한다.

재혼가족은 재결합가족, 재구성가족, 혼합가족(blended family), 두 개의 핵가족(binuclear family) 등의 용어들로 혼용되고 있다. 재혼가족은 성립, 구성 및 심리적 역동에서 초혼가족과 여러 가지로 차이점이 있다.

재혼가정도 가족관계에서 본다면 결혼과 같이 새로운 가족관계의 발생이라고 볼 수 있다. 그러나 재혼가정이라는 측면에서 새로운 구조적 및 기능적인 가족관계가 성립된다. 그리고 과거에는 재혼 후의 계부모-자녀관계를 주로 가족문제를 중심으로 접근하였으나, 최근에는 재혼가정을 수용적이고 긍정적이게 이해하려는 방향으로 전환하고 있다.

이러한 변화는 재혼을 보는 시각의 변화와도 밀접한 관계를 가지고 변화하고 있음을 알 수 있다. 재혼가정에서 새로운 부모-자녀관계는 재혼 당시 자녀의 연령, 재혼 지속연수, 자녀 수, 동거하지 않는 친부모와의 접촉 정도 등의 변수에 의해 영향을 받는다.

또한, 재혼가정의 부모-자녀의 관계에서는 서로 간 긍정적인 접촉의 정도가 매우 중요한데, 새로운 부모를 단순한 양육자로 인식하는 경향이 높고 실제로 양육결정에 참여하는 비율도 그다지 높지 않은 것으로 나타나고 있다.

최근에는 재혼가정이 다시 이혼하는 경우도 새로운 가족관계에 잘 융합되지 못하는 경우가 많다. 그리고 재혼가정의 아동에게 새로운 형제나 자매가 있는 경우는 새로운 가족관계를 형성하는 데 새로운 장애가 발생할 수 있다.

현재 이혼율이 증가하면서 이혼가정이 늘어나고 있다. 이혼가정이 늘어나면 필연적으로 재혼부부도 증가하게 된다. 그러나 아직까지는 이혼에 관심이 집중되어 있고, 재혼에 대한 관심은 부족한 실정이다. 그러나 재혼도 이혼과 같이 중요한 가족문제이다. 특히 재혼의 경우 어린 자녀가 있는 경우 여러 가지 측면에서 아동 문제가 발생할 수 있다.

2) 재혼부부의 일반적 특징

재혼부부의 어려움은 초혼보다 훨씬 높은 이혼율에서도 쉽게 엿볼 수 있다. 미국의 경우 초혼가정의 이혼율이 40%인데 비해 재혼가정의 이혼율은 70%에 이른다.

세 번째 결혼일 경우엔 이혼율이 90%에 육박한다. 우리나라도 공식통계자료는 미비하지만 초혼부부보다는 재혼부부의 이혼율이 더 높을 것으로 추정된다. 우리나라의 경우 아직까지 재혼가정에 대한 정확한 연구가 이루어지지 않고 있는 것이 사실이다.

그러나 재혼가정은 여러 측면에서 초혼가정과 다르다. 일반적 재혼가정의 특징을 살펴보면 다음과 같다.

① 재혼부부는 인생에 있어서 다양한 종류의 상실경험을 끌어안고 있는 부부이다. 기회나 희망의 상실, 인간관계의 상실, 경험의 상실 등 다양한 내용의 상실이 수반된다.
만일 이전 가족관계에서의 상실감이 해소되지 않은 채 새로운 가정을 형성하였다면 그 재혼부부는 처음부터 문제를 안고 시작하게 된다.

② 재혼부부는 일반적으로 다른 부부보다 복잡한 집단이다. 경험의 내용이 서로 다른 사람들과 복잡한 관계들로 형성된 재혼부부가 원활하게 기능하기 위해서는 구성원 간에 의사소통이 모호하지 않고 분명해야 한다.

③ 재혼부부는 실현되기 어려운 기대를 안고 시작한다. 계부모들은 계자녀들과 쉽고 즉각적으로 애정과 사랑을 느낄 것이라고 기대한다.
그러한 기대는 쉽게 이루어지지 않아서 계부모는 죄의식을 갖게 되거나 즉각적인 유대가 생기기를 기대하는 조바심이 더 큰 문제상황을 만들기도 한다. 계자녀에 대한 훈육이 잘 수용되지 않으면 재혼부모들은 혼란, 불안, 불

만족상태에 빠지게 된다.

④ 재혼부부의 구성원은 서로 다른 인생경험으로 살아온 사람들이다. 공유할 수 있는 가족문화가 부족하다는 것은 재혼 후 인간관계에서 많은 혼란을 야기할 수 있다. 만약 이것이 해결되지 않으면 재혼부부의 구성원들끼리 가족관계는 많은 문제점이 발생할 수 있다.

3) 재혼부부의 변화

최근 들어 우리 사회는 가족의 안정성의 약화와 가족해체에 따라 이혼이 증가하고 있으며, 이에 따라 재혼가정이 지속적인 증가추세를 보이고 있다.

1982년부터 2012년까지 우리나라 30년간 이혼 및 재혼 현황(통계청, 2015)을 보면 이혼은 1982~ 2003년 기간 동안은 증가하였으나, 2004~2014년까지는 감소추세로 전환되었다. 그럼에도 불구하고 우리나라의 이혼건수는 상당히 많음을 알 수 있고, 상당수가 재혼으로 이어질 것이라고 예상하고 있다.

특히, 2015년 이후에는 전체 혼인 중 재혼이 20%를 넘고 있다. 즉, 초혼이 75% 수준이고 재혼부부와 남(초)+여(재)의 형태가 7% 정도이며 남(재)+여(초)가 4% 정도이고 재혼부부가 11% 수준이다.

그리고 이혼 및 사별 후 재혼구성비를 살펴보면 1993년 남자 사별 후 재혼이 19.4%였으나, 2012년에는 6.5%로 매우 낮아졌고, 201년 이후에는 6.5%로 계속 낮아지고 있다. 반면 이혼 후 재혼은 80.6%에서 93.5%로 계속 높아지고 있는 편이다.

이러한 현상은 과거 배우자 사별로 인한 재혼 비율이 높은 편이었나, 현재는 이혼 후 재혼이 높게 증가하고 있음을 알 수 있다. 그리고 이러한 현상은 여자도 유사하게 나타나고 있다. 즉, 재혼가정에 대한 유형이 매우 다양하게 나타나고 있음을 알 수 있다.

또한 통계청(2015) 자료를 보면 2015년 미성년 자녀가 있는 유자녀 이혼율은 49.5%로 10여 년간 대체로 줄어들고 있으나, 지난 10년간 유자녀 이혼율은 평균 56.15%로 나타났다.

재혼유형의 다양화

재혼의 유형은 재혼부부의 결혼상태(미혼, 이혼, 사별), 자녀 유무, 자녀양육 유무 및 재혼자의 연령에 따라 매우 다양하다. 재혼부부 각각의 전혼 자녀 유무와 양육권 유무를 기준으로 재혼가족을 분류했는데, 이는 재혼 가족 내 부모－자녀관계를 파악하는 데 매우 유용하다.

① 무자녀 계부모가족: 둘 다 자녀 없음. 초혼가족과 유사하여 계부모가족에서 제외됨
② 비동거 계부가족: 재혼한 여성이 아이가 있으나 함께 살지 않음
③ 비동거 계모가족: 재혼한 남성이 아이가 있으나 함께 살지 않음
④ 동거 계부가족: 재혼한 여성이 아이가 있고 함께 살고 있음
⑤ 동거 계모가족: 재혼한 남성이 아이가 있고 함께 살고 있음
⑥ 비동거 계부모가족: 부부 둘 다 재혼 이전에 아이가 있으나 여성의 아이하고 함께함
⑦ 동거 계부모가족: 부부 둘 다 재혼 이전에 아이가 있고 함께 살고 있음
⑧ 혼합 계부형 계부모가족: 부부 둘 다 재혼 이전에 아이가 있으나 여성의 아이하고 함께 살고 있음
⑨ 혼합 계모형 계부모가족: 부부 둘 다 재혼 이전에 아이가 있으나 남성의 아이하고 함께 살고 있음

우리나라에서는 아직도 관행상 이혼 후의 자녀양육은 남성이 맡는 경향이 있어서 거의 대부분이 계모가족이고, 사정이 불가피한 경우에도 남성의 친가에서 전처 자녀를 맡아 키우는 경우가 허다하다.

자녀의 양육권을 대부분 여성이 가지기 때문에 거의 대부분이 계부가족인 미국과는 대조적이다.

4) 재혼부부의 문제점

(1) 심리적 문제

재혼부부의 자녀들은 약간의 우울, 불안 등 내면적 행동장애나 또래관계 또는 학업에서의 외형적 행동장애가 나타나는 것이 일반적 특성이다. 특히 재혼부부의 아동은 두 명의 친부모가 있는데 그중 한 사람하고만 함께 살면서 대개 두 가족과 번갈아 같이 지내게 되는데, 이때 아동에게 큰 영향력을 미치는 것은 두 가족 간의 관계이다.

그리고 재혼과정에서 아동면접권에 대한 규정이 강화되었으나, 아직 우리나라의 경우는 이혼가정과 재혼가정 사이의 양부모에 대한 방문문화가 형성되지 않아서 당분간 친부모와 계부모 사이에서의 심리적 및 정서적 문제는 다양한 형태로 발생한다.

실제로 조사에서도 부부들만의 재혼가정은 별로 문제가 발생하고 있지 않지만, 전 남편 자녀로 구성된 재혼부부에서는 많은 문제점들이 발생하고 있다.

즉, 양육포기(거부)와 유기에 대한 두려움, 부모 이혼에 대한 자책감, 공격적 행동, 퇴행, 충격, 우울증, 떠난 부모에 대한 분노나 동경, 부모 모두를 위해야 하는 마음, 배신감, 슬픔으로 이혼 자녀에게는 첫 2년이 가장 견디기 힘든 시기로 알려져 있다.

행복하고 단란해 보이는 친구들을 보았을 때 부정적 감정과 생각이 생길 수도 있다. 자녀들은 부모의 재혼을 자신들의 탓으로 돌리기도 하고 재결합이나 화해의 환상을 갖기도 한다.

소년들은 소녀들보다 행동적 문제와 대인관계에서의 문제가 많은 데 비해 소녀들은 성적으로 더 적극적이 되거나 남자를 불신하는 등 이성관계에서 어려움이 많다. 남자들은 아버지에게 더 친하게 접근한다.

재혼부부의 자녀에게 약간의 우울, 불안 등 내면적 행동장애나 동료관계 또는 학업에서의 외형적 행동장애가 나타나고 청소년의 음주율도 다소 높다고 보고 있다. 학업 성적은 편부모가족의 경우와 비슷하고 일반적인 핵가족의 경우보다는 다소 낮은 것으로 나타난다.

또 다른 연구들에 의하면 재혼가정 자녀들은 이혼에 대해 더 긍정적인 태도를 보이고 혼전 성관계 비율도 높으며, 친구지향적이며 반사회적이라는 연구결과도 있다(김익균 외, 2018).

(2) 경제적인 문제

재혼부부에서 새 배우자와 그들의 자녀들이 이전에 혹은 결혼 초에 있었던 두드러진 가치와 표준의 차이를 극복하지 못하면, 매일의 생활은 어려울 수 있다. 두 가족의 지원과 자녀양육비 지불로 인하여 계부모가족의 자원 기반은 흔들리고 생활 수준은 낮아진다.

아버지들은 대개 생활비 부담과 친근함을 관련시켜 생각하는 경향이 있어서 아버지가 생활비를 잘 대주지 못하면 자녀와 친밀해지기 어렵다고 느끼고, 이렇게 한 번 멀어지면 생활비 부담에 대한 의무감을 덜 느끼게 된다.

아이의 친부가 자녀양육비를 보내지 않는 것을 묵인하는 어머니들도 많다. 조사에서도 재혼가정에서 많이 발생하고 있는 문제점들이 경제적 문제로 나타나고 있다. 특히 전 자녀들에 대한 양육비문제가 많이 발생하고 있는 것으로 나타나고 있다.

(3) 사회적 문제

재혼부부에게 사회적으로 가장 많이 발생하는 문제점이 사회적 편견이다. 이러한 현상은 아직까지 이혼에 대한 편견이 심하기 때문에 발생하는 문제일 것이다. 결혼과 이혼은 그 나라의 사회경제적 문화, 역사적 배경, 윤리의식 등에 따라 다양하게 달라진다.

그동안 우리나라의 경우 나름대로 이혼율이 낮았던 이유는 이혼에 대한 사회적 불리와 이혼에 대한 좋지 않는 시각 등에 의한 부분이 많다. 특히 나이가 적은 재혼부부에서는 아직까지 사회적 편견을 많이 받고 있는 것으로 나타나고 있다.

그러나 최근에는 결혼을 포함한 이혼을 보는 시각이 다양해지고, 법적 장치가 마련되기 시작하면서 이혼이 증가하고 있다. 그리고 이혼이 과거의 사회문제에서 사회현상으로 변화하면서 합리적이고 긍정적인 이혼에 대해서는 찬성하는 측면이 강해지고 있다.

이러한 변화도 더불어 재혼에 대한 사회적 편견도 변화해야 할 것이다. 이를 위해 국가적인 차원에서 재혼부부에 대한 편견이 발생하지 않도록 사회문화적인 홍보와 학교교육을 통하여 더불어 사는 사회를 만들어야 한다.

(4) 법적 문제

일반적으로 재혼자녀관계는 법률적으로 모호하다. 법률적으로 모호한 관계에 있다는 사실은 계부모와 계자녀 사이에 정서적 친밀감의 발달에 장벽이 되며, 계부모들의 통제력을 약화시키고 관계의 모호성을 증가시킨다.

그리고 재혼부부에 대한 법적 장치는 매우 미흡한 단계이다. 또한 앞으로 재혼 이유도 다양해질 것이다. 재혼은 모두에게서 발생하고 있는 문제이므로 재혼문제에 대해서도 과학적으로 접근해야 한다.

이러한 측면에서 본다면 재혼가정에 대한 법적 장치가 현실적으로 변화해야 하는데, 아직까지 재혼가정에 대한 법적 문제는 매우 다양한 분야에서 발생하고 있다. 특히 자녀들의 상속문제라든지, 양육비 등의 문제가 실제로 중요한 재혼부부의 문제점들로 나타나고 있다.

5) 재혼부부의 가족관계

재혼유형에 따라서 그리고 재혼자의 연령에 따라 다양한 가족상황이 나타날 수 있다. 부부가 모두 자녀 없이 재혼할 수 있고, 부부 중 한쪽이 혹은 양쪽이 모두 과거의 혼인에서 출생한 자녀들을 데려올 수 있으며, 늦은 나이에 혼인한 재혼부부는 혼인하여 분가한 성인자녀를 둘 수도 있다. 이와 같은 다양한 재혼유형에 따라 가족생활 역시 다양하게 나타날 것이다.

재혼가족의 구성은 매우 다양하다. 편모나 편부가 또 다른 편부나 편모와 재혼하거나 전에 결혼한 경험이 있거나 혹은 한 적이 없는 독신자와 결혼하게 될 수도 있다.

새로운 배우자가 자녀를 데려와 서로 가족을 합치기도 한다. 한쪽 배우자 혹은 양쪽 배우자에게 헤어진 전 배우자가 데리고 있는 친자녀가 있을 수 있다. 본 조사에서 나타나고 있는 재혼가족의 가족관계 문제를 분류하여 설명하면 다음과 같다.

(1) 이혼부모의 상태

재혼부부 이전에 부부갈등의 정도가 심하거나 알코올중독, 도박, 아내구타, 가출 등 부모의 정신건강문제가 심각할수록 아동들의 적응에 부정적인 영향을 미친다. 이혼사유로 이런 문제가 발생한 사람은 재혼 후에도 이러한 문제점이 계속 발생하고 있다.

(2) 부모이혼 후 가족상태

부모 자신들이 이혼 후 후유증에서 빨리 회복되면 자녀들의 적응도 달라지고 곧 안정이 된다. 즉, 부모가 기정사실로 수용하고 새로운 삶을 위해 스스로를 동기화하는 노력이 있을 때 자녀들의 적응을 촉진할 수 있다.

그리고 자녀들도 새로운 재혼가정에 대해서 부정적인 감정보다는 얼마나 긍정적으로 수용하는 정도에 따라 달라진다. 즉, 재혼가정에서는 자녀들의 재혼가정에 적응하는 문제점이 심각하게 나타나고 있다.

(3) 비동거 부모와의 관계단절 여부

재혼부부에서 비동거 부모와의 관계단절은 아동의 적응에 부정적인 영향을 미친다. 일반적으로 아동의 적응에는 비동거 부모와의 접촉 빈도보다는 일관성이 중요하다. 비동거 부모가 이혼 후 일정한 방문을 하는 아동의 경우 새로운 재혼가정의 융합에 영향을 미친다. 즉, 이러한 문제점을 해결하기 위해서는 면접권 등 재혼가정에서 발생할 수 있는 가족관계의 문제점을 확실히 할 필요가 있다.

(4) 동거부모의 양육태도

양육권을 가진 부모가 양육행동에 자신감 있고, 민주적일 때 아동의 적응에 긍정적으로 기여를 한다. 반대로 양육방식이 지나치게 통제적이거나 지나치게 방임적일 때 아동의 적응에 부정적인 영향을 미치게 된다. 이번 조사에서도 새로운 부모들의 양육태도가 중요한 문제로 발생하고 있다.

(5) 주위환경의 태도

새로운 재혼부부에 대해 주위의 친척이나 친구들이 얼마나 긍정적·정서적으로 지지해 주는가가 재혼가정뿐만 아니라 자녀들이 적응하는 데에도 영향을 미친다. 즉, 재혼부부에 대한 사회적 지지가 강화되어야 재혼부부에 대한 사회문제가 감소할 것이다.

생각해 볼 문제

- 이혼에 대한 나의 시각은 어떠한가?
- 이혼은 사회문제인가? 사회현상인가?
- 재혼은 좋은 선택인가? 잘못된 선택인가?

부록

가족관계의 등록 등에 관한 법률

(약칭: 가족관계등록법)

가족관계의 등록 등에 관한 법률(약칭: 가족관계등록법)

[시행 2022. 1. 1.] [법률 제18651호, 2021. 12. 28., 일부개정]
법무부(법무심의관실) 02-2110-3164

제1장 총칙

제1조(목적) 이 법은 국민의 출생·혼인·사망 등 가족관계의 발생 및 변동사항에 관한 등록과 그 증명에 관한 사항을 규정함을 목적으로 한다.

제2조(관장) 가족관계의 발생 및 변동사항에 관한 등록과 그 증명에 관한 사무(이하 "등록사무"라 한다)는 대법원이 관장한다.

제3조(권한의 위임) ① 대법원장은 등록사무의 처리에 관한 권한을 시·읍·면의 장(도농복합형태의 시에 있어서 동지역에 대하여는 시장, 읍·면지역에 대하여는 읍·면장으로 한다. 이하 같다)에게 위임한다.

② 특별시 및 광역시와 구를 둔 시에 있어서는 이 법 중 시, 시장 또는 시의 사무소라 함은 각각 구, 구청장 또는 구의 사무소를 말한다. 다만, 광역시에 있어서 군지역에 대하여는 읍·면, 읍·면의 장 또는 읍·면의 사무소를 말한다.

③ 대법원장은 등록사무의 감독에 관한 권한을 시·읍·면의 사무소 소재지를 관할하는 가정법원장에게 위임한다. 다만, 가정법원지원장은 가정법원장의 명을 받아 그 관할구역 내의 등록사무를 감독한다.

제4조(등록사무처리) 제3조에 따른 등록사무는 가족관계의 발생 및 변동사항의 등록(이하 "등록"이라 한다)에 관한 신고 등을 접수하거나 수리한 신고지의 시·읍·면의 장이 처리한다.

제4조의2(재외국민 등록사무처리에 관한 특례) ① 제3조 및 제4조에도 불구하고, 대법원장은 외국에 거주하거나 체류하는 대한민국 국민(이하 "재외국민"이라 한다)에 관한 등록사무를 법원서기관, 법원사무관, 법원주사 또는 법원주사보(이하 "가족관계등록관"이라 한다)로 하여금 처리하게 할 수 있다.

② 재외국민에 관한 등록사무의 처리 및 지원을 위하여 법원행정처에 재외국민 가족관계등록사무소를 두고, 그 구성, 운영 등 필요한 사항은 대법원규칙으로 정한다.

③ 재외국민 가족관계등록사무소 가족관계등록관의 등록사무처리에 관하여는 시·읍·면의 장의 등록사무처리에 관한 규정 중 제3조 제3항, 제5조, 제11조, 제14조, 제18조,

제22조, 제23조의3, 제29조, 제31조, 제38조부터 제43조까지, 제109조부터 제111조까지, 제114조부터 제116조까지를 준용한다.
[본조신설 2015. 2. 3.]

제5조(직무의 제한) ① 시 · 읍 · 면의 장은 등록에 관한 증명서 발급사무를 제외하고 자기 또는 자기와 4촌 이내의 친족에 관한 등록사건에 관하여는 그 직무를 행할 수 없다.
② 등록사건 처리에 관하여 시 · 읍 · 면의 장을 대리하는 사람도 제1항과 같다.

제6조(수수료 등의 귀속) ① 이 법의 규정에 따라 납부하는 수수료 및 과태료는 등록사무를 처리하는 해당 지방자치단체의 수입으로 한다. 다만, 다음 각 호의 어느 하나에 해당하는 경우에는 그러하지 아니하다. 〈개정 2015. 2. 3.〉
1. 제12조 제2항에 따라 전산정보중앙관리소 소속 공무원이 증명서를 발급하는 경우
1의2. 제4조의2에 따른 재외국민 가족관계등록사무소에 수수료를 납부하는 경우
2. 제120조 및 제123조에 따라 가정법원이 과태료를 부과하는 경우
3. 제124조 제3항에 따라 가정법원이 「비송사건절차법」에 따른 과태료 재판을 하는 경우
② 제1항의 수수료의 금액은 대법원규칙으로 정한다.

제7조(비용의 부담) 제3조에 따라 시 · 읍 · 면의 장에게 위임한 등록사무에 드는 비용은 국가가 부담한다.

제8조(대법원규칙) 이 법 시행에 관하여 필요한 사항은 대법원규칙으로 정한다.

제2장 가족관계등록부의 작성과 등록사무의 처리

제9조(가족관계등록부의 작성 및 기록사항) ① 가족관계등록부(이하 "등록부"라 한다)는 전산정보처리조직에 의하여 입력 · 처리된 가족관계 등록사항(이하 "등록사항"이라 한다)에 관한 전산정보자료를 제10조의 등록기준지에 따라 개인별로 구분하여 작성한다.
② 등록부에는 다음 사항을 기록하여야 한다. 〈개정 2010. 5. 4.〉
1. 등록기준지
2. 성명 · 본 · 성별 · 출생연월일 및 주민등록번호
3. 출생 · 혼인 · 사망 등 가족관계의 발생 및 변동에 관한 사항
4. 가족으로 기록할 자가 대한민국 국민이 아닌 사람(이하 "외국인"이라 한다)인 경우에는 성명 · 성별 · 출생연월일 · 국적 및 외국인등록번호(외국인등록을 하지 아니한 외국인의 경우에는 대법원규칙으로 정하는 바에 따른 국내거소신고번호 등을 말한다. 이하 같다)
5. 그 밖에 가족관계에 관한 사항으로서 대법원규칙으로 정하는 사항

제10조(등록기준지의 결정) ① 출생 또는 그 밖의 사유로 처음으로 등록을 하는 경우에는

등록기준지를 정하여 신고하여야 한다.

② 등록기준지는 대법원규칙으로 정하는 절차에 따라 변경할 수 있다.

제11조(전산정보처리조직에 의한 등록사무의 처리 등) ① 시·읍·면의 장은 등록사무를 전산정보처리조직에 의하여 처리하여야 한다.

② 본인이 사망하거나 실종선고·부재선고를 받은 때, 국적을 이탈하거나 상실한 때 또는 그 밖에 대법원규칙으로 정한 사유가 발생한 때에는 등록부를 폐쇄한다.

③ 등록부와 제2항에 따라 폐쇄한 등록부(이하 "폐쇄등록부"라 한다)는 법원행정처장이 보관·관리한다.

④ 법원행정처장은 등록부 또는 폐쇄등록부(이하 "등록부 등"이라 한다)에 기록되어 있는 등록사항과 동일한 전산정보자료를 따로 작성하여 관리하여야 한다.

⑤ 등록부 등의 전부 또는 일부가 손상되거나 손상될 염려가 있는 때에는 법원행정처장은 대법원규칙으로 정하는 바에 따라 등록부 등의 복구 등 필요한 처분을 명할 수 있다.

⑥ 등록부 등을 관리하는 사람 또는 등록사무를 처리하는 사람은 이 법이나 그 밖의 법에서 규정하는 사유가 아닌 다른 사유로 등록부 등에 기록된 등록사항에 관한 전산정보자료(이하 "등록전산정보자료"라 한다)를 이용하거나 다른 사람(법인을 포함한다)에게 자료를 제공하여서는 아니 된다.

제12조(전산정보중앙관리소의 설치 등) ① 등록부 등의 보관과 관리, 전산정보처리조직에 의한 등록사무처리의 지원 및 등록전산정보자료의 효율적인 활용을 위하여 법원행정처에 전산정보중앙관리소(이하 "중앙관리소"라 한다)를 둔다. 이 경우 국적 관련 통보에 따른 등록사무처리에 관하여는 대법원규칙으로 정하는 바에 따라 법무부와 전산정보처리조직을 연계하여 운영한다.

② 법원행정처장은 필요한 경우 중앙관리소 소속 공무원으로 하여금 제15조에 규정된 증명서의 발급사무를 하게 할 수 있다.

제13조(등록전산정보자료의 이용 등) ① 등록전산정보자료를 이용 또는 활용하고자 하는 사람은 관계 중앙행정기관의 장의 심사를 거쳐 법원행정처장의 승인을 받아야 한다. 다만, 중앙행정기관의 장이 등록전산정보자료를 이용하거나 활용하고자 하는 경우에는 법원행정처장과 협의하여야 한다.

② 제1항에 따라 등록전산정보자료를 이용 또는 활용하고자 하는 사람은 본래의 목적 외의 용도로 이용하거나 활용하여서는 아니 된다.

③ 제1항에 따른 등록전산정보자료의 이용 또는 활용과 그 사용료 등에 관하여 필요한 사항은 대법원규칙으로 정한다.

제14조(증명서의 교부 등) ① 본인 또는 배우자, 직계혈족(이하 "본인 등"이라 한다)은 제15조에 규정된 등록부 등의 기록사항에 관하여 발급할 수 있는 증명서(이하 "등록사항별

증명서"라 한다)의 교부를 청구할 수 있고, 본인 등의 대리인이 청구하는 경우에는 본인 등의 위임을 받아야 한다. 다만, 다음 각 호의 어느 하나에 해당하는 경우에는 본인 등이 아닌 경우에도 교부를 신청할 수 있다. 〈개정 2017. 10. 31., 2021. 12. 28.〉

1. 국가 또는 지방자치단체가 직무상 필요에 따라 문서로 신청하는 경우
2. 소송·비송·민사집행의 각 절차에서 필요한 경우
3. 다른 법령에서 본인 등에 관한 증명서를 제출하도록 요구하는 경우
4. 그 밖에 대법원규칙으로 정하는 정당한 이해관계가 있는 사람이 신청하는 경우

② 제15조 제1항 제5호의 친양자입양관계증명서는 다음 각 호의 어느 하나에 해당하는 경우에 한하여 교부를 청구할 수 있다.

1. 친양자가 성년이 되어 신청하는 경우
2. 혼인당사자가 「민법」 제809조의 친족관계를 파악하고자 하는 경우
3. 법원의 사실조회촉탁이 있거나 수사기관이 수사상 필요에 따라 문서로 신청하는 경우
4. 그 밖에 대법원규칙으로 정하는 경우

③ 제1항 및 제2항에 따라 증명서의 교부를 청구하는 사람은 수수료를 납부하여야 하며, 증명서의 송부를 신청하는 경우에는 우송료를 따로 납부하여야 한다.

④ 시·읍·면의 장은 제1항 및 제2항의 청구가 등록부에 기록된 사람에 대한 사생활의 비밀을 침해하는 등 부당한 목적에 의한 것이 분명하다고 인정되는 때에는 증명서의 교부를 거부할 수 있다.

⑤ 등록사항별 증명서를 제출할 것을 요구하는 자는 사용목적에 필요한 최소한의 등록사항이 기록된 일반증명서 또는 특정증명서를 요구하여야 하며, 상세증명서를 요구하는 경우에는 그 이유를 설명하여야 한다. 제출받은 증명서를 사용목적 외의 용도로 사용하여서는 아니 된다. 〈신설 2009. 12. 29., 2016. 5. 29., 2021. 12. 28.〉

⑥ 제1항부터 제5항까지의 규정은 폐쇄등록부에 관한 증명서 교부의 경우에도 준용한다. 〈개정 2009. 12. 29.〉

⑦ 본인 또는 배우자, 부모, 자녀는 대법원규칙으로 정하는 바에 따라 등록부등의 기록사항의 전부 또는 일부에 대하여 전자적 방법에 의한 열람을 청구할 수 있다. 다만, 친양자입양관계증명서의 기록사항에 대하여는 친양자가 성년이 된 이후에만 청구할 수 있다. 〈신설 2013. 7. 30.〉

⑧ 「가정폭력범죄의 처벌 등에 관한 특례법」 제2조 제5호에 따른 피해자(이하 "가정폭력피해자"라 한다) 또는 그 대리인은 가정폭력피해자의 배우자 또는 직계혈족을 지정(이하 "교부제한대상자"라 한다)하여 시·읍·면의 장에게 제1항 및 제2항에 따른 가정폭력피해자 본인의 등록사항별 증명서의 교부를 제한하거나 그 제한을 해지하도록 신청할 수 있다. 〈신설 2021. 12. 28.〉

⑨ 시·읍·면의 장은 제8항에 따른 신청을 받은 때에는 제1항 및 제2항에도 불구하고 교부제한대상자 또는 그 대리인에게 가정폭력피해자 본인의 등록사항별 증명서를 교부하지 아니할 수 있다. 〈신설 2021. 12. 28.〉

⑩ 제9항에 따른 교부제한대상자에게는 제7항에도 불구하고 가정폭력피해자 본인의 등록부 등의 기록사항을 열람하게 하지 아니한다. 〈신설 2021. 12. 28.〉

⑪ 제8항 및 제9항에 따른 신청·해지 절차, 제출 서류 등에 필요한 구체적인 사항은 대법원규칙으로 정한다. 〈신설 2021. 12. 28.〉

[2017. 10. 31. 법률 제14963호에 의하여 2016. 6. 30. 헌법재판소에서 위헌 결정된 이 조 제1항을 개정함.]

[2021. 12. 28. 법률 제18651호에 의하여 2020. 8. 28. 헌법재판소에서 헌법불합치 결정된 이 조 제1항을 개정함.]

제14조의2(인터넷에 의한 증명서 발급) ① 등록사항별 증명서의 발급사무는 인터넷을 이용하여 처리할 수 있다.

② 제1항에 따른 발급은 본인 또는 배우자, 부모, 자녀가 신청할 수 있다.

③ 제1항 및 제2항에도 불구하고 제14조 제9항에 따른 교부제한대상자에게는 가정폭력피해자 본인의 등록사항별 증명서를 발급하지 아니한다. 〈신설 2021. 12. 28.〉

④ 제1항에 따른 발급의 범위, 절차 및 방법 등 필요한 사항은 대법원규칙으로 정한다. 〈개정 2021. 12. 28.〉

[본조신설 2013. 7. 30.]

제14조의3(무인증명서발급기에 의한 증명서 발급) ① 시·읍·면의 장은 신청인 스스로 입력하여 등록사항별 증명서를 발급받을 수 있는 장치를 이용하여 증명서의 발급사무를 처리할 수 있다.

② 제1항에 따른 발급은 본인에게만 할 수 있다.

③ 제1항에 따른 발급의 범위, 절차 및 방법 등 필요한 사항은 대법원규칙으로 정한다.

[본조신설 2013. 7. 30.]

제15조(증명서의 종류 및 기록사항) ① 등록부 등의 기록사항은 다음 각 호의 증명서별로 제2항에 따른 일반증명서와 제3항에 따른 상세증명서로 발급한다. 다만, 외국인의 기록사항에 관하여는 성명·성별·출생연월일·국적 및 외국인등록번호를 기재하여 증명서를 발급하여야 한다. 〈개정 2009. 12. 29., 2010. 5. 4., 2016. 5. 29.〉

1. 가족관계증명서
   가. 삭제 〈2016. 5. 29.〉
   나. 삭제 〈2016. 5. 29.〉
   다. 삭제 〈2016. 5. 29.〉
2. 기본증명서

가. 삭제 〈2016. 5. 29.〉

나. 삭제 〈2016. 5. 29.〉

3. 혼인관계증명서

가. 삭제 〈2016. 5. 29.〉

나. 삭제 〈2016. 5. 29.〉

다. 삭제 〈2016. 5. 29.〉

4. 입양관계증명서

가. 삭제 〈2016. 5. 29.〉

나. 삭제 〈2016. 5. 29.〉

다. 삭제 〈2016. 5. 29.〉

5. 친양자입양관계증명서

가. 삭제 〈2016. 5. 29.〉

나. 삭제 〈2016. 5. 29.〉

다. 삭제 〈2016. 5. 29.〉

② 제1항 각 호의 증명서에 대한 일반증명서의 기재사항은 다음 각 호와 같다. 〈개정 2016. 5. 29.〉

1. 가족관계증명서

가. 본인의 등록기준지 · 성명 · 성별 · 본 · 출생연월일 및 주민등록번호

나. 부모의 성명 · 성별 · 본 · 출생연월일 및 주민등록번호(입양의 경우 양부모를 부모로 기록한다. 다만, 단독입양한 양부가 친생모와 혼인관계에 있는 때에는 양부와 친생모를, 단독입양한 양모가 친생부와 혼인관계에 있는 때에는 양모와 친생부를 각각 부모로 기록한다)

다. 배우자, 생존한 현재의 혼인 중의 자녀의 성명 · 성별 · 본 · 출생연월일 및 주민등록번호

2. 기본증명서

가. 본인의 등록기준지 · 성명 · 성별 · 본 · 출생연월일 및 주민등록번호

나. 본인의 출생, 사망, 국적상실에 관한 사항

3. 혼인관계증명서

가. 본인의 등록기준지 · 성명 · 성별 · 본 · 출생연월일 및 주민등록번호

나. 배우자의 성명 · 성별 · 본 · 출생연월일 및 주민등록번호

다. 현재의 혼인에 관한 사항

4. 입양관계증명서

가. 본인의 등록기준지 · 성명 · 성별 · 본 · 출생연월일 및 주민등록번호

나. 친생부모 · 양부모 또는 양자의 성명 · 성별 · 본 · 출생연월일 및 주민등록번호

다. 현재의 입양에 관한 사항

5. 친양자입양관계증명서

가. 본인의 등록기준지 · 성명 · 성별 · 본 · 출생연월일 및 주민등록번호

나. 친생부모 · 양부모 또는 친양자의 성명 · 성별 · 본 · 출생연월일 및 주민등록번호

다. 현재의 친양자 입양에 관한 사항

③ 제1항 각 호의 증명서에 대한 상세증명서의 기재사항은 제2항에 따른 일반증명서의 기재사항에 다음 각 호의 사항을 추가한 것으로 한다. 〈신설 2016. 5. 29.〉

1. 가족관계증명서: 모든 자녀의 성명 · 성별 · 본 · 출생연월일 및 주민등록번호
2. 기본증명서: 국적취득 및 회복 등에 관한 사항
3. 혼인관계증명서: 혼인 및 이혼에 관한 사항
4. 입양관계증명서: 입양 및 파양에 관한 사항
5. 친양자입양관계증명서: 친양자 입양 및 파양에 관한 사항

④ 제1항에도 불구하고 같은 항 각 호의 증명서 중 대법원규칙으로 정하는 증명서에 대해서는 해당 증명서의 상세증명서 기재사항 중 신청인이 대법원규칙으로 정하는 바에 따라 선택한 사항을 기재한 특정증명서를 발급한다. 〈신설 2016. 5. 29.〉

⑤ 제2항부터 제4항까지의 규정에 따른 일반증명서 · 상세증명서 · 특정증명서, 가족관계에 관한 그 밖의 증명서 및 가족관계 기록사항에 관하여 필요한 사항은 대법원규칙으로 정한다. 〈개정 2009. 12. 29., 2016. 5. 29.〉

제15조의2(가정폭력피해자에 관한 기록사항의 공시 제한) ① 가정폭력피해자 또는 그 대리인은 가정폭력피해자의 배우자 또는 직계혈족(배우자 또는 직계혈족이었던 사람을 포함한다)을 지정(이하 "공시제한대상자"라 한다)하여 시 · 읍 · 면의 장에게 등록부등 중 가정폭력피해자에 관한 기록사항을 가리도록 제한하거나 그 제한을 해지하도록 신청할 수 있다.

② 시 · 읍 · 면의 장은 제1항에 따른 신청을 받은 때에는 다음 각 호의 구분에 따른 사람에게 제14조 제1항 및 제2항에 따른 등록사항별 증명서를 교부하거나 제14조의3에 따른 등록사항별 증명서를 발급할 때 가정폭력피해자에 관한 기록사항을 가리고 교부하거나 발급할 수 있다. 다만, 제14조 제1항 각 호에 해당하여 등록사항별 증명서를 교부할 때에는 해당 사항을 가리지 아니하고 교부할 수 있다.

1. 공시제한대상자의 등록사항별 증명서: 공시제한대상자 본인 등 또는 그 대리인
2. 공시제한대상자의 배우자 또는 직계혈족으로서 가정폭력피해자가 아닌 사람의 등록사항별 증명서: 공시제한대상자 또는 그 대리인

③ 제2항 각 호의 구분에 따른 사람에게 제14조 제7항에 따라 등록부 등의 기록사항을 열람하게 하거나 제14조의2에 따라 등록사항별 증명서를 발급하는 경우에는 가정폭력피해자에 관한 기록사항을 가리고 열람하게 하거나 해당 사항을 가리고 발급한다.

④ 제1항부터 제3항까지의 규정에 따른 공시의 제한・해지 신청, 공시 제한 범위・방법 등에 필요한 구체적인 사항은 대법원규칙으로 정한다.
[본조신설 2021. 12. 28.]

제3장 등록부의 기록

제16조(등록부의 기록절차) 등록부는 신고, 통보, 신청, 증서의 등본, 항해일지의 등본 또는 재판서에 의하여 기록한다.

제17조(등록부가 없는 사람) 가족관계등록이 되어 있지 아니한 사람에 대하여 등록사항을 기록하여야 할 때에는 새로 등록부를 작성한다.

제18조(등록부의 정정) ① 등록부의 기록이 법률상 무효인 것이거나 그 기록에 착오 또는 누락이 있음을 안 때에는 시・읍・면의 장은 지체 없이 신고인 또는 신고사건의 본인에게 그 사실을 통지하여야 한다. 다만, 그 착오 또는 누락이 시・읍・면의 장의 잘못으로 인한 것인 때에는 그러하지 아니하다.
② 제1항 본문의 통지를 할 수 없을 때 또는 통지를 하였으나 정정신청을 하는 사람이 없는 때 또는 그 기록의 착오 또는 누락이 시・읍・면의 장의 잘못으로 인한 것인 때에는 시・읍・면의 장은 감독법원의 허가를 받아 직권으로 정정할 수 있다. 다만, 대법원규칙으로 정하는 경미한 사항인 경우에는 시・읍・면의 장이 직권으로 정정하고, 감독법원에 보고하여야 한다. 〈개정 2013. 7. 30.〉
③ 국가 또는 지방자치단체의 공무원이 그 직무상 등록부의 기록에 착오 또는 누락이 있음을 안 때에는 지체 없이 신고사건의 본인의 등록기준지의 시・읍・면의 장에게 통지하여야 한다. 이 경우 통지를 받은 시・읍・면의 장은 제1항 및 제2항에 따라 처리한다.

제19조(등록부의 행정구역, 명칭 등의 변경) ① 행정구역 또는 토지의 명칭이 변경된 때에는 등록부의 기록은 정정된 것으로 본다. 이 경우 시・읍・면의 장은 그 기록사항을 경정하여야 한다.
② 시・읍・면의 장은 지번의 변경이 있을 때에는 등록부의 기록을 경정하여야 한다.

제4장 신고

제1절 통칙

제20조(신고의 장소) ① 이 법에 따른 신고는 신고사건 본인의 등록기준지 또는 신고인의 주소지나 현재지에서 할 수 있다. 다만, 재외국민에 관한 신고는 재외국민 가족관계등록사무소에서도 할 수 있다. 〈개정 2015. 2. 3.〉

② 외국인에 관한 신고는 그 거주지 또는 신고인의 주소지나 현재지에서 할 수 있다. 〈개정 2010. 5. 4.〉

제21조(출생 · 사망의 동 경유 신고 등) ① 시에 있어서 출생・사망의 신고는 그 신고의 장소가 신고사건 본인의 주민등록지 또는 주민등록을 할 지역과 같은 경우에는 신고사건 본인의 주민등록지 또는 주민등록을 할 지역을 관할하는 동을 거쳐 할 수 있다.

② 제1항의 경우 동장은 소속 시장을 대행하여 신고서를 수리하고, 동이 속하는 시의 장에게 신고서를 송부하며, 그 밖에 대법원규칙으로 정하는 등록사무를 처리한다.

제22조(신고 후 등록되어 있음이 판명된 때 등) 등록되어 있는지가 분명하지 아니한 사람 또는 등록되어 있지 아니하거나 등록할 수 없는 사람에 관한 신고가 수리된 후 그 사람에 관하여 등록되어 있음이 판명된 때 또는 등록할 수 있게 된 때에는 신고인 또는 신고사건의 본인은 그 사실을 안 날부터 1개월 이내에 수리된 신고사건을 표시하여 처음 그 신고를 수리한 시・읍・면의 장에게 그 사실을 신고하여야 한다.

제23조(신고방법) ① 신고는 서면이나 말로 할 수 있다.

② 신고로 인하여 효력이 발생하는 등록사건에 관하여 신고사건 본인이 시・읍・면에 출석하지 아니하는 경우에는 신고사건 본인의 주민등록증・운전면허증・여권, 그 밖에 대법원규칙으로 정하는 신분증명서(이하 이 항에서 "신분증명서"라 한다)를 제시하거나 신고서에 신고사건 본인의 인감증명서를 첨부하여야 한다. 이 경우 본인의 신분증명서를 제시하지 아니하거나 본인의 인감증명서를 첨부하지 아니한 때에는 신고서를 수리하여서는 아니 된다.

제23조(신고방법) ① 신고는 서면이나 말로 할 수 있다.

② 신고로 인하여 효력이 발생하는 등록사건에 관하여 신고사건 본인이 시・읍・면에 출석하지 아니하는 경우에는 신고사건 본인의 주민등록증(모바일 주민등록증을 포함한다)・운전면허증・여권, 그 밖에 대법원규칙으로 정하는 신분증명서(이하 이 항에서 "신분증명서"라 한다)를 제시하거나 신고서에 신고사건 본인의 인감증명서를 첨부하여야 한다. 이 경우 본인의 신분증명서를 제시하지 아니하거나 본인의 인감증명서를 첨부하지 아니한 때에는 신고서를 수리하여서는 아니 된다. 〈개정 2023. 12. 26.〉

[시행일: 2024. 12. 27.] 제23조

제23조의2(전자문서를 이용한 신고) ① 제23조에도 불구하고 대법원규칙으로 정하는 등록에 관한 신고는 전산정보처리조직을 이용하여 전자문서로 할 수 있다. 〈개정 2020. 2. 4.〉

② 제1항에 따른 신고는 신고사건 본인의 등록기준지 시・읍・면의 장이 처리한다. 다만, 신고사건 본인의 등록기준지가 없는 경우에는 신고인의 주소지 시・읍・면의 장이 처리하고, 재외국민에 관한 신고인 경우에는 재외국민 가족관계등록사무소의 가족관계등록관이 처리하며, 외국인에 관한 신고인 경우에는 그 거주지 시・읍・면의 장이 처리

한다. 〈개정 2015. 2. 3.〉

③ 제2항에도 불구하고 제1항에 따른 신고는 신고 처리의 편의를 위하여 대법원규칙으로 정하는 바에 따라 다른 시·읍·면의 장이 처리할 수 있다. 〈신설 2020. 2. 4.〉

④ 시에 있어서 제2항 및 제3항에 따른 신고 처리는 대법원규칙으로 정하는 바에 따라 동장이 소속 시장을 대행하여 할 수 있다. 〈신설 2020. 2. 4.〉

⑤ 제1항에 따른 신고는 이 법 및 대법원규칙으로 정하는 정보가 전산정보처리조직에 저장된 때에 접수된 것으로 본다. 〈개정 2020. 2. 4.〉

⑥ 제1항에 따른 신고의 불수리 통지는 제43조에도 불구하고 전산정보처리조직을 이용하여 전자문서로 할 수 있다. 〈개정 2020. 2. 4.〉

[본조신설 2013. 7. 30.]

제23조의3(첨부서류의 전자적 확인) ① 시·읍·면의 장이 등록사무를 처리하는 전산정보처리조직을 통하여 첨부서류에 대한 정보를 확인할 수 있는 경우에는 그 확인으로 해당 서류의 첨부를 갈음한다.

② 제1항에 따라 확인이 가능한 첨부서류의 종류는 대법원규칙으로 정한다.

[본조신설 2013. 7. 30.]

제24조(신고서 양식) 신고서 양식은 대법원예규로 정한다. 이 경우 가족관계에 관한 등록신고가 다른 법령으로 규정한 신고를 갈음하는 경우에 당해 신고서 양식을 정함에 있어서는 미리 관계부처의 장과 협의하여야 한다.

제25조(신고서 기재사항) ① 신고서에는 다음 사항을 기재하고 신고인이 서명하거나 기명날인하여야 한다.

1. 신고사건
2. 신고연월일
3. 신고인의 출생연월일·주민등록번호·등록기준지 및 주소
4. 신고인과 신고사건의 본인이 다른 때에는 신고사건의 본인의 등록기준지·주소·성명·출생연월일 및 주민등록번호와 신고인의 자격

② 이 법에 따라 신고서류를 작성한 경우 그 신고서류에 주민등록번호를 기재한 때에는 출생연월일의 기재를 생략할 수 있다.

제26조(신고하여야 할 사람이 미성년자 또는 피성년후견인인 경우) ① 신고하여야 할 사람이 미성년자 또는 피성년후견인인 경우에는 친권자, 미성년후견인 또는 성년후견인을 신고의무자로 한다. 다만, 미성년자 또는 피성년후견인 본인이 신고를 하여도 된다.

② 제1항 본문에 따라 친권자, 미성년후견인 또는 성년후견인이 신고하는 경우에는 신고서에 다음 각 호의 사항을 적어야 한다.

1. 신고하여야 할 미성년자 또는 피성년후견인의 성명·출생연월일·주민등록번호 및

등록기준지
2. 신고하여야 할 사람이 미성년자 또는 피성년후견인이라는 사실
3. 신고인이 친권자, 미성년후견인 또는 성년후견인이라는 사실
[전문개정 2013. 7. 30.]

제27조(동의가 불필요한 미성년자 또는 피성년후견인의 신고) ① 미성년자 또는 피성년후견인이 그 법정대리인의 동의 없이 할 수 있는 행위에 관하여는 미성년자 또는 피성년후견인이 신고하여야 한다.
② 피성년후견인이 신고하는 경우에는 신고서에 신고사건의 성질 및 효과를 이해할 능력이 있음을 증명할 수 있는 진단서를 첨부하여야 한다.
[전문개정 2013. 7. 30.]

제28조(증인을 필요로 하는 신고) 증인을 필요로 하는 사건의 신고에 있어서는 증인은 신고서에 주민등록번호 및 주소를 기재하고 서명하거나 기명날인하여야 한다.

제29조(부존재 또는 부지의 사항) 신고서에 기재하여야 할 사항으로서 존재하지 아니하거나 알지 못하는 것이 있을 때에는 그 취지를 기재하여야 한다. 다만, 시·읍·면의 장은 법률상 기재하여야 할 사항으로서 특히 중요하다고 인정되는 사항을 기재하지 아니한 신고서는 수리하여서는 아니 된다.

제30조(법령 규정사항 이외의 기재사항) 신고서에는 이 법 또는 다른 법령으로 정하는 사항 외에 등록부에 기록하여야 할 사항을 더욱 분명하게 하기 위하여 필요한 사항이 있으면 이러한 사항도 기재하여야 한다.

제31조(말로 하는 신고 등) ① 말로 신고하려 할 때에는 신고인은 시·읍·면의 사무소에 출석하여 신고서에 기재하여야 할 사항을 진술하여야 한다.
② 시·읍·면의 장은 신고인의 진술 및 신고연월일을 기록하여 신고인에게 읽어 들려주고 신고인으로 하여금 그 서면에 서명하거나 기명날인하게 하여야 한다.
③ 제1항 및 제2항의 경우에 신고인이 질병 또는 그 밖의 사고로 출석할 수 없는 때에는 대리인으로 하여금 신고하게 할 수 있다. 다만, 제55조, 제56조, 제61조, 제63조, 제71조 및 제74조의 신고는 그러하지 아니하다.

제32조(동의, 승낙 또는 허가를 요하는 사건의 신고) ① 신고사건에서 부모 또는 다른 사람의 동의나 승낙이 필요한 경우에는 신고서에 그 동의나 승낙을 증명하는 서면을 첨부하여야 한다. 이 경우 동의나 승낙을 한 사람으로 하여금 신고서에 그 사유를 적고 서명 또는 기명날인하게 함으로써 그 서면의 첨부를 갈음할 수 있다. 〈개정 2013. 7. 30.〉
② 신고사건, 신고인 또는 신고사항 등에 있어서 재판 또는 관공서의 허가를 요하는 사항이 있는 경우에는 신고서에 그 재판서 또는 허가서의 등본을 첨부하여야 한다.

제33조(신고서에 관한 준용규정) 신고서에 관한 규정은 제31조 제2항 및 제32조 제1항의 서면에 준용한다.

제34조(외국에서 하는 신고) 재외국민은 이 법에서 정하는 바에 따라 그 지역을 관할하는 대한민국재외공관(이하 “재외공관”이라 한다)의 장에게 신고하거나 신청을 할 수 있다. 〈개정 2015. 2. 3.〉

제35조(외국의 방식에 따른 증서의 등본) ① 재외국민이 그 나라의 방식에 따라 신고사건에 관한 증서를 작성한 경우에는 3개월 이내에 그 지역을 관할하는 재외공관의 장에게 그 증서의 등본을 제출하여야 한다. 〈개정 2015. 2. 3.〉

② 대한민국의 국민이 있는 지역이 재외공관의 관할에 속하지 아니하는 경우에는 3개월 이내에 등록기준지의 시·읍·면의 장 또는 재외국민 가족관계등록사무소의 가족관계등록관에게 증서의 등본을 발송하여야 한다. 〈개정 2015. 2. 3.〉

제36즈(외국에서 수리한 서류의 송부) ①재외공관의 장은 제34조 및 제35조에 따라 서류를 수리한 때에는 1개월 이내에 외교부장관을 경유하여 재외국민 가족관계등록사무소의 가즉관계등록관에게 송부하여야 한다. 〈개정 2013. 3. 23., 2015. 2. 3.〉

② 제1항에 따른 서류의 송부는 대법원규칙으로 정하는 바에 따라 전산정보처리조직을 이용하여 할 수 있다. 이 경우 해당 서류 원본의 보존, 그 밖에 필요한 사항은 대법원규칙으로 정한다. 〈신설 2015. 2. 3.〉

제37조(신고기간의 기산점) ① 신고기간은 신고사건 발생일부터 기산한다.

② 재판의 확정일부터 기간을 기산하여야 할 경우에 재판이 송달 또는 교부 전에 확정된 때에는 그 송달 또는 교부된 날부터 기산한다.

제38조(신고의 최고) ① 시·읍·면의 장은 신고를 게을리 한 사람을 안 때에는 상당한 기간을 정하여 신고의무자에 대하여 그 기간 내에 신고할 것을 최고하여야 한다.

② 신고의무자가 제1항의 기간 내에 신고를 하지 아니한 때에는 시·읍·면의 장은 다시 상당한 기간을 정하여 최고할 수 있다.

③ 제18조 제2항은 제2항의 최고를 할 수 없는 때 및 최고를 하여도 신고를 하지 아니한 때에, 같은 조 제3항은 국가 또는 지방자치단체의 공무원이 신고를 게을리한 사람이 있음을 안 때에 준용한다.

제38조(신고의 최고) ① 시·읍·면의 장은 신고를 게을리 한 사람을 안 때에는 상당한 기간을 정하여 신고의무자에 대하여 그 기간 내에 신고할 것을 최고(催告)하여야 한다. 〈개정 2023. 7. 18.〉

② 신고의무자가 제1항의 기간 내에 신고를 하지 아니한 때에는 시·읍·면의 장은 다시 상당한 기간을 정하여 최고할 수 있다.

③ 제18조 제2항은 제2항의 최고를 할 수 없는 때 및 최고를 하여도 신고를 하지 아니한 때에, 같은 조 제3항은 국가 또는 지방자치단체의 공무원이 신고를 게을리 한 사람이 있음을 안 때에 준용한다.

[시행일: 2024. 7. 19.] 제38조

제39조(신고의 추후 보완) 시·읍·면의 장은 신고를 수리한 경우에 흠이 있어 등록부에 기록을 할 수 없을 때에는 신고인 또는 신고의무자로 하여금 보완하게 하여야 한다. 이 경우 제38조를 준용한다.

제40조(기간경과 후의 신고) 시·읍·면의 장은 신고기간이 경과한 후의 신고라도 수리하여야 한다.

제41조(사망 후에 도달한 신고) ① 신고인의 생존 중에 우송한 신고서는 그 사망 후라도 시·읍·면의 장은 수리하여야 한다.

② 제1항에 따라 신고서가 수리된 때에는 신고인의 사망시에 신고한 것으로 본다.

제42조(수리, 불수리증명서와 서류의 열람) ① 신고인은 신고의 수리 또는 불수리의 증명서를 청구할 수 있다.

② 이해관계인은 시·읍·면의 장에게 신고서나 그 밖에 수리한 서류의 열람 또는 그 서류에 기재한 사항에 관하여 증명서를 청구할 수 있다.

③ 증명서를 청구할 때에는 수수료를 납부하여야 한다.

④ 이해관계인은 법원에 보관되어 있는 신고서류에 대한 열람을 청구할 수 있다.

⑤ 제2항 및 제4항의 이해관계인의 자격과 범위 등에 관하여는 제14조 제1항부터 제4항까지의 규정을 준용한다.

제43조(신고불수리의 통지) 시·읍·면의 장이 신고를 수리하지 아니한 때에는 그 사유를 지체 없이 신고인에게 서면으로 통지하여야 한다.

제2절 출생

제44조(출생신고의 기재사항) ① 출생의 신고는 출생 후 1개월 이내에 하여야 한다.

② 신고서에는 다음 사항을 기재하여야 한다. 〈개정 2010. 5. 4.〉

1. 자녀의 성명·본·성별 및 등록기준지
2. 자녀의 혼인 중 또는 혼인 외의 출생자의 구별
3. 출생의 연월일시 및 장소
4. 부모의 성명·본·등록기준지 및 주민등록번호(부 또는 모가 외국인인 때에는 그 성명·출생연월일·국적 및 외국인등록번호)
5. 「민법」 제781조 제1항 단서에 따른 협의가 있는 경우 그 사실

6. 자녀가 복수국적자(複數國籍者)인 경우 그 사실 및 취득한 외국 국적

③ 자녀의 이름에는 한글 또는 통상 사용되는 한자를 사용하여야 한다. 통상 사용되는 한자의 범위는 대법원규칙으로 정한다.

④ 출생신고서에는 의사나 조산사가 작성한 출생증명서를 첨부하여야 한다. 다만, 다음 각 호의 어느 하나에 해당하는 서면을 첨부하는 경우에는 그러하지 아니하다. 〈개정 2016. 5. 29.〉

1. 분만에 직접 관여한 자가 모의 출산사실을 증명할 수 있는 자료 등을 첨부하여 작성한 출생사실을 증명하는 서면
2. 국내 또는 외국의 권한 있는 기관에서 발행한 출생사실을 증명하는 서면

⑤ 제4항 단서에 따라 첨부하는 서면에 관한 구체적인 사항은 대법원규칙으로 정한다. 〈신설 2016. 5. 29.〉

제44조(출생신고의 기재사항) ① 출생의 신고는 출생 후 1개월 이내에 하여야 한다.

② 신고서에는 다음 사항을 기재하여야 한다. 〈개정 2010. 5. 4.〉

1. 자녀의 성명·본·성별 및 등록기준지
2. 자녀의 혼인 중 또는 혼인 외의 출생자의 구별
3. 출생의 연월일시 및 장소
4. 부모의 성명·본·등록기준지 및 주민등록번호(부 또는 모가 외국인인 때에는 그 성명·출생연월일·국적 및 외국인등록번호)
5. 「민법」 제781조 제1항 단서에 따른 협의가 있는 경우 그 사실
6. 자녀가 복수국적자(複數國籍者)인 경우 그 사실 및 취득한 외국 국적

③ 자녀의 이름에는 한글 또는 통상 사용되는 한자를 사용하여야 한다. 통상 사용되는 한자의 범위는 대법원규칙으로 정한다.

④ 출생신고서에는 의사나 조산사가 작성한 출생증명서를 첨부하여야 한다. 다만, 다음 각 호의 어느 하나에 해당하는 서면을 첨부하는 경우에는 그러하지 아니하다. 〈개정 2016. 5. 29., 2023. 7. 18.〉

1. 분만에 직접 관여한 자가 모의 출산사실을 증명할 수 있는 자료 등을 첨부하여 작성한 출생사실을 증명하는 서면
2. 국내 또는 외국의 권한 있는 기관에서 발행한 출생사실을 증명하는 서면
3. 모의 출산사실을 증명할 수 있는 「119구조·구급에 관한 법률」 제22조에 따른 구조·구급활동상황일지

⑤ 제4항 단서에 따라 첨부하는 서면에 관한 구체적인 사항은 대법원규칙으로 정한다. 〈신설 2016. 5. 29.〉

[시행일: 2024. 7. 19.] 제44조

제44조의2(출생증명서가 없는 경우의 출생신고) ① 제44조 제4항에 따른 출생증명서 또는 서

면을 첨부할 수 없는 경우에는 가정법원의 출생확인을 받고 그 확인서를 받은 날부터 1개월 이내에 출생의 신고를 하여야 한다.

② 가정법원은 제1항의 출생확인을 위하여 필요한 경우에는 직권으로 사실을 조사할 수 있으며, 지방자치단체의 장, 국가경찰관서의 장 등 행정기관이나 그 밖에 상당하다고 인정되는 단체 또는 개인에게 필요한 사항을 보고하게 하거나 자료의 제출을 요청할 수 있다.

③ 가정법원의 출생확인 절차와 신고에 필요한 사항은 대법원규칙으로 정한다.

[본조신설 2016. 5. 29.]

제44조의3(출생사실의 통보) ①「의료법」 제3조에 따른 의료기관(이하 "의료기관"이라 한다)에 종사하는 의료인은 해당 의료기관에서 출생이 있는 경우 출생사실을 확인하기 위하여 다음 각 호의 사항(이하 "출생정보"라 한다)을 해당 의료기관에서 관리하는 출생자 모의 진료기록부 또는 조산기록부(전자적 형태로 바꾼 문서를 포함한다. 이하 같다)에 기재하여야 한다.

1. 출생자의 모에 관한 다음 각 목의 사항
   가. 성명
   나. 주민등록번호 또는 외국인등록번호(모가 외국인인 경우로 한정한다). 다만, 주민등록번호 또는 외국인등록번호를 확인할 수 없는 경우에는「사회보장기본법」 제37조 제2항에 따른 사회보장정보시스템에서의 의료급여 자격관리를 위한 번호를 기재하여야 한다.
2. 출생자의 성별, 수(數) 및 출생 연월일시
3. 그 밖에 의료기관의 주소 등 출생사실을 확인하기 위하여 대법원규칙으로 정하는 사항

② 의료기관의 장은 출생일부터 14일 이내에 출생정보를「국민건강보험법」 제62조에 따른 건강보험심사평가원(이하 "심사평가원"이라 한다)에 제출하여야 한다. 이 경우 보건복지부장관이 출생사실의 통보 및 관리를 목적으로 구축하여 심사평가원에 위탁 운영하는 전산정보시스템을 이용하여 제출하여야 한다.

③ 심사평가원은 제2항에 따라 출생정보를 제출받은 경우 출생자 모의 주소지를 관할하는 시·읍·면의 장(모의 주소지를 확인할 수 없는 경우에는 출생지를 관할하는 시·읍·면의 장을 말한다)에게 해당 출생정보를 포함한 출생사실을 지체 없이 통보하여야 한다. 이 경우 심사평가원은「전자정부법」 제37조에 따른 행정정보 공동이용센터를 통하여 전자적인 방법으로 출생사실을 통보할 수 있다.

④ 그 밖에 출생정보를 포함한 출생사실의 통보, 제2항에 따른 전산정보시스템의 이용 방법 및 절차 등에 관하여 필요한 사항은 대법원규칙으로 정한다.

[본조신설 2023. 7. 18.]

[시헝일: 2024. 7. 19.] 제44조의3

제44조의4(출생신고의 확인 · 최고 및 직권 출생 기록) ① 제44조의3제3항에 따른 통보를 받은 시 · 읍 · 면의 장은 제44조 제1항에 따른 신고기간 내에 출생자에 대한 출생신고가 되었는지를 확인하여야 한다.

② 시 · 읍 · 면의 장은 제44조 제1항에 따른 신고기간이 지나도록 제44조의3 제3항에 따라 통보받은 출생자에 대한 출생신고가 되지 아니한 경우에는 즉시 제46조 제1항 및 제2항에 따른 신고의무자에게 7일 이내에 출생신고를 할 것을 최고하여야 한다.

③ 시 · 읍 · 면의 장은 다음 각 호의 어느 하나에 해당하는 경우 제44조의3 제3항에 따라 통보받은 자료를 첨부하여 감독법원의 허가를 받아 해당 출생자에 대하여 직권으로 등록부에 출생을 기록하여야 한다.

1. 제46조 제1항 및 제2항에 따른 신고의무자가 제2항의 최고기간 내에 출생신고를 하지 아니한 경우
2. 제46조 제1항 및 제2항에 따른 신고의무자를 특정할 수 없는 등의 이유로 제2항에 따라 신고의무자에게 최고할 수 없는 경우

④ 제1항부터 제3항까지에서 규정한 사항 외에 출생신고 확인, 출생신고 최고, 출생자의 성명 · 본 및 등록기준지의 결정 방법 등에 관하여 필요한 사항은 대법원규칙으로 정한다.

[본조신설 2023. 7. 18.]

[시행일: 2024. 7. 19.] 제44조의4

제44조의5(자료제공의 요청) 시 · 읍 · 면의 장은 제44조의4에 따른 등록사무처리를 위하여 필요한 경우 대법원규칙으로 정하는 자료를 관계 기관의 장에게 요청할 수 있고, 해당 기관의 장은 특별한 사유가 없으면 요청에 따라야 한다. 다만, 「전자정부법」 제36조 제1항에 따른 행정정보 공동이용을 통하여 확인할 수 있는 사항은 예외로 한다.

[본조신설 2023. 7. 18.]

[시행일: 2024. 7. 19.] 제44조의5

제45조(출생신고의 장소) ① 출생의 신고는 출생지에서 할 수 있다.

② 기차나 그 밖의 교통기관 안에서 출생한 때에는 모가 교통기관에서 내린 곳, 항해일지가 비치되지 아니한 선박 안에서 출생한 때에는 그 선박이 최초로 입항한 곳에서 신고할 수 있다.

제46조(신고의무자) ① 혼인 중 출생자의 출생의 신고는 부 또는 모가 하여야 한다.

② 혼인 외 출생자의 신고는 모가 하여야 한다.

③ 제1항 및 제2항에 따라 신고를 하여야 할 사람이 신고를 할 수 없는 경우에는 다음 각 호의 어느 하나에 해당하는 사람이 각 호의 순위에 따라 신고를 하여야 한다.

1. 동거하는 친족
2. 분만에 관여한 의사·조산사 또는 그 밖의 사람

④ 신고의무자가 제44조 제1항에 따른 기간 내에 신고를 하지 아니하여 자녀의 복리가 위태롭게 될 우려가 있는 경우에는 검사 또는 지방자치단체의 장이 출생의 신고를 할 수 있다. 〈신설 2016. 5. 29.〉

[헌법불합치, 2021헌마975, 2023.3.23, 가족관계의 등록 등에 관한 법률(2007. 5. 17. 법률 제8435호로 제정된 것) 제46조 제2항, 가족관계의 등록 등에 관한 법률(2021. 3. 16. 법률 제17928호로 개정된 것) 제57조 제1항, 제2항은 모두 헌법에 합치되지 아니한다. 위 법률조항들은 2025. 5. 31.을 시한으로 입법자가 개정할 때까지 계속 적용된다.]

제47조(친생부인의 소를 제기한 때) 친생부인의 소를 제기한 때에도 출생신고를 하여야 한다.

제48조(법원이 부를 정하는 때) ①「민법」 제845조에 따라 법원이 부(父)를 정하여야 할 때에는 출생의 신고는 모가 하여야 한다.

② 제46조 제3항은 제1항의 경우에 준용한다.

제49조(항해 중의 출생) ① 항해 중에 출생이 있는 때에는 선장은 24시간 이내에 제44조 제2항에서 정한 사항을 항해일지에 기재하고 서명 또는 기명날인하여야 한다.

② 제1항의 절차를 밟은 후 선박이 대한민국의 항구에 도착하였을 때에는 선장은 지체 없이 출생에 관한 항해일지의 등본을 그 곳의 시·읍·면의 장 또는 재외국민 가족관계등록사무소의 가족관계등록관에게 발송하여야 한다. 〈개정 2015. 2. 3.〉

③ 선박이 외국의 항구에 도착하였을 때에는 선장은 지체 없이 제2항의 등본을 그 지역을 관할하는 재외공관의 장에게 발송하고 재외공관의 장은 지체 없이 외교부장관을 경유하여 재외국민 가족관계등록사무소의 가족관계등록관에게 발송하여야 한다. 〈개정 2013. 3. 23., 2015. 2. 3.〉

④ 제3항에 따른 서류의 송부는 대법원규칙으로 정하는 바에 따라 전산정보처리조직을 이용하여 할 수 있다. 이 경우 해당 서류 원본의 보존, 그 밖에 필요한 사항은 대법원규칙으로 정한다. 〈신설 2015. 2. 3.〉

제50조(공공시설에서의 출생) 병원, 교도소, 그 밖의 시설에서 출생이 있었을 경우에 부모가 신고할 수 없는 때에는 당해 시설의 장 또는 관리인이 신고를 하여야 한다.

제51조(출생신고 전에 사망한 때) 출생의 신고 전에 자녀가 사망한 때에는 출생의 신고와 동시에 사망의 신고를 하여야 한다.

제52조(기아) ① 기아(棄兒)를 발견한 사람 또는 기아발견의 통지를 받은 경찰공무원은 24시간 이내에 그 사실을 시·읍·면의 장에게 통보하여야 한다. 〈개정 2020. 12. 22.〉

② 제1항의 통보를 받은 시·읍·면의 장은 소지품, 발견장소, 발견연월일시, 그 밖의 상황, 성별, 출생의 추정연월일을 조서에 기재하여야 한다. 이 경우 그 조서를 신고서로

본다.

③ 시·읍·면의 장은 「민법」 제781조 제4항에 따라 기아의 성과 본을 창설한 후 이름과 등록기준지를 정하여 등록부에 기록하여야 한다.

제53조(부모가 기아를 찾은 때) ① 부 또는 모가 기아를 찾은 때에는 1개월 이내에 출생의 신고를 하고 등록부의 정정을 신청하여야 한다.

② 제1항의 경우에는 시·읍·면의 장이 확인하여야 한다.

제54조(기아가 사망한 때) 제52조 제1항 또는 제53조의 절차를 밟기 전에 기아가 사망하였을 때에는 사망의 신고와 동시에 그 절차를 밟아야 한다.

제3절 인지

제55조(인지신고의 기재사항) ① 인지의 신고서에는 다음 사항을 기재하여야 한다. 〈개정 2010. 5. 4.〉

1. 자녀의 성명·성별·출생연월일·주민등록번호 및 등록기준지(자가 외국인인 때에는 그 성명·성별·출생연월일·국적 및 외국인등록번호)
2. 사망한 자녀를 인지할 때에는 사망연월일, 그 직계비속의 성명·출생연월일·주민등록번호 및 등록기준지
3. 부가 인지할 때에는 모의 성명·등록기준지 및 주민등록번호
4. 인지 전의 자녀의 성과 본을 유지할 경우 그 취지와 내용
5. 「민법」 제909조 제4항 또는 제5항에 따라 친권자가 정하여진 때에는 그 취지와 내용

② 제1항 제4호 및 제5호의 경우에는 신고서에 그 내용을 증명하는 서면을 첨부하여야 한다. 다만, 가정법원의 성·본 계속사용허가심판 또는 친권자를 정하는 재판이 확정된 때에는 제58조를 준용한다.

제56조(태아의 인지) 태내에 있는 자녀를 인지할 때에는 신고서에 그 취지, 모의 성명 및 등록기준지를 기재하여야 한다.

제57조(친생자출생의 신고에 의한 인지) ①부가 혼인 외의 자녀에 대하여 친생자출생의 신고를 한 때에는 그 신고는 인지의 효력이 있다. 다만, 모가 특정됨에도 불구하고 부가 본문에 따른 신고를 함에 있어 모의 소재불명 또는 모가 정당한 사유 없이 출생신고에 필요한 서류 제출에 협조하지 아니하는 등의 장애가 있는 경우에는 부의 등록기준지 또는 주소지를 관할하는 가정법원의 확인을 받아 신고를 할 수 있다. 〈개정 2015. 5. 18., 2021. 3. 16.〉

② 모의 성명·등록기준지 및 주민등록번호의 전부 또는 일부를 알 수 없어 모를 특정할 수 없는 경우 또는 모가 공적 서류·증명서·장부 등에 의하여 특정될 수 없는 경우에는 부의 등록기준지 또는 주소지를 관할하는 가정법원의 확인을 받아 제1항에 따른

신고를 할 수 있다. 〈신설 2015. 5. 18., 2021. 3. 16.〉

③ 가정법원은 제1항 단서 및 제2항에 따른 확인을 위하여 필요한 사항을 직권으로 조사할 수 있고, 지방자치단체, 국가경찰관서 및 행정기관이나 그 밖의 단체 또는 개인에게 필요한 사항을 보고하게 하거나 자료의 제출을 요구할 수 있다. 〈신설 2015. 5. 18., 2021. 3. 16.〉

④ 다음 각 호의 어느 하나에 해당하는 경우에는 신고의무자가 1개월 이내에 출생의 신고를 하고 등록부의 정정을 신청하여야 한다. 이 경우 시·읍·면의 장이 확인하여야 한다. 〈신설 2015. 5. 18.〉

1. 출생자가 제3자로부터 「민법」 제844조의 친생자 추정을 받고 있음이 밝혀진 경우
2. 그 밖에 대법원규칙으로 정하는 사유에 해당하는 경우

⑤ 확인절차 및 신고에 필요한 사항은 대법원규칙으로 정한다. 〈신설 2015. 5. 18.〉

[헌법불합치, 2021헌마975, 2023.3.23, 가족관계의 등록 등에 관한 법률(2007. 5. 17. 법률 제8435호로 제정된 것) 제46조 제2항, 가족관계의 등록 등에 관한 법률(2021. 3. 16. 법률 제17928호로 개정된 것) 제57조 제1항, 제2항은 모두 헌법에 합치되지 아니한다. 위 법률조항들은 2025. 5. 31.을 시한으로 입법자가 개정할 때까지 계속 적용된다.]

제58조(재판에 의한 인지) ① 인지의 재판이 확정된 경우에 소를 제기한 사람은 재판의 확정일부터 1개월 이내에 재판서의 등본 및 확정증명서를 첨부하여 그 취지를 신고하여야 한다.

② 제1항의 신고서에는 재판확정일을 기재하여야 한다.

③ 제1항의 경우에는 그 소의 상대방도 재판서의 등본 및 확정증명서를 첨부하여 인지의 재판이 확정된 취지를 신고할 수 있다. 이 경우 제2항을 준용한다.

제59조(유언에 의한 인지) 유언에 의한 인지의 경우에는 유언집행자는 그 취임일부터 1개월 이내에 인지에 관한 유언서등본 또는 유언녹음을 기재한 서면을 첨부하여 제55조 또는 제56조에 따라 신고를 하여야 한다.

제60조(인지된 태아의 사산) 인지된 태아가 사체로 분만된 경우에 출생의 신고의무자는 그 사실을 안 날부터 1개월 이내에 그 사실을 신고하여야 한다. 다만, 유언집행자가 제59조의 신고를 하였을 경우에는 유언집행자가 그 신고를 하여야 한다.

제4절 입양

제61조(입양신고의 기재사항) 입양의 신고서에는 다음 사항을 기재하여야 한다. 〈개정 2010. 5. 4.〉

1. 당사자의 성명·본·출생연월일·주민등록번호·등록기준지(당사자가 외국인인 때에는 그 성명·출생연월일·국적 및 외국인등록번호) 및 양자의 성별

2. 양자의 친생부모의 성명·주민등록번호 및 등록기준지

제62조(입양의 신고) ① 양자가 13세 미만인 경우에는 「민법」 제869조 제2항에 따라 입양을 승낙한 법정대리인이 신고하여야 한다.

② 「민법」 제867조에 따라 미성년자를 입양하는 경우 또는 같은 법 제873조에 따라 피성년후견인이 입양을 하거나 양자가 되는 경우에는 가정법원의 허가서를 첨부하여야 한다.

③ 「민법」 제871조 제2항에 따라 부모의 동의를 갈음하는 심판이 있는 경우에는 가정법원의 심판서를 첨부하여야 한다.

[전문개정 2013. 7. 30.]

제5절 파양

제63조(파양신고의 기재사항) 파양의 신고서에는 다음 사항을 기재하여야 한다. 〈개정 2010. 5. 4.〉

1. 당사자의 성명·본·출생연월일·주민등록번호 및 등록기준지(당사자가 외국인인 때에는 그 성명·출생연월일·국적 및 외국인등록번호)
2. 양자의 친생부모의 성명·등록기준지 및 주민등록번호

제64조 삭제 〈2013. 7. 30.〉

제65조(준용규정) ① 제63조는 입양취소의 신고에 준용한다.

② 제58조는 입양취소의 재판이 확정된 경우에 준용한다.

제66조(준용규정) 제58조는 파양의 재판이 확정된 경우에 준용한다.

제6절 친양자의 입양 및 파양

제67조(친양자의 입양신고) ① 「민법」 제908조의2에 따라 친양자를 입양하고자 하는 사람은 친양자 입양재판의 확정일부터 1개월 이내에 재판서의 등본 및 확정증명서를 첨부하여 제61조의 신고를 하여야 한다.

② 제1항의 신고서에는 재판확정일을 기재하여야 한다.

제68조(준용규정) 제58조는 친양자의 입양신고에 준용한다.

제69조(친양자의 파양신고) ① 「민법」 제908조의5에 따라 친양자 파양의 재판이 확정된 경우 소를 제기한 사람은 재판의 확정일부터 1개월 이내에 재판서의 등본 및 확정증명서를 첨부하여 제63조의 신고를 하여야 한다.

② 제1항의 신고서에는 재판확정일을 기재하여야 한다.

③ 제1항의 경우에는 그 소의 상대방도 재판서의 등본 및 확정증명서를 첨부하여 친양

자 파양의 재판이 확정된 취지를 신고할 수 있다. 이 경우 제2항을 준용한다.

제70조(준용규정) 제69조는 친양자의 입양취소의 재판이 확정된 경우에 준용한다.

제7절 혼인

제71조(혼인신고의 기재사항 등) 혼인의 신고서에는 다음 사항을 기재하여야 한다. 다만, 제3호의 경우에는 혼인당사자의 협의서를 첨부하여야 한다. 〈개정 2010. 5. 4.〉

1. 당사자의 성명·본·출생연월일·주민등록번호 및 등록기준지(당사자가 외국인인 때에는 그 성명·출생연월일·국적 및 외국인등록번호)
2. 당사자의 부모와 양부모의 성명·등록기준지 및 주민등록번호
3. 「민법」 제781조 제1항 단서에 따른 협의가 있는 경우 그 사실
4. 「민법」 제809조 제1항에 따른 근친혼에 해당되지 아니한다는 사실

제72조(재판에 의한 혼인) 사실상 혼인관계 존재확인의 재판이 확정된 경우에는 소를 제기한 사람은 재판의 확정일부터 1개월 이내에 재판서의 등본 및 확정증명서를 첨부하여 제71조의 신고를 하여야 한다.

제73조(준용규정) 제58조는 혼인취소의 재판이 확정된 경우에 준용한다.

제8절 이혼

제74조(이혼신고의 기재사항) 이혼의 신고서에는 다음 사항을 기재하여야 한다. 〈개정 2010. 5. 4.〉

1. 당사자의 성명·본·출생연월일·주민등록번호 및 등록기준지(당사자가 외국인인 때에는 그 성명·국적 및 외국인등록번호)
2. 당사자의 부모와 양부모의 성명·등록기준지 및 주민등록번호
3. 「민법」 제909조 제4항 또는 제5항에 따라 친권자가 정하여진 때에는 그 내용

제75조(협의상 이혼의 확인) ① 협의상 이혼을 하고자 하는 사람은 등록기준지 또는 주소지를 관할하는 가정법원의 확인을 받아 신고하여야 한다. 다만, 국내에 거주하지 아니하는 경우에 그 확인은 서울가정법원의 관할로 한다.

② 제1항의 신고는 협의상 이혼을 하고자 하는 사람이 가정법원으로부터 확인서등본을 교부 또는 송달받은 날부터 3개월 이내에 그 등본을 첨부하여 행하여야 한다.

③ 제2항의 기간이 경과한 때에는 그 가정법원의 확인은 효력을 상실한다.

④ 가정법원의 확인 절차와 신고에 관하여 필요한 사항은 대법원규칙으로 정한다.

제76조(간주규정) 협의이혼신고서에 가정법원의 이혼의사확인서등본을 첨부한 경우에는 「민법」 제836조 제2항에서 정한 증인 2인의 연서가 있는 것으로 본다.

제77조(준용규정) 제74조는 혼인취소의 신고에 준용한다.

제78조(준용규정) 제58조는 이혼의 재판이 확정된 경우에 준용한다.

제9절 친권 및 미성년후견 〈개정 2013. 7. 30.〉

제79조(친권자 지정 및 변경 신고 등) ① 부모가 「민법」 제909조 제4항에 따라 친권자를 정한 때에는 1개월 이내에 그 사실을 신고하여야 한다. 부모 중 일방이 신고하는 경우에는 그 사실을 증명하는 서면을 첨부하여야 한다.

② 다음 각 호의 재판이 확정된 경우에는 그 재판을 청구한 사람이나 그 재판으로 친권자 또는 그 임무를 대행할 사람으로 정하여진 사람이 그 내용을 신고하여야 한다. 이 경우 신고기간, 신고서의 첨부서류 등에 관하여는 제58조를 준용한다. 〈개정 2013. 7. 30., 2014. 10. 15.〉

1. 「민법」 제909조 제4항부터 제6항까지의 규정에 따라 친권자를 정하거나 변경하는 재판
2. 「민법」 제909조의2(「민법」 제927조의2 제1항에 따라 준용되는 경우를 포함한다), 제927조의2제2항 및 제931조 제2항에 따라 친권자 또는 그 임무를 대행할 사람을 지정하거나 선임하는 재판
3. 「민법」 제924조, 제924조의2 및 제926조에 따른 친권의 상실, 일시 정지, 일부 제한 및 그 회복에 관한 재판
4. 「민법」 제925조, 제926조 및 제927조에 따른 법률행위의 대리권이나 재산관리권의 상실·사퇴 및 그 회복에 관한 재판

[제목개정 2013. 7. 30.]

제80조(미성년후견 개시신고의 기재사항) ① 미성년후견 개시의 신고는 미성년후견인이 그 취임일부터 1개월 이내에 하여야 한다.

② 신고서에는 다음 각 호의 사항을 적어야 한다.

1. 미성년자와 미성년후견인의 성명·출생연월일·주민등록번호 및 등록기준지(당사자가 외국인인 때에는 그 성명·출생연월일·국적 및 외국인등록번호)
2. 미성년후견 개시의 원인 및 연월일
3. 미성년후견인이 취임한 연월일

[전문개정 2013. 7. 30.]

제81조(미성년후견인 경질신고 등) ① 미성년후견인이 경질된 경우에는 후임자는 취임일부터 1개월 이내에 그 취지를 신고하여야 한다. 〈개정 2013. 7. 30.〉

② 제1항의 신고에는 제80조 제2항을 준용한다.

③ 「민법」 제939조 또는 제940조에 따라 미성년후견인이 사임하거나 변경된 경우 신고

인, 신고기간과 신고서의 첨부서류 등에 관하여는 제79조 제2항을 준용한다. 이 경우 "친권자 또는 그 임무를 대행할 사람으로 정하여진 사람"은 "선임된 미성년후견인"으로 본다. 〈개정 2013. 7. 30.〉

[제목개정 2013. 7. 30.]

제82조(유언 또는 재판에 따른 미성년후견인의 선정) ① 유언에 의하여 미성년후견인을 지정한 경우에는 지정에 관한 유언서 그 등본 또는 유언녹음을 기재한 서면을 신고서에 첨부하여야 한다. 〈개정 2013. 7. 30.〉

② 미성년후견인 선임의 재판이 있는 경우에는 재판서의 등본을 신고서에 첨부하여야 한다. 〈개정 2013. 7. 30.〉

[제목개정 2013. 7. 30.]

제83조(미성년후견 종료신고) ① 미성년후견 종료의 신고는 미성년후견인이 1개월 이내에 하여야 한다. 다만, 미성년자가 성년이 되어 미성년후견이 종료된 경우에는 그러하지 아니하다.

② 신고서에는 다음 각 호의 사항을 적어야 한다.

1. 미성년자와 미성년후견인의 성명·등록기준지 및 주민등록번호(당사자가 외국인인 때에는 그 성명·국적 및 외국인등록번호)
2. 미성년후견 종료의 원인 및 연월일

[전문개정 2013. 7. 30.]

제83조의2(미성년후견감독 개시신고) ① 미성년후견감독 개시의 신고는 미성년후견감독인이 그 취임일부터 1개월 이내에 하여야 한다.

② 신고서에는 다음 각 호의 사항을 적어야 한다.

1. 미성년후견감독인, 미성년후견인 및 미성년자의 성명·출생연월일·주민등록번호 및 등록기준지(당사자가 외국인인 때에는 그 성명·출생연월일·국적 및 외국인등록번호)
2. 미성년후견감독 개시의 원인 및 연월일
3. 미성년후견감독인이 취임한 연월일

[본조신설 2013. 7. 30.]

제83조의3(미성년후견감독인의 경질신고 등) ① 미성년후견감독인이 경질된 경우에는 후임자는 취임일부터 1개월 이내에 그 취지를 신고하여야 한다.

② 제1항의 신고에 관하여는 제83조의2제2항을 준용한다.

③ 「민법」 제940조의7에 따라 준용되는 같은 법 제939조 또는 제940조에 따라 미성년후견감독인이 사임하거나 변경된 경우 신고인, 신고기간과 신고서의 첨부서류 등에 관하여는 제79조 제2항을 준용한다. 이 경우 "친권자 또는 그 임무를 대행할 사람으로 정하

여진 사람"은 "선임된 미성년후견감독인"으로 본다.

[본조신설 2013. 7. 30.]

제83조의4(유언 또는 재판에 따른 미성년후견감독인의 선정) 유언으로 미성년후견감독인을 지정한 경우 또는 미성년후견감독인 선임의 재판이 있는 경우에 신고서의 첨부서류에 관하여는 제82조를 준용한다.

[본조신설 2013. 7. 30.]

제83조의5(미성년후견감독 종료신고) ① 미성년후견감독 종료의 신고는 미성년후견감독인이 1개월 이내에 하여야 한다. 다만, 미성년자가 성년이 되어 미성년후견감독이 종료된 경우에는 그러하지 아니하다.

② 신고서에는 다음 각 호의 사항을 적어야 한다.

1. 미성년후견감독인, 미성년후견인 및 미성년자의 성명·출생연월일·주민등록번호 및 등록기준지(당사자가 외국인인 경우에는 그 성명·출생연월일·국적 및 외국인등록번호)
2. 미성년후견감독 종료의 원인 및 연월일

[본조신설 2013. 7. 30.]

제10절 사망과 실종

제84조(사망신고와 그 기재사항) ① 사망의 신고는 제85조에 규정한 사람이 사망의 사실을 안 날부터 1개월 이내에 진단서 또는 검안서를 첨부하여 하여야 한다.

② 신고서에는 다음 사항을 기재하여야 한다.

1. 사망자의 성명, 성별, 등록기준지 및 주민등록번호
2. 사망의 연월일시 및 장소

③ 부득이한 사유로 제2항의 신고서에 제1항의 진단서나 검안서를 첨부할 수 없는 때에는 사망의 사실을 증명할 만한 서면으로서 대법원규칙으로 정하는 서면을 첨부하여야 한다. 이 경우 제2항의 신고서에 진단서 또는 검안서를 첨부할 수 없는 사유를 기재하여야 한다. 〈개정 2016. 5. 29.〉

제85조(사망신고의무자) ① 사망의 신고는 동거하는 친족이 하여야 한다.

② 친족·동거자 또는 사망장소를 관리하는 사람, 사망장소의 동장 또는 통·이장도 사망의 신고를 할 수 있다.

제86조(사망신고의 장소) 사망의 신고는 사망지·매장지 또는 화장지에서 할 수 있다. 다만, 사망지가 분명하지 아니한 때에는 사체가 처음 발견된 곳에서, 기차나 그 밖의 교통기관 안에서 사망이 있었을 때에는 그 사체를 교통기관에서 내린 곳에서, 항해일지를 비치하지 아니한 선박 안에서 사망한 때에는 그 선박이 최초로 입항한 곳에서 할 수 있다.

제87조(재난 등으로 인한 사망) 수해, 화재나 그 밖의 재난으로 인하여 사망한 사람이 있는 경우에는 이를 조사한 관공서는 지체 없이 사망지의 시・읍・면의 장에게 통보하여야 한다. 다만, 외국에서 사망한 때에는 사망자의 등록기준지의 시・읍・면의 장 또는 재외국민 가족관계등록사무소의 가족관계등록관에게 통보하여야 한다. 〈개정 2015. 2. 3.〉

제88조(사형, 재소 중 사망) ① 사형의 집행이 있는 때에는 교도소장은 지체 없이 교도소 소재지의 시・읍・면의 장에게 사망의 통보를 하여야 한다.

② 제1항은 재소 중 사망한 사람의 사체를 찾아갈 사람이 없는 경우에 준용한다. 이 경우 통보서에 진단서 또는 검안서를 첨부하여야 한다.

제88조의2(무연고자 등의 사망) 「장사 등에 관한 법률」 제12조에 따라 시장 등이 무연고 사망자 등을 처리한 경우에는 지체 없이 사망지・매장지 또는 화장지의 시・읍・면의 장에게 통보하여야 한다.

[본조신설 2014. 12. 30.]

제89조(통보서의 기재사항) 제87조, 제88조 및 제88조의2에서 규정한 통보서에는 제84조 제2항에서 정한 사항을 기재하여야 한다. 〈개정 2014. 12. 30.〉

제90조(등록불명자 등의 사망) ① 사망자에 대하여 등록이 되어 있는지 여부가 분명하지 아니하거나 사망자를 인식할 수 없는 때에는 경찰공무원은 검시조서를 작성・첨부하여 지체 없이 사망지의 시・읍・면의 장에게 사망의 통보를 하여야 한다. 〈개정 2020. 12. 22.〉

② 사망자가 등록이 되어 있음이 판명되었거나 사망자의 신원을 알 수 있게 된 때에는 경찰공무원은 지체 없이 사망지의 시・읍・면의 장에게 그 취지를 통보하여야 한다. 〈개정 2020. 12. 22.〉

③ 제1항의 통보가 있은 후에 제85조에서 정한 사람이 사망자의 신원을 안 때에는 그 날부터 10일 이내에 사망의 신고를 하여야 한다.

제91조(준용규정) 제49조 및 제50조는 사망의 신고에 준용한다.

제92조(실종선고의 신고) ① 실종선고의 신고는 그 선고를 청구한 사람이 재판확정일부터 1개월 이내에 재판서의 등본 및 확정증명서를 첨부하여 하여야 한다.

② 실종선고의 신고서에는 다음 사항을 기재하여야 한다.

1. 실종자의 성명・성별・등록기준지 및 주민등록번호
2. 「민법」 제27조에서 정한 기간의 만료일

③ 제58조는 실종선고취소의 재판이 확정된 경우에 그 재판을 청구한 사람에게 준용한다.

제11절 국적의 취득과 상실

제93조(인지 등에 따른 국적취득의 통보 등) ① 법무부장관은 「국적법」 제3조 제1항 또는 같은 법 제11조 제1항에 따라 대한민국의 국적을 취득한 사람이 있는 경우 지체 없이 국적을 취득한 사람이 정한 등록기준지의 시·읍·면의 장에게 대법원규칙으로 정하는 사항을 통보하여야 한다.

② 제1항의 통보를 받은 시·읍·면의 장은 국적을 취득한 사람의 등록부를 작성한다.

제94조(귀화허가의 통보 등) ① 법무부장관은 「국적법」 제4조에 따라 외국인을 대한민국 국민으로 귀화허가한 경우 지체 없이 귀화허가를 받은 사람이 정한 등록기준지의 시·읍·면의 장에게 대법원규칙으로 정하는 사항을 통보하여야 한다.

② 제1항의 통보를 받은 시·읍·면의 장은 귀화허가를 받은 사람의 등록부를 작성한다.

제95조(국적회복허가의 통보 등) ① 법무부장관은 「국적법」 제9조에 따라 대한민국의 국적회복을 허가한 경우 지체 없이 국적회복을 한 사람이 정한 등록기준지의 시·읍·면의 장에게 대법원규칙으로 정하는 사항을 통보하여야 한다.

② 제1항의 통보를 받은 시·읍·면의 장은 국적회복을 한 사람의 등록부를 작성한다. 다만, 국적회복을 한 사람의 등록부등이 있는 경우에는 등록부등에 기재된 등록기준지의 시·읍·면의 장에게 그 사항을 통보하여야 한다.

제96조(국적취득자의 성과 본의 창설 신고) ① 외국의 성을 쓰는 국적취득자가 그 성을 쓰지 아니하고 새로이 성(姓)·본(本)을 정하고자 하는 경우에는 그 등록기준지·주소지 또는 등록기준지로 하고자 하는 곳을 관할하는 가정법원의 허가를 받고 그 등본을 받은 날부터 1개월 이내에 그 성과 본을 신고하여야 한다.

② 대한민국의 국적을 회복하거나 재취득하는 경우에는 종전에 사용하던 대한민국식 성명으로 국적회복신고 또는 국적재취득신고를 할 수 있다.

③ 제2항의 경우 신고서에는 종전에 사용하던 대한민국식 성명을 소명하여야 한다.

④ 신고서에는 다음 사항을 기재하여야 한다.

1. 종전의 성
2. 창설한 성·본
3. 허가의 연월일

⑤ 제4항의 신고서에는 제1항에 따른 허가의 등본을 첨부하여야 한다.

⑥ 제1항의 경우에 가정법원은 심리(審理)를 위하여 국가경찰관서의 장에게 성·본 창설허가 신청인의 범죄경력 조회를 요청할 수 있고, 그 요청을 받은 국가경찰관서의 장은 지체 없이 그 결과를 회보하여야 한다. 〈신설 2013. 7. 30.〉

제97조(국적상실신고의 기재사항) ① 국적상실의 신고는 배우자 또는 4촌 이내의 친족이 그 사실을 안 날부터 1개월 이내에 하여야 한다.

② 신고서에는 다음 각 호의 사항을 기재하여야 한다.

1. 국적상실자의 성명·주민등록번호 및 등록기준지
2. 국적상실의 원인 및 연월일
3. 새로 외국국적을 취득한 때에는 그 국적

③ 제2항의 신고서에는 국적상실을 증명하는 서면을 첨부하여야 한다.

④ 국적상실자 본인도 국적상실의 신고를 할 수 있다.

제98조(국적선택 등의 통보) ① 법무부장관은 다음 각 호의 어느 하나에 해당하는 사유가 발생한 경우 그 사람의 등록기준지(등록기준지가 없는 경우에는 그 사람이 정한 등록기준지)의 시·읍·면의 장에게 대법원규칙으로 정하는 사항을 통보하여야 한다. 〈개정 2010. 5. 4.〉

1. 「국적법」 제13조에 따라 복수국적자로부터 대한민국의 국적을 선택한다는 신고를 수리한 때
2. 「국적법」 제14조 제1항에 따라 국적이탈신고를 수리한 때
3. 「국적법」 제20조에 따라 대한민국 국민으로 판정한 때

② 대한민국 국민으로 판정받은 사람이 등록되어 있지 아니한 때에는 그 통보를 받은 시·읍·면의 장은 등록부를 작성한다.

제12절 개명 및 성(姓)·본(本) 변경

제99조(개명신고) ① 개명하고자 하는 사람은 주소지(재외국민의 경우 등록기준지)를 관할하는 가정법원의 허가를 받고 그 허가서의 등본을 받은 날부터 1개월 이내에 신고를 하여야 한다.

② 신고서에는 다음 사항을 기재하여야 한다.

1. 변경 전의 이름
2. 변경한 이름
3. 허가연월일

③ 제2항의 신고서에는 허가서의 등본을 첨부하여야 한다.

④ 제1항의 경우에 가정법원의 심리에 관하여는 제96조 제6항을 준용한다. 〈신설 2013. 7. 30.〉

제100조(성·본 변경신고) ① 「민법」 제781조 제6항에 따라 자녀의 성(姓)·본(本)을 변경하고자 하는 사람은 재판확정일부터 1개월 이내에 재판서의 등본 및 확정증명서를 첨부하여 신고하여야 한다.

② 신고서에는 다음 사항을 기재하여야 한다.

1. 변경 전의 성·본

2. 변경한 성·본
3. 재판확정일

제13절 가족관계 등록 창설

제101조(가족관계 등록 창설신고) ① 등록이 되어 있지 아니한 사람은 등록을 하려는 곳을 관할하는 가정법원의 허가를 받고 그 등본을 받은 날부터 1개월 이내에 가족관계 등록 창설(이하 "등록창설"이라 한다)의 신고를 하여야 한다.

② 신고서에는 제9조 제2항에 규정된 사항 외에 등록창설허가의 연월일을 기재하여야 한다.

③ 제2항의 신고서에는 등록창설허가의 등본을 첨부하여야 한다.

④ 제1항의 경우에 가정법원의 심리에 관하여는 제96조 제6항을 준용한다. 〈신설 2013. 7. 30.〉

제102조(직계혈족에 의한 등록창설신고) 등록창설허가의 재판을 얻은 사람이 등록창설의 신고를 하지 아니한 때에는 배우자 또는 직계혈족이 할 수 있다.

제103조(판결에 의한 등록창설의 신고) ① 확정판결에 의하여 등록창설의 신고를 하여야 할 경우에는 판결확정일부터 1개월 이내에 하여야 한다.

② 신고서에는 제9조 제2항에 규정된 사항 외에 판결확정일을 기재하여야 한다.

③ 제2항의 신고서에는 판결의 등본 및 확정증명서를 첨부하여야 한다.

제5장 등록부의 정정

제104조(위법한 가족관계 등록기록의 정정) ①등록부의 기록이 법률상 허가될 수 없는 것 또는 그 기재에 착오나 누락이 있다고 인정한 때에는 이해관계인은 사건 본인의 등록기준지를 관할하는 가정법원의 허가를 받아 등록부의 정정을 신청할 수 있다. 〈개정 2013. 7. 30.〉

② 제1항의 경우에 가정법원의 심리에 관하여는 제96조 제6항을 준용한다. 〈신설 2013. 7. 30.〉

제105조(무효인 행위의 가족관계등록기록의 정정) ①신고로 인하여 효력이 발생하는 행위에 관하여 등록부에 기록하였으나 그 행위가 무효임이 명백한 때에는 신고인 또는 신고사건의 본인은 사건 본인의 등록기준지를 관할하는 가정법원의 허가를 받아 등록부의 정정을 신청할 수 있다. 〈개정 2013. 7. 30.〉

② 제1항의 경우에 가정법원의 심리에 관하여는 제96조 제6항을 준용한다. 〈신설 2013. 7. 30.〉

제106조(정정신청의 의무) 제104조 및 제105조에 따라 허가의 재판이 있었을 때에는 재판서의 등본을 받은 날부터 1개월 이내에 그 등본을 첨부하여 등록부의 정정을 신청하여야 한다.

제107조(판결에 의한 등록부의 정정) 확정판결로 인하여 등록부를 정정하여야 할 때에는 소를 제기한 사람은 판결확정일부터 1개월 이내에 판결의 등본 및 그 확정증명서를 첨부하여 등록부의 정정을 신청하여야 한다.

제108조(준용규정) 제20조 제1항, 제22조, 제23조 제1항, 제23조의2, 제23조의3, 제25조부터 제27조까지, 제29조부터 제33조까지 및 제37조부터 제42조까지의 규정은 등록부의 정정 신청에 준용한다. 〈개정 2020. 2. 4.〉

제6장 불복절차

제109조(불복의 신청) ① 등록사건에 관하여 이해관계인은 시·읍·면의 장의 위법 또는 부당한 처분에 대하여 관할 가정법원에 불복의 신청을 할 수 있다.
② 제1항의 신청을 받은 가정법원은 신청에 관한 서류를 시·읍·면의 장에게 송부하며 그 의견을 구할 수 있다.

제110조(불복신청에 대한 시·읍·면의 조치) ① 시·읍·면의 장은 그 신청이 이유 있다고 인정하는 때에는 지체 없이 처분을 변경하고 그 취지를 법원과 신청인에게 통지하여야 한다.
② 신청이 이유 없다고 인정하는 때에는 의견을 붙여 지체 없이 그 서류를 법원에 반환하여야 한다.

제111조(불복신청에 대한 법원의 결정) ① 가정법원은 신청이 이유 없는 때에는 각하하고 이유 있는 때에는 시·읍·면의 장에게 상당한 처분을 명하여야 한다.
② 신청의 각하 또는 처분을 명하는 재판은 결정으로써 하고, 시·읍·면의 장 및 신청인에게 송달하여야 한다.

제112조(항고) 가정법원의 결정에 대하여는 법령을 위반한 재판이라는 이유로만 「비송사건절차법」에 따라 항고할 수 있다.

제113조(불복신청의 비용) 불복신청의 비용에 관하여는 「비송사건절차법」의 규정을 준용한다.

제7장 신고서류의 송부와 법원의 감독

제114조(신고서류 등의 송부) 시·읍·면의 장은 등록부에 기록할 수 없는 등록사건을 제외

하고는 대법원규칙으로 정하는 바에 따라 등록부에 기록을 마친 신고서류 등을 관할 법원에 송부하여야 한다.

제115조(신고서류 등의 조사 및 시정지시) ① 법원은 시·읍·면의 장으로부터 신고서류 등을 송부받은 때에는 지체 없이 등록부의 기록사항과 대조하고 조사하여야 한다.

② 법원은 제1항의 조사결과 그 신고서류 등에 위법·부당한 사실이 발견된 경우에는 시·읍·면의 장에 대하여 시정지시 등 필요한 처분을 명할 수 있다.

③ 신고서류조사 또는 시정지시 및 신고서류 보관절차에 관하여 필요한 사항은 대법원규칙으로 정한다.

제116조(각종 보고의 명령 등) 법원은 시·읍·면의 장에 대하여 등록사무에 관한 각종 보고를 명하는 등 감독상 필요한 조치를 취할 수 있다.

제8장 벌칙

제117조(벌칙) 다음 각 호의 어느 하나에 해당하는 사람은 3년 이하의 징역 또는 1천만 원 이하의 벌금에 처한다. 〈개정 2013. 7. 30.〉

1. 제11조 제6항을 위반한 사람
2. 제13조 제2항을 위반한 사람
3. 제14조 제1항·제2항·제7항, 제14조의2 및 제14조의3을 위반하여 거짓이나 그 밖의 부정한 방법으로 다른 사람의 등록부등의 기록사항을 열람하거나 증명서를 교부받은 사람

3의2. 제42조를 위반하여 거짓이나 그 밖의 부정한 방법으로 다른 사람의 신고서류를 열람하거나 신고서류에 기재되어 있는 사항에 관한 증명서를 교부받은 사람

4. 이 법에 따른 등록사무처리의 권한에 관한 승인절차 없이 전산정보처리조직에 가족관계 등록정보를 입력·변경하여 정보처리를 하거나 기술적 수단을 이용하여 가족관계 등록정보를 알아낸 사람

제118조(벌칙) ① 등록부의 기록을 요하지 아니하는 사항에 관하여 거짓의 신고를 한 사람 및 등록의 신고와 관련된 사항에 관하여 거짓으로 보증을 한 사람은 1년 이하의 징역 또는 1천만 원 이하의 벌금에 처한다. 〈개정 2014. 1. 7.〉

② 외국인에 대한 사항에 관하여 거짓의 신고를 한 사람도 제1항과 같다.

제119조(양벌규정) 법인의 대표자나 법인 또는 개인의 대리인, 사용인, 그 밖의 종업원이 그 법인 또는 개인의 업무에 관하여 제117조 또는 제118조의 위반행위를 하면 그 행위자를 벌하는 외에 그 법인 또는 개인에게도 해당 조문의 벌금형을 과(科)한다. 다만, 법인 또는 개인이 그 위반행위를 방지하기 위하여 해당 업무에 관하여 상당한 주의와 감

독을 게을리하지 아니한 경우에는 그러하지 아니하다.
[전문개정 2010. 5. 4.]

제120조(과태료) 다음 각 호의 어느 하나에 해당하는 시·읍·면의 장에게는 50만 원 이하의 과태료를 부과한다.
1. 제115조 제2항에 따른 명령을 위반한 때
2. 제116조에 따른 명령을 위반한 때

제121조(과태료) 시·읍·면의 장이 제38조 또는 제108조에 따라 기간을 정하여 신고 또는 신청의 최고를 한 경우에 정당한 사유 없이 그 기간 내에 신고 또는 신청을 하지 아니한 사람에게는 10만 원 이하의 과태료를 부과한다.

제122조(과태료) 이 법에 따른 신고의 의무가 있는 사람이 정당한 사유 없이 기간 내에 하여야 할 신고 또는 신청을 하지 아니한 때에는 5만 원 이하의 과태료를 부과한다.

제123조(과태료 재판) 제120조의 과태료 재판은 과태료를 부과할 시·읍·면의 장의 사무소 소재지를 관할하는 가정법원이 「비송사건절차법」에 따라 행한다.

제124조(과태료 부과·징수) ① 제121조 및 제122조에 따른 과태료는 대법원규칙으로 정하는 바에 따라 시·읍·면의 장(제21조 제2항에 해당하는 때에는 출생·사망의 신고를 받는 동의 관할 시장·구청장을 말한다. 이하 이 조에서 같다)이 부과·징수한다. 다만, 재외국민 가족관계등록사무소의 가족관계등록관이 과태료 부과 대상이 있음을 안 때에는 신고의무자의 등록기준지 시·읍·면의 장에게 그 사실을 통지하고, 통지를 받은 시·읍·면의 장이 과태료를 부과·징수한다. 〈개정 2015. 2. 3.〉
② 제1항에 따른 과태료 처분에 불복하는 사람은 30일 이내에 해당 시·읍·면의 장에게 이의를 제기할 수 있다.
③ 제1항에 따라 시·읍·면의 장으로부터 과태료 처분을 받은 사람이 제2항에 따라 이의를 제기한 때에는 당해 시·읍·면의 장은 지체 없이 과태료 처분을 받은 사람의 주소 또는 거소를 관할하는 가정법원에 그 사실을 통보하여야 하며, 그 통보를 받은 가정법원은 「비송사건절차법」에 따른 과태료 재판을 한다.
④ 제2항에 따른 기간 이내에 이의를 제기하지 아니하고 과태료를 납부하지 아니한 때에는 지방세 체납처분의 예에 따라 징수한다.

부칙 〈제18651호, 2021. 12. 28.〉

제1조(시행일) 이 법은 2022년 1월 1일부터 시행한다.

제2조(가정폭력피해자의 등록사항별 증명서 교부 제한 등에 관한 적용례) 제14조 제8항부터 제11항까지, 제14조의2 제3항 및 제15조의2의 개정규정은 이 법 시행 전에 발생한 「가정

폭력범죄의 처벌 등에 관한 특례법」 제2조 제3호에 따른 가정폭력범죄로 인하여 피해를 입은 경우에 대하여도 적용한다.

참고문헌

[국내 서적]

고수현 외(2002). **사회복지개론**. 대학출판사.

교육부. 교육통계연보. 각 연도.

권병우(1994). **시어머니와 며느리**. 양영각.

권육상(1999). **사회복지실천론**. 학문사.

김광웅 · 박성연 역(1995). **아버지의 역할과 아동발달**. 이화여자대학교 출판부.

김기태 외(1999). **사회복지의 이해**. 박영사.

김두섭 편(2001). **변화하는 노인의 삶과 노인복지**. 한양대학교 출판부.

김만두(1997). **효과적인 복지서비스를 위한 사례관리실천론**. 홍익제.

김문조(1991). 향학문화와 청소년가출, 가출청소년 어디로 가고 있나. 청소년가출에 대한 설문보고서.

김성천 · 윤혜미(2000). **가족복지 증진을 위한 정책 대안 연구**. 보건복지부.

김숙이(2001). 며느리를 위한 고부관계 향상 프로그램의 효과: 의사소통을 중심으로. 계명대학교 교육대학원 석사학위 논문.

김승우(2006). 가족정책 성과와 과제. 여성가족부 가족정책토론회.

김영희 외(2017) **결혼과가족**. 양서원

김용태(1999). **가족치료이론**. 학지사.

김유숙(1998). **가족치료**. 학지사.

김유숙(2000). **가족상담**. 학지사.

김윤재 외(2006). **건강가족론**. 동문사.

김융일 외(1996). **사회복지실천론**. 나남.

김융일 · 조홍식 · 김연옥(1995). **사회사업실천론**. 나남출판사.

김익균(2015). **가족관계론**. 정민사.

김익균(2018). **건강가정론**. 정민사.

김일기 · 심영희(1992). **가정폭력의 실태와 대책에 관한 연구**. 형사정책연구원.

김재은(1989). **한국가족의 심리**. 이화여자대학교 출판부.

김정옥 외 편저(1996). **결혼과 가족**. 학지사.

김정옥 외(1999). **새로 보는 결혼과 가족**. 학지사.

김향초(1998). **가출청소년의 이해**. 학지사.

김혜란 외(2001). **사회복지실천기술론**. 나남.

남세진 · 조홍식(1997). **집단지도방법론**. 서울대출판부.

남인순(1999). 가정과 여성복지 - 주요 흐름과 향후 과제. 월간 복지동향. https://www.peoplepower21.org/Welfare/644295.

노융희(1992). 지방행정환경 변화 전망과 지방자치의 발전방향. 한국행정연구원.

노혜련(2000). 국내입양의 발전과 활성화를 위한 사회적 인식의 개선방안. **홀트소식**, 11-12월.

대검찰청. 범죄분석. 각 연도.

대구대학교 사회복지연구소(1986). **사회복지사전**. 경진사.

류재중(2007). 조손가족 청소년의 학교 적응유연성에 영향을 미치는 요인. 명지대학교 대학원 박사학위 논문.

박미자(2008). 조손가족 청소년의 문제행동 연구. 한서대학교 대학원 박사학위 논문

박용순(2001). **사회복지개론**. 학지사.

박지인(2008). 저소득 조손가족 아동의 사회적지지 지각과 정서·행동문제의 관계. 숙명여대 대학원 석사학위 논문.

박상훈(2019), **결혼과 가족**. 정민사

박상훈(2021), **현대노인복지론**. 정민사.

박상훈 외(2022). **복지경영론**. 정민사.

박상훈 외(2021). **아동권리와 복지**. 수양재

변화순 외(2000). **최근 가족해체 실태 및 복지대책**. 한국여성개발원.

서울대 사회복지실천연구회 역(1999). **사회복지실천기법과 지침**. 나남.

서울여성의 전화. 서울여성의전화 1/4 통계 분석.

성미애·이현아(2004). 건강가정사의 역할, 자격 및 양성방안. **한국가정관리학회지**, 22(5), 345-355.

성인애(1991). 한국의 고부갈등. 경북대학교 석사학위 논문.

송나연(2007). 조손가족 조부모의 사회적 지지와 심리적 복지감. 성신여자대학교 대학원 석사학위 논문.

송정아 외(1998). **가정생활교육론**. 교문사.

송화영(2008). 조손가족에서의 손자녀 자존감 향상을 위한 조부모 교육 프로그램 개발. 한남대학교 학제신학대학원 석사학위 논문.

신섭중(2001). **한국사회복지정책론**. 대학출판사.

아산복지재단(1997). 아동복지편람.

양고정자(1999). **(오늘날의) 결혼과 가족**. 형설.

엄명용 외(2000). **사회복지실천의 이해**. 학지사.

보건복지부(2000). **가정폭력대응전략 수립을 위한 대토론회 자료집**. 보건복지부.

에반스외 성숙진 역(2000). **상담의 필수 기술**. 나남.

여성가족부(2005). 건강가정기본법 개정안 마련을 위한 연구.

염동훈 외(2007). 조손가족실태조사 및 지원방안에 관한 연구, 여성가족부 보고서.

오 주(1996). 고부갈등에 대한 사회사업적 접근, 대구효성 가톨릭대학교 석사학위 논문.

유성호 외(2000). **노인복지론**. 아시아미디어리서치.

유영주(1990). **신가족관계론**. 교문사.

유영주 외(1995). **결혼과 가족**. 경희대학교 출판국.

유영주 외(2000). **가족관계학**. 교문사.

유영주 · 김순옥 · 김경신(2000). **가족관계학**. 교문사.

윤진(1993). **성인 · 노인심리학**. 중앙적성출판사.

윤현숙 외(2001). **사회복지실천기술론**. 동인.

윤홍식(2006) 한국 복지확대와 재편과정에서 가족정책의 지위와 역할. 여성가족부 가족정책토론회..

이경림(2007). 빈곤가족아동의 사회적 지지가 아동역량에 미치는 영향: 지역아동센터 이용아동의 가족 유형별 차이를 중심으로, 강남대학교 대학원 박사학위 논문.

이근홍(1998). **케이스메니지먼트**. 대학출판사.

이근홍(2003). **인간행동과 사회환경**. 대학출판사.

이기숙(1993). **유아교육과정**. 교문사.

이기영 외(2004). 가정의 건강성증진을 위한 가정정책의 개발. 국회 보건사회위원회 정책연구보고서.

이기화(1993). 고부동거가족의 고부갈등에 관한 연구. 한남대학교 석사학위논문.

이면재 · 전길양(2005). **인간행동과 사회환경**. 대영문화사.

이배근(1995). 아동학대 예방 및 치료사업. **한국아동복지학**(3), 127-167.

이소희 외(1998). **현대가족복지론**. 양서원.

이숙종 · 문연심 · 안형준 · 이창석 · 윤황지 · 이원숙(1997). **아동복지의 이해: 이론과 실제**. 학문사.

이연숙(1998). **성인을 위한 가족생활교육론**. 학지사.

이용교 역(1993). **아동학대연구**. 다울.

이원숙(2004). **가족복지론**. 학지사.

이정덕 외(1999). **결혼과 가족의 이해**. 학지사.

이정연 · 장진경 · 정혜정 옮김(1996). **가족생활교육의 실제**. 도서출판 하우.

이정우 · 김명자 · 계선자(1990). **결혼과 가족관계**. 숙명여자대학교 출판부.

이화여자대학교 사회복지연구회 역(2001). **가족복지실천론**. 나눔의 집.

장동일(2001). **한국사회복지법의 이해**. 학문사.

장인협(1999). **사회복지실천론(上)**. 서울대출판부.

장인협 · 오정수(1993). **아동청소년복지론**. 서울대학교출판부.

장창호(2001). **케어매니지먼트 실천론**. 아시아미디어리서치.

장휘숙(1995). **가족 심리학: 가족관계의 발달**. 박영사.

전재일 외(2001). **사회복지실천론**. 형설출판사.

정경배(1999). 한국노인정책 방향. **노인복지정책연구**, 통권 14호.

정기원 외(1995). **장애인 실태조사**. 한국보건사회연구원.

정옥분 · 정순화(2002). **부모교육**. 양서원.

정진경(1990). 한국 성역할 검사(KSRI). **한국심리학지**, **5**(1), 82-92.

정춘숙(1999). 가정폭력과 가족의 인권. **월간 복지동향**, 5월.

정현숙 · 유계숙(2001). **가족관계**. 학지사.

정현숙 · 최연실 공저(1998). **결혼학개론**. 상명대학교 출판부.

정형숙 외(1999). **결혼학 개론**.

정희연(1999). .영유아보육법의 개정 방향. **월간 복지동향**, 10월.

조복희 편(1995). **아동발달의 이해**. 교육과학사.

조흥식 외(2002). **가족복지학**. 학지사.

조희금 외(2010). **건강가정론**. 신정.

주정일 · 이소희(1992). **아동복지학**. 교문사.

청소년개발원(1993). **청소년복지론**. 한국청소년연구원.

청소년학회(1996). 청소년 약물남용 실태와 예방대책 연구.

최경석 외(2001). **한국 가족복지의 이해**. 인간과 복지.

최선희 외(2005). **건강가정 실천프로그램 매뉴얼 I, 가족(전체) 기능향상프로그램**. 한국성서대학교 특성화사업단 건강가정서비스 연구센터.

최성재 · 장인협(1993). **노인복지학**. 서울대학교 출판부.

최신덕(1991). **결혼과 가족관계**. 기린원.

최옥채(2001). **사회복지실천론**. 양서원.

최외선 외(2003). **결혼과 가족**. 정림사.

최은주(2007). 저소득층 조손가족의 가족관계 특성이 아동의 자아존중감에 미치는 영향. 신라대학교 사회복지대학원 석사학위 논문.

추옥녀(2007). 보육시설에서 조손가족의 양육실태에 관한 연구. 성균관대학교 생활과학대학원 석사학위 논문.

통계청. 한국통계연감. 각 연도.

표갑수(1996). **아동 · 청소년복지론**. 청주대학교출판부.

한국가족상담연구소(2004). **가족생활 교육프로그램 자료집**. 한국가족상담연구소.

한국가족연구회(1993). **가족학**, 하우.

한국가족연구회(1993). **이혼과 가족문제**, 하우.

한국사회복지협의회(1994). 사회복지사전.

한국여성개발연구원(1990). 한국 가족정책에 관한 연구.

한국유아교육학회(1995). 유아교육백서.

한국유아교육학회(1996). 유아교육사전.

한국청소년연구원(1992), 청소년심리학.

한국청소년연구원(1992). 청소년문제론.

한희선(1991). 고부갈등에 관한 연구, 성신여자대학교 대학원 석사학위 논문.

홍숙자(2001). **노년학 개론**, 도서출판 하우.

[참고 인터넷사이트]

http://bbs.lycos.co.kr/

KBS 사랑과 전쟁 http://www.kbs.co.kr/2tv/lovewar

건강가정지원센터 https://www.familynet.or.kr

대법원 https://www.scourt.go.kr

법제처, 국가법령정보센터

보건복지부 http://www.mohw.go.kr

여성가족부 http://www.mogef.go.kr

여성동아 http://women.donga.com

여성조선 http://woman.chosun.com

온누리상담센터 http://www.onnoori.org

한국가정법률상담소 http://www.lawhome.or.kr

한국보건사회연구원 https://www.kihasa.re.kr

한국여성정책연구원 https://www.kwdi.re.kr

[국외 서적]

岡本民夫編(1998). 社會福祉援助技術演習. 川島書店.

介護福祉士養成講座(1992). 社會福祉援助技術. 中央法規.

高玉和子(1996). 兒童福祉學. 文化書房博文社.

小田兼三・岡本民夫 編(1995). 社會福祉援助技術總論. ミネルヴァ書房.

新・社會福祉學習双書編(1998). 社會福祉援助技術各論 Ⅰ. 全國社會福祉協議會.

野坂勉・秋山智久編(1988). 社會福祉方法論 講座. 誠信書房.

全國社會福祉協議會(1994). 社會福祉.

Alderson, P.(2000). The Rights of Young Children. In H. Penn(Ed.), *Early Childhood Services: Theory, Policy, and Practice*(pp. 158-169). Buckingham, UK: Open Univ. Press.

Andersen, M. L.(2000). *Thinking about Women: Sociological Perspectives on Sex and Gender(5th ed)*. Needam Heights, MA: Allyn and Bacon.

Andrews, A. B. & Ben-Arieh, A.(1999). Measuring and Monitoring Children's Well-Being across the World. *Social Work, 44*(2), 105.

Bernardes, J.(1991). We must not define 'the family'. *Marriage &Family Review, 28*(3-4), 21-41.

Brieland, D. B. & Korr, W. S.(1994). Act Now for Children's Rights. *Social Work, 39*(1), 132-134.

Bronstein, P. & Cowan, C. P.(1988). *Fatherhood Today: Men's Changing Role in the Family.* New York: Wiley.

Brubaker, T. H.(1993). *Family Relationship: Current and Future Directions.* Newbury Park, CA: Sage.

Carter, B. & McGoldrick, M.(1989). *The Changing Family Life Cycle: A Framework for Family Therapy(2nd ed)*. Alley and Bacon.

Castellucci, D. K.(2000). Privacy, Confidentiality, and Anonymity in Adopt-ion. Voice of Adoption. http://www.ibar.com/voices.

Costin, L. B. & Rapp, C. A.(1984). *Child Welfare: Policies and Practice*. New York: McGraw-Hill,.

DeShazer, S.(1988). *Keys to Solutions in Brief Therapy*. New York: Norton.

Downs, S. W., Moore, E., McFadden, E. J., & Costin, L. B.(2000). *Child Welfare and Family Services: Policies and Practice(6th ed)*. Boston, MA: Allyn and Bacon.

Duvall, E. M.(1977). *Marriage & Development*. New York, NY: J. B. Lippincott Co.

Eitzen, D. S. & M. B. Zinn(2000). *Social Problems(8th ed)*, Needham Heights, MA: Allyn & Bacon.

Erikson, E. H.(1963). *Childhood and Society(2nd ed)*. New York, NY: Norton.

Erikson, E. H.(1968). *Identity: Youth and Crisis*. New York, NY: Norton.

Erikson, E. H.(1982). *The Life Cycle Completed*. New York, NY: Norton.

Feldman F. L. & Ssherz, F H.(1967). *Family Social Welfare*. Chicago, IL: Aldine Publishing Co.

Fine, M. J. & Henry S. A.(1989). Professional issues in parent education. In M. J.(Ed.), *Handbook on parent education*. San Diego, CA: Academic Press.

Freeman, M.(1983). The Concept of Children's Rights. In H. Geach & E. Szwed(Eds.), *Providing Civil Justice for Children*(pp. 27-39). London: Edward Arnold.

Ginsburg, M.(1993). Sweden: The Social-Democratic Case. In A. Cochrane & J. Clarke(Eds.), *Comparing the Welfare States: Britain in International Context*(pp. 173-203). London: Sage.

Goldenberg, I. & Goldenberg, H.(2000). *Family Therapy an Overview*. CA: Pacific Grove, Brooks/Cole Press.

Gordon, M.(1996). *Social Security Policies in Industrial Countries*. Cambridge Univ. Press.

Gurman, A. S & Kniskern, D. P.(1981). *Handbook of Family Therapy*. New York, NY: Brunner/Mazel Publishers.

Gustavsson, N. S. and E. A. Segal(1994). *Critical Issues in Child Welfare*. Thousands Oaks, CA: Sage.

Hunter, S. & Sundel, M.(1989). *Midlife Myth.*, Newbury Park, CA: Sage.

Jones, C. L., Tepperman, L., & Wilson, S. J.(1995). *The Future of the Family*. Englewood Cliffs, NJ: Prentice-Hall.

Kadushin, A.(1978). *Child Welfare, U.S.A.*, Macmillan Publishing Co. Inc.

Kamerman, S. B. & Kahn, A. J.(1977). *Family Policy: Government and Families in Fourteen*

Countries. NY: Columbia University Press.

Galvin, K. M. & Brommel, B. J.(1990). 이재연, 최영희 역(1990). **의사소통과 가족관계**. 형설출판사.

Laosa, L. & Sigel, I.(1982). *The Family as a Learning Environment*. New York, NY: Plenum.

Maccoby, E. E. & Martin, J. A.(1983). Socialization in the Context of the Family: Parent-Child Interaction. In P. H. Mussen(Ed.), *Handbook of Child Psychology(4th ed.),* Vol. 4. New York, NY: Wiley.

Maccoby, E. E.(1980). *Social Development,* New York, NY: Harcourt Brace Jovanovich.

Maddox, G. L.(1987). *The Encyclopedia of Aging*. New York: Springer.

Masters, W. H., Johnson, V. E. & Kolodny, R. C.(1995). *Human Sexuality(5th ed.)*. New York, NY: HarperCollins.

Moxley, D. P.(1989). *The Practice of Case Management*. Newbury Park, CA: Sage.

Olson, D. H. & Defrain, J.(2003). *Marriage and Families-Intimacy, Diversity, and Strengths*. McGrawhill. Co..

Smith, S. J.(2000). Before saying yes to marriage: 101 questions to ask yourself. Sidney Sames Publishing Company

Zimmerman, S. L.(2003). *Family Policy*. Newbury Park, CA: Sage.

Udry, J. R.(1974). *The Social Context of Marriage(3rd ed.)*. Philadelphia: Lippincott.

Zanden, J. W. V.(1997). *Human Development(6th ed.),* New York, NY: McGraw-Hill Co. Inc.

Zastrow, C. & Kirst-Ashman, K. K.(1997), *Understanding Human Behavior and the Social Environment(4th ed.),* Chicago, IL: Nelson-Hall Publishers.

저자소개

■ **박 상 훈(朴相勳)**
현, 협성대학교 교수

협성대학교대학원 복지서비스경영학과 학과장
글로벌 복지경영학회 학회장
일본 복지대학 복지경영 객원연구원

복지경영론(2022) 공저, 정민사
현대노인복지론(2021) 단독, 정민사
아동권리와 복지(2021) 공저, 수양재
결혼과 가족(2019) 단독, 정민사
건강가정론(2015) 공저, 정민사

결혼과 가족

Marriage & Family

초판 1쇄 인쇄 / 2024년 8월 20일
초판 1쇄 발행 / 2024년 8월 25일

저 자 / 박 상 훈
발행인 / 이 중 수
발행처 / **동 문 사**

서울특별시 서대문구 홍제원 1길 12
(홍제동 137-8)
Tel : 02)736-3718(대), 736-3710, 3720
Fax : 02)736-3719
등록번호 : 1974.04.27. 제9-17호
가격 : 20,000원

ISBN : 979-11-6328-605-9 (93330)
E-mail : dong736@naver.com
www.dongmunsa.com